한반도의 깊은 잠
-아편전쟁에서 일본의 개국까지

북벌이라는 판타지

주자 성리학자들을 반동의 극단으로 몰아간 치어리더는 여진족 '오랑캐'와 일본 '왜놈'이었다. 병자호란 쓰나미가 닥쳤을 때 조선은 두 달을 못 버티고 삼전도에서 항복한다. 야만이라 깔보았던 오랑캐에게 항복한 충격이 채 가시기도 전에, 이번에는 조선의 정신적 지주였던 명나라가 멸망하고 오랑캐들이 중원을 정복하여 청나라가 들어섰다.

명의 역사 무대 퇴장은 조선의 주자 성리학자들에겐 하늘이 무너지고 땅이 갈라지는 천붕지해天崩地解의 충격이었다. 정신적 아노미 상태에서 탈출하기 위해 그들은 북벌北伐이란 어젠다를 등장시켰다.

'북벌'이란 선명한 구호로 단숨에 권력을 장악한 인물이 송시열이다. 효종 시대를 풍미한 북벌론은 청나라 정벌이 진짜 목적이 아니었다. 사실은 병자호란 패배에 대한 면피용 구호였다. 호란 이후 닥칠지 모르는 정치·경제적 위기를 피하고 자신들의 지배력을 유지하기 위한 고도의 프로파간다였다. 때문에 북벌론은 애초부터 현실성이 완전 결여된 '환각의 전투'였다.

소중화 사상의 태동

비현실적인 북벌론은 유통 기한이 너무 짧은 게 흠이었다. 당시 청은 3대 황제 순치제부터 강희·옹정·건륭제에 이르는 150년 강건성세康乾盛世의 황금기를 구가했다. 인구 1억 5,000만 명, 국력은 조선의 수천 배, 군사력은 수백 배 규모였다. 건륭제 시절 중앙 정부 금고에는 8,000만 냥(약 3,000톤)이나 되는 은이 축적되어 있었다. 이런 세계 강국을 군사력 1만으로 정벌하겠다고 덤빈 나라가 조선이었다.

북벌의 약발이 먹히지 않자 새로운 어젠다 세팅을 위해 등장시킨 논

| 차례 |

제2장 해금海禁에서 개방으로

제3장 은銀의 세계사

제4장 조선, 멎어버린 역사 시계

제5장 모피와 도자기의 세계사

명은 기독교의 전파, 식민지 개척, 무역 이익의 쟁취를 위한 경쟁에서 언제나 폭력을 사용한 것이 특징이라고 설파했다.

폭력을 위주로 한 파우스트 정신과 적극적 감성 문화의 법적 표현이 19세기 등장한 유럽 공법公法이었다. 유럽 공법은 19세기에 접어들면서 실정법주의(positivism), 유럽 중심주의, 팽창주의(expansionism), 형식주의(formalism)라는 뚜렷한 특징을 갖게 되었다(김용구, 『세계관 충돌과 한말 외교사, 1866~1882』, 2001, 62-64쪽).

유럽 공법은 우선 '문명국 사이의 법'으로 인식되었다. 이것은 유럽 이외의 국가를 반半문명국 또는 야만국으로 간주하여 그들을 국제법의 주체가 아니라 제한된 의미의 주체로만 간주했다는 뜻이다.

19세기 유럽 공법은 세계의 모든 정치 집단을 문명국·반문명국·야만국의 세 가지로 구분했다. 문명국은 반문명 국가들을 불평등 조약으로 엮어 정치·경제적 착취를 하고, 야만국은 침탈과 점령의 대상으로 여겼다. 어떤 정치 집단이 문명국이냐 아니냐를 판단하는 것은 순전히 문명국의 권리였다.

19세기식 서양 논리에 따르면 '전쟁'이란 기독교 국제 사회 행위자들 간의 무력 충돌로서, 그들만의 국제 사회의 규범과 관행으로 지배되는 국제법 제도였다. 이러한 국제법 제도는 유럽 사회 안에서만 적용되며, 비유럽 지역에 대한 전투 행위는 그들의 전쟁법이 적용되는 대상이 아니었다(김용구, 『세계관 충돌과 한말 외교사, 1866~1882』, 2001, 129쪽). 비유럽 지역에서는 '전쟁'이 아니라 오로지 섬멸전(debellatio)이 존재할 뿐이었다.

동양에서도 비슷한 의식이 발견된다. 중국에서는 동등한 행위자 간의 전투 행위를 '전戰'이라 불렀고, 오랑캐夷狄를 대상으로 한 무력 행위는 '정征' '벌伐' '토討' '취取' 등으로 표기했다.

반도에 부는 바람

한반도의 지정학

이러한 질풍노도의 시대로 들어가는 길목에 서있었던 한반도는 역사학자 페인(S. C. M. Paine)의 분석에 따르면 "극동에서 가장 전략적인 위치의 하나"였다. 페인은 『청일전쟁 1894~95: 인식, 힘 및 우선순위』라는 저서에서 한반도는 지정학적 속성상 다음과 같은 숙명을 안고 있는 것으로 분석했다.

> 첫째, 한반도는 중국·일본·러시아라는 동아시아 주요 3국이 만나는 지점에 위치하고 있다. 한국은 동아시아 대륙에서 일본을 향해 돌기해 있는 곳이다. 반대로 일본 편에서 보면 아시아 대륙으로 군대가 진출하는 가장 편리한 출발점이 된다. 때문에 세 나라는 저마다 한반도를 자국 안보에 사활이 걸린 지역으로 간주한다.
>
> 둘째, 러시아의 블라디보스토크 항구는 1년 중 넉 달은 얼어붙어 항구 기능을 상실한다. 그들 입장에서 볼 때 한반도는 자신들이 원하는 '겨울에도 얼지 않는 항구'들을 보유하고 있으며, 또 러시아를 위협할 수 있는 위치에 있다.
>
> 셋째, 중국 대륙에 대해 한반도는 특별한 의미를 갖는다. 황해는 중국의 남방과 북방을 연결하는 해상 공간이다. 전통적으로 황해는 중국 남부로부터 베이징으로 쌀과 그 밖의 중요 물자를 실어 나르는 해상로다. 한반도는 황해의 동편을 에워싸고 있는 형국이다.

따라서 어떤 세력이 한반도를 지배하느냐 하는 것은 곧바로 한반도

주변국의 전략적 지형에 커다란 변수로 작용한다. 동아시아의 3대 강국인 중국·러시아·일본은 저마다 한반도에 대해 중대한 이해를 갖고 있기에 한반도는 바람 잘 날 없는 형국이 될 수밖에 없었다.

한반도가 접경하고 있는 만주滿洲는 청나라의 고향이었다. '만주'라는 지명은 문수보살을 뜻하는 산스크리트어 '만주시리'에서 왔다. 문수보살 신앙은 여진족 내에 널리 확산되어 있었는데, 여진족에게 만주란 '총명한 사람'을 의미했다. 만주는 후에 일본이 설립한 만주국의 산업개발 5개년계획에 따라 중국에서 가장 산업화된 중공업 지역이 된다.

프랑스 시인 앙리 미쇼(H. Michaux)가 노래했듯이 새들이 미치건 말건 나무는 관심 없는 법이다. 외세의 시선으로 볼 때 한반도에 살고 있는 한국인들이 죽든 말든 그것은 자기들 관심 밖의 일이다. 그들의 유일한 관심사는 '한반도를 지배하는 "외세"가 누가 될 것인가'다. 한반도를 지배하는 열강이 어떤 나라인가에 따라 한반도와 인접한 다른 국가들의 안보와 경제적 이익은 크게 요동을 쳤다.

외세 움직일 때마다 한국인들은 슬픔 겪어

국제 전략 전문가들은 말레이·이베리아·베트남·한반도 등 대부분의 반도 국가는 해양 세력과 대륙 세력의 각축으로 인해 반도의 중간부에서 분단되는 경향이 있다고 분석했다. 분단된 반도의 해양 세력이 대륙 세력의 압력에 맞서 생존하려면 해양 세력의 지원을 얻든지, 아니면 스스로의 힘으로 대륙 세력에 강렬한 반격을 가할 군비를 보유하든지 둘 중 하나밖에 길이 없다.

한반도와 비슷한 반도 국가인 로마는 자신이 역사의 주인공 역할을 했다. 기회가 나면 해양으로 진출하여 적을 분쇄했고(카르타고와 전쟁),

여차하면 대륙으로 진출하여 프랑스, 독일의 절반, 발칸반도와 지중해 연안의 모든 지역을 자신들의 판도 안에 편입시켰다.

한국인의 불행은 로마처럼 무력과 국력을 갖추지 못한 상황에서 외세의 관심이 상상 이상으로 큰 반도에 살고 있다는 데서 출발한다. 이런 이유 때문에 페인은 "외세가 움직일 때마다 한국인은 황폐화와 슬픔을 겪어야 했다"고 평했다.

조선은 임진왜란, 정묘·병자호란 등 대전쟁을 겪고도 용케 멸망하지 않고 생존을 유지해왔다. 그런데 구한말에는 전쟁을 겪지 않고도 나라가 멸망하여 일본 제국의 식민 지배를 받게 된다. 조선 망국의 결정적인 단초를 연 것은 아편 전쟁이요, 그 후 동아시아의 패권을 두고 벌인 청일전쟁과 러일전쟁이었다.

청나라는 아편 전쟁을 계기로 1842년 영국과 난징南京 조약을 맺고 자국 항구를 서구 열강들에 개방한 이래 프랑스·미국·러시아·독일 등의 나라에 연이어 굴욕을 당했다. 일본도 미국의 포함 외교(gunboat diplomacy)에 굴복하여 가나가와神奈川 조약(1854)·안세이安政 조약(1858)을 체결하여 근대적 조약을 근거로 한 국제 질서에 편입됐다.

한반도는 중국·일본보다 20~30년 늦은 1876년 서구 열강들이 아닌, 같은 동아시아권의 나라 일본과 조일 수호조규(일명 강화도 조약)를 체결했고, 1882년 미국과 수호통상조약을 체결하여 근대적 국제 질서에 뒤늦게 편입됐다.

동아시아 세 나라 중 한반도가 가장 늦게 근대적 국제 질서에 편입된 이유는 당시 세계의 패권국이었던 영국의 정책에서 그 단서를 찾을 수 있다.

인류 역사를 보면 남의 불행은 나의 행복이 된다. 한반도 크기와 비슷

제1장

천자의 중국, 천황의 일본

'천자天子'라 불리는 중국 황제의 통치 질서에 순응하며 살아가던 동아시아에 격랑이 일기 시작한 해는 1840년이다. 세계 최강의 제국을 자처하던 청나라는 1661년부터 1795년까지 134년간 강희제康熙帝(재위 1661~1722), 옹정제雍正帝(1722~1735), 건륭제乾隆帝(1735~1795)로 이어지는 세 황제의 치세기에 황금기를 구가했다.

'외교', 영어로 'diplomacy'는 유럽 문명권과 다른 문명권에서 해석이 크게 다르다.

동양에서 '외교'라는 말은 『예기禮記』의 「교특생郊特牲」에 "다른 사람의 신하된 사람은 외교를 할 수 없고 두 임금을 섬길 수 없다爲人臣者, 無外交, 不敢貳君"라는 구절에서 처음 등장한다. 한 제후의 신하는 그 제후의 승인을 받지 않고 비밀리에 다른 제후와 교제할 수 없다는 얘기다.

중화사상이 골수에까지 뿌리내린 조선은 외국과 협상해야 할 일이 생기면 자신들이 주체가 되어 결정한다는 생각 자체가 존재하지 않았다. 이들은 중국에 사신을 보내 "번신藩臣은 외교를 할 수 없으니 중국에서 선처하여 주기 바란다"고 일일이 자문을 구하고, 중국의 지시에 따라 업무를 처리하는 것을 당연시했다.

조선과 중국

동아시아의 사대주의

동아시아에는 수隋·당唐 시대에 중국을 중심으로 형성된 독특한 화이華夷 질서를 바탕으로 국제 관계가 형성되어 있었다. 화이 질서란 세계를 단일 제국으로 간주한 중국이 문명이 발달한 자국을 '중화中華'라 하고, 문명이 뒤떨어진 것으로 간주한 조선·안남(베트남)·류큐(오키나와) 등 주변국을 오랑캐夷 혹은 속방屬邦(vassal state)으로 규정하는 중국 중심의 세계관이다. 다른 말로 중화 질서, 또는 천하 질서라고 부른다.

세계의 중심 국가인 중국에는 하늘의 뜻天命을 받들어 세상을 다스리는 천자가 황제로 군림하고, 덕을 가진 황제가 주변 오랑캐들에게 은혜를 베풀어 야만족을 문명화시킨다고 여겼다. 중국 황제의 덕이 미치는 범위가 천하이며, 덕은 경계선 없이 확장되어 나간다. 따라서 어디까지가 '중국'인지 경계가 명확하지 않고, 중국이라고 생각하는 범위 안에서도 중국의 지배는 같은 강도로 미치는 것이 아니었다.

황제는 중국뿐만 아니라 전 세계를 다스리는 통치자로 여겨졌다. 이러한 중국의 천하 사상은 국경으로 구획된 대등한 주권 국가 간의 관계를 기본으로 하는 서구의 국가관이나 세계관과 전혀 다른 원리와 작동 구조로 이루어졌다.

사대事大는 '이소사대以小事大'의 준말로, 『맹자』의 "오직 지혜로운 자만이 (국가의 안녕을 위해) 작은 나라로서 큰 나라를 섬길 수 있다惟智者爲能以小

事大"(「양혜왕 하梁惠王下」)에 나온다. 즉, 큰 나라는 작은 나라의 군주를 세우고(책봉冊封), 작은 나라는 큰 나라의 휘하에 들어가거나(입조入朝) 조공을 바쳐 신하의 예를 갖추는 것이다.

이처럼 사대란 강력한 국력을 보유한 대국의 주변에 위치한 나라가 생존을 위해 사용하는 외교술로서, 그 자체로는 비판받을 것이 없다. 하지만 이 의식이 지나칠 경우 복잡한 문제가 발생한다. 한 나라의 지배층이 국가 안보를 큰 나라에 의존할 경우 주체성을 상실할 우려가 있다. 큰 나라에 의지하여 살다보면 자연히 그 나라에 정신적으로 예속되는 현상을 피할 수 없다.

유럽의 공법 질서는 수평적인 데 비해 동아시아의 사대 질서는 천자-제후-배신陪臣으로 이어지는 서열적·수직적인 질서다. 종주국과 조공국 사이는 동등한 수평적 관계가 아니라 서열이 명확한, 불평등한 국제 정치 질서다.

사대 질서의 특징은 다음과 같이 정리된다.

> ① 조공국의 국왕은 중국이 봉封하고, 조공국의 국왕을 변경하려면 중국의 인정이 전제되어야 한다. 조공국의 국왕들이 통치할 수 있는 명분은 중국의 인정으로부터 나온다(책봉).
>
> ② 조공국은 중국의 역법曆法을 받아 시행한다(봉삭奉朔).
>
> ③ 조공국은 정기적으로 중국에 조공을 행한다. 제후들의 국왕은 중국 황제에게 사은의 경의를 표하는 외교 문서인 표表와 토산물인 공貢을 바치며, 황제는 이들 조공 사절貢使 일행에게 답례한다(조공회사朝貢回賜). (김용구, 『세계관 충돌과 한말 외교사, 1866~1882』, 2001, 65-66쪽)

이러한 사대 질서가 미치는 지역이 '천하'이고, 그 밖의 지역은 이적夷狄의 세계로 간주됐다. 중국 황제(천자)는 주변국 왕들을 국왕 등 제후로 책봉하고 군신君臣 관계를 맺었다. 책봉을 받은 조공국의 군주는 일정한 영토의 지배를 인정받는 국제적 봉건 질서 관계를 맺게 된다. 속방의 군주는 종주국을 섬기는 상징으로 중국 황제가 제정한 역법을 사용하고, 모든 공문서에는 황제의 연호를 사용했다.

책봉-조공의 화이 질서

1818년 편찬된 『대청회전大淸會典』에 따르면 중국과 조공 관계를 맺은 나라는 조선·류큐·베트남·라오스·태국·술루(필리핀 남부)·버마(미얀마)·네덜란드 그리고 서양(포르투갈·로마 교황청·영국)이다. 이들 중에는 무역 이익을 구하기 위해 주기적으로 조공을 행하는 나라(조선·류큐)가 있는가 하면, 왕조 교체나 이웃 나라와의 분쟁 때 청 왕조의 도움을 청하는 식으로 조공한 나라(스루), 조공하려는 의식은 없이 사절을 파견했기 때문에 조공이라고 받아들여진 나라(로마 교황청·영국)도 있다(기시모토 미오·미야지마 히로시, 김현영·문순실 옮김, 『조선과 명청』, 너머북스, 2014, 458쪽).

주기적인 책봉-조공 체제(tribute system)에 속한 나라들의 경우 중국이 정하는 절차나 규모에 따라 정기적으로 중국에 사신을 파견하여 특산물을 조공으로 바치는 의무가 부과되었다. 사절단이 중국에 파견되어 황제를 알현할 때는 황제에게 최고의 예를 엄격하게 행하여 황제의 신하임을 표시해야 했다. 호령에 따라 무릎을 꿇고 양손을 땅에 대고 이마로 땅을 찧는 것을 세 차례 하는 '삼고두三叩頭'를 행하고 일어서기를 세 차례, 즉 '삼궤구고두三跪九叩頭'의 예가 그것이다.

조공은 중국 황제의 '은혜'를 받은 속국이 감사를 표하는 예로서 화이관을 중심으로 체계화된 제도다. 조공품을 진상받은 중국 황제가 답례품을 하사함으로써 '조공 무역' 관계가 형성된다.

조선의 새 군주가 즉위하면 중국에 주청사奏請使를 파견하여 황제의 책봉을 요청한다. 중국 황제는 책봉사를 조선의 수도 서울에 파견하여 그를 조선 국왕으로 책봉한다는 고서誥書를 내림으로써 양자 간에 군신 관계가 성립한다. 중국 황제의 칙서를 소지한 칙사勅使가 오면 조정에서는 원접사遠接使나 선위사宣慰使를 보내 정중하게 마중하고 지극히 융숭하게 대접했다. 지금도 후한 대접을 '칙사 대접'이라고 한다.

조선 왕조가 스스로를 중화 세계의 제후국으로 자리매김하고 국가 체제를 그에 상응하는 형태로 재편한 것은 세종(1418~1450) 때 일이다. 세종은 국왕이 직접 제정한 오례五禮에서 하늘에 대한 제사天祭는 중국 황제만이 할 수 있는 의식이라 하여 폐지하고, 독립국의 군사적 위용을 상징하는 출정出征 의례를 군례軍禮에서 배제했다(이영훈, 『한국경제사 1』, 일조각, 2016, 311-312쪽).

15세기까지만 해도 조선의 국왕은 명 황제의 칙사인 '천사天使'가 요구하는 오배삼고두五拜三叩頭의 예를 예전禮典에 없는 일이라면서 완강하게 거절했다. 하지만 중종(1506~1544) 이후 조선 국왕들은 명의 칙사에게 오배삼고두를 행하는 것을 주저하지 않았다. 이때부터 명과 조선은 군신 관계를 넘어 부자 관계로 의식되었다(계승범, 『중종의 시대: 조선의 유교사회와 사림운동』, 역사비평사, 2014, 111-147쪽 참조).

연행 사신 연 1회로 축소

중국의 책봉-조공 체제에 편입된 조선은 정기적으로 조공 사절을 중국에 파견했다. 조선 전기에는 명에 보내는 사신을 천자국에 조하朝賀하러 간다는 뜻에서 '조천사朝天使'라 했다. 만주에서 발흥한 청은 1637년부터 1644년까지 수도를 심양瀋陽으로 삼았는데 이때 조선은 매년 네 차례 정기적으로 심양에 사신을 파견했다.

청이 도읍을 연경燕京(베이징)으로 옮긴 1645년부터는 연간 4회 파견하던 사행을 동지사로 통합하여 매년 한 차례로 줄였다. 이를 연행사燕行使라 했다. 사신 호칭의 차별은, '중화의 나라' 명에는 사대의 예를 표했지만 '오랑캐'가 세운 청에는 이를 적용하지 않는다는 의미가 포함되어 있다.

조선이 매년 정기적으로 파견하는 사절은 절행, 부정기적으로 파견하는 사절은 별행이라 했다. 모든 사행 때는 반드시 왕복 외교 문서나 청

중국에 파견한 조선 사신

구분	명칭	내용
절행 (節行, 정기)	동지사(冬至使)	동지를 전후하여 중국에 파견한 정례 사신. 1645년부터 정조사·성절사·세폐사를 동지사로 통합
	정조사(正朝使)	신년 인사를 위해 파견하는 사신
	성절사(聖節使)	중국 황제의 생일 축하 위해 파견하는 사신. 황후나 황태자 생일 축하 사신은 천추사(千秋使)라 부름
	세폐사(歲幣使)	병자호란 이후 해마다 청나라 황제에게 공물을 바치기 위해 파견한 사절. 1637년부터 천추사 폐지, 세폐사 파견
별행 (別行, 부정기)	사은사(謝恩使)·주청사(奏請使)·진하사(進賀使)·진주사(陳奏使)·진위사(陳慰使)·진향사(進香使)·고부사(告訃使)·문안사(問安使)·재자사(齎咨使)	조선 국왕의 사망(훙거薨去), 왕위 계승(사위嗣位), 결혼(책비册妃), 왕세자 책봉(건저建儲), 추숭(追崇: 왕위에 오르지 못하고 죽은 사람에게 왕의 칭호를 올림) 등 중대 사안 발생했거나 청에 동일한 사안이 발생했을 때 등 파견

원 글 등 문서와 조공품을 가지고 가서 조공과 회사回謝(답례로 하사) 형태로 이루어지는 연행 무역을 행했다.

사신들이 휴대하는 문서는 보통 10통이 넘었다. 조선 국왕이 중국에 사절을 파견할 때는 반드시 조선의 토산물을 헌상했고, 중국 황제는 그에 합당한 물품을 하사하여 조공 무역이 이루어졌다. 조공 사절이 이동할 때마다 경제적인 교역은 물론이고, 수행한 관료와 지식인들을 통해 인적 교류, 서적을 통한 문화적 교류가 이루어졌다.

사신단은 300명, 왕복에 5개월

조선이 청에 보내는 정식 사행단 구성원은 30명, 각종 수행원까지 포함하면 300명에 이르고, 말 200필이 동원되었다. 이동 경로는 서울을 출발하여 평양~의주~압록강~봉황성鳳凰城~연산관連山關~요동遼東~심양~광녕廣寧~사하沙河~산해관山海關~통주通州~연경까지 총 3,100리(약 1,200km) 거리를 걸어서 이동했다. 왕복만 하는 데 50~60일 걸리는 거리이고, 연경에 체류하는 기간까지 합하면 한 번 사행에 통상 5개월 내

사행원 구성

명칭		인원	품계	주요 임무
삼사(三使)	정사(正使)	1명	정2품	사신단 대표
	부사(副使)	1명	정3품 이상	사신단 부대표
	서장관(書狀官)	1명	4~6품	사행 기간의 기록 담당, 귀국 후 국왕에게 보고 들은 것을 보고. 일행 감찰 및 도강 때 인원과 짐 점검
정관	대통관(大通官)	3명	사역원 관리	사신단의 통역관
	압물관(押物官)	24명		각종 예물 호송관

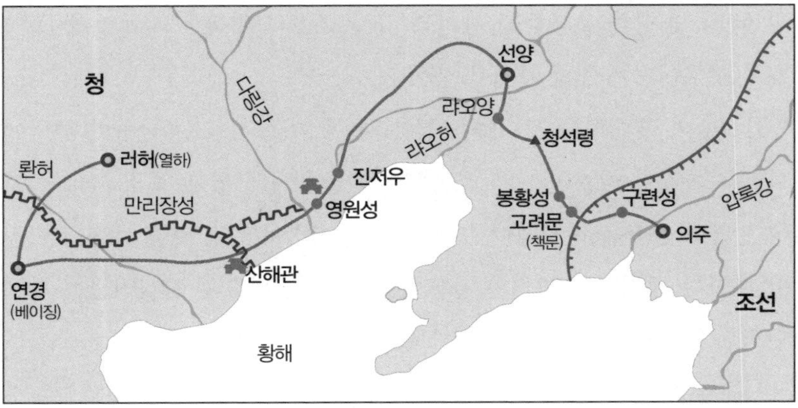

박지원의 1780년 만수절萬壽節(청 건륭제 칠순) 사행 수행 경로

외가 소요되었다.

조선 사신단의 숙소는 연경 회동관會同館이었다. 중국 체류 비용은 청조의 궁정 연회와 국가적 대행사를 주관하는 관청인 광록시光祿寺가 부담했다. 조선 사신단은 명대에는 40일 정도, 청대에는 60일까지 베이징에 체류할 수 있었다. 이 기간 사행원은 공적 활동 이외에 사적으로 중국

한양의 주변국 사신 숙소

나라	숙소명	비고
중국	태평관(太平館)	고려 시대 일본 정벌을 위해 원(元)이 세운 정동행성(征東行省)을 개조
	모화관(慕華館)	돈의문(서대문) 서북쪽에 건축
왜(일본)·류큐	동평관(東平館)	왜관(倭館)이라고도 한다. 남산 북쪽 기슭의 남부 낙선방(樂善坊, 지금의 인사동)에 위치
여진	북평관(北平館)	야인관(野人館)이라 부르던 것을 1438년에 북평관으로 개칭. 동대문 근처에 위치

학자와 교류하거나 서점·명소·고적 등을 방문했다.

회동관은 베이징에 파견된 조선 사신들의 공적 활동의 거점으로, 환영 예절인 하마연下馬宴과 환송 예절인 상마연上馬宴이 이곳에서 거행되었다. 회동관에는 중국인들과 류큐 사신들이 찾아와 조선 사절과 필담을 나누며 국제 정세를 파악했다. 사신단이 귀국할 무렵에는 청조의 감시 아래 수행원 및 역관들이 중국 상인과 며칠 동안 물건을 사고팔았다. 이를 회동관 후시後市라 한다.

1689년(숙종 15) 네르친스크 조약으로 러시아가 베이징에 진출하면서 조선 사신단은 러시아인에게 회동관을 양보하고 독포사督捕司·융복사隆福寺·지화사智化寺·북극사北極寺·법화사法華寺 등에 체류했다.

사신단이 귀국하면 서장관은 사행 중 보고들은 문견록聞見錄을 작성하여 국왕에게 보고했다.

서울에는 명·청의 사신을 맞기 위해 영은문迎恩門을 세웠고, 중국 사신단이 체류하는 동안 묵을 숙소로 태평관太平館과 모화관慕華館을 마련했다. 조선에서 새 임금이 즉위하여 중국 칙사가 조칙을 가지고 오면 임금이 친히 모화관까지 나와 중국 칙사를 맞는 것이 상례였다.

중국과 정례화된 예를 지키는 조공국은 조선·베트남·류큐 정도로서, 이 세 나라가 중국과 가장 긴밀한 관계를 맺고 있었다. 그중에서도 조선은 '1년 3공一年三貢' 관계를 유지한 대표적인 나라다.

조선이 명에 이어 청에 최초로 연행사를 파견한 때는 1637년(인조 15)이다. 이때부터 1894년(고종 31)까지 조선이 청에 파견한 연행사는 총 507회, 같은 시기 청이 조선에 파견한 칙사는 169회였다. 조선은 연평균 1.97회 사행단을 연경에 파견했고, 청이 조선에 파견한 칙사는 연평균 0.66회였다.

막대한 적자 기록한 조공 무역

동아시아에서 중국을 중심으로 한 위계질서가 자리 잡은 것은 중국이 군사적으로 강력한 이유도 있지만 보다 큰 이유는 경제적으로 부유했기 때문이다. 중국을 둘러싼 변방 국가는 중국과의 관계에서 이익을 얻기 위해 조공 무역을 했다. 때문에 조공 관계는 정치적인 관계인 동시에 무역 관계였다.

중국과의 조공 무역은 세 부문으로 이루어졌다. 첫째, 중국 황실에서 필요로 하는 조공국의 사치품이나 약재를 구매하는 관官무역, 둘째, 사신의 수행원과 중국 측 특허 상인들이 연경 회동관에서 행하는 교역, 셋째, 사행에 참여한 상인 집단이 출입국 때 국경 지역의 조선 책문柵門에서 행하는 교역이었다.

알려진 것과 달리 조선은 중국과의 조공 무역에서 지속적으로 큰 폭의 무역 수지 적자를 기록했다. 조선이 초기 청 황제에게 보낸 품목은 연간 금 100냥, 은 1,000냥, 각종 옷감布 1만 4,000필, 쌀 1만 포 등으로 엄청났다. 옷감과 쌀은 청 태종(홍타이지皇太極) 말년부터 수량이 줄어들었고, 금은은 강희제 때, 그 밖의 물품도 점차 감면되어 옹정제 이후 정해진 액수와 수량이 19세기 말까지 이어졌다.

옹정제 시절 규정된 조선의 조공품은 종이 5,000권, 수달피와 녹피鹿皮 합계 400장, 허리에 차는 칼腰刀 10자루, 돗자리 22장, 옷감 3,600필, 쌀 40포였다. 조공품 총량을 19세기 초의 동전 가격으로 환산하면 연평균 13만 냥, 쌀로 환산할 경우 2만 6,000석에 상당한다. 그에 비해 청 황제의 답례품은 비단 52필, 담비 가죽 400장, 안장 없은 말鞍馬 2필로 동전 약 4,100냥 상당이다. 산술적으로 매년 12만 5,900냥의 무역 적자가 발생했다.

뿐만이 아니다. 조선 사신에 대해 청 조정에서 내리는 답례품贈給이 있었는데, 그 총량을 동전으로 환산할 경우 3,000냥 정도였다. 이에 비해 조선 조정이 청의 칙사에게 지급한 답례품은 중앙 정부에서만 5만~9만 냥어치에 이르는 거액이었다. 청과 조선 사이 조공 무역은 국제 교역이 아니라 일방적인 수탈에 가까웠다.

게다가 중국으로 가는 조선 사신단 300여 명의 5개월간 여정에 드는 비용과, 중국의 각 관원에게 주는 사례비도 상당했다. 조공 사행에 소요된 연간 비용은 19세기 초 가격으로 29만 7,000냥, 반면 청이 제공하는 급부는 사행단이 받은 선물까지 포함해도 2만 3,500냥에 그쳤다(전해종, 『한중관계사연구』, 일조각, 1970, 70-77쪽 참조).

막대한 무역 수지 적자에도 불구하고 조선과 청이 조공 관계를 유지한 이유는 조선은 청의 무력적 위협을 피하기 위해서, 청은 동아시아의 평화 질서 유지에 도움이 되었기 때문이다.

외교·내치는 상호 불간섭이 원칙

동아시아의 종주국-속방(책봉-조공) 관계는 서양의 종주국-식민지 관계 같은 힘에 의한 지배와 피지배·굴복의 관계는 아니었다. 책봉-조공 체제는 양국의 의례상·도의상 관계로서, 속방국은 '상호 불간섭의 원칙'하에 외교와 내치에서 폭넓은 자유를 누렸다.

조선은 중국과 동질적인 문화를 발전시켜 '소중화小中華'를 자처했지만, 정치적으로는 중국의 간섭을 거절하고 자주를 고집했다. 중국도 몽골족이 세운 원 왕조를 제외하고는 한반도를 직접 통치하거나 내·외정에 간섭하지 않았다(김기혁, 『근대 한·중·일 관계사』, 연세대 출판부, 2010, 10쪽). 청은 조선의 형식적인 사대에 만족했을 뿐 조선의 내정에 간섭한 일은 거의 없는 특이한 종속 관계였다.

이런 이유 때문에 린퉁지林同濟(T. C. Lin) 같은 학자는 청과 조선 관계를 영국과 영연방 국가 관계와 같다고 보았고, 베이징 주재 미국 공사 존 영(John R. Young)은 미국과 중남미 국가와의 관계와 같다고 파악했다. 다시 말하면 조·청 관계는 근대 국가 상호간의 국제 관계에서 볼 수 있는 정치·경제·문화적 교류를 위한 인접 국가 간의 관계였다(임계순, 「한로밀약과 청의 대응」, 『청일전쟁을 전후한 한국과 열강』, 한국정신문화연구원, 1984, 45-46쪽).

일본의 이중 권력 구조

천황과 막부

한반도는 중국과 영토가 연결되어 있어 중국과 밀접한 외교 관계를 맺지 않으면 생존 자체가 불투명한 지정학적 위치에 놓여 있었다. 때문에 중국과 책봉-조공 관계를 형성하여 안전을 유지하는 것은 왕조 유지와 생존을 위한 전략적 선택이었다. 반면에 일본은 중국과의 사이에 바다라는 완충 장치 혹은 장벽이 가로막고 있어 중국과의 관계에서 한반도보다는 한결 지정학적 입지가 자유로웠다.

15세기 초 태종 이방원이 조선 국왕에 책봉된 다음해인 1401년 일본 무로마치室町 막부의 제3대 쇼군將軍 아시카가 요시미쓰足利義滿가 일본 역사상 최초로 명나라에 입공入貢하여 '일본 국왕'에 책봉되었다.

권력 구조와 관련하여 일본은 흥미로운 제도를 유지해온 나라다. 일본은 나라奈良 시대(710~794)에는 천황이 절대 권력을 행사하는 중앙 집권적 국가였다. 그런데 헤이안平安 시대(794~1185)에 들어 외척 가문이 섭정攝政·관백關白 정치를 도입했다. 섭정은 천황이 성인이 되기 전, 관백은 성인이 된 후 천황을 대리하여 정무를 행사하는 관직명이다. 이러한 섭정·관백 대리 통치 시스템이 400여 년 지속되면서 천황의 존재는 유명무실해졌다.

헤이안 시대 말기에 중앙 정부에서 권력 투쟁이 벌어져 미나모토노 요리토모源賴朝가 정이대장군征夷大將軍에 임명되어 실권을 장악했다. 정이대장군이 처음 제도화된 것은 8세기였다. 이민족이 변방의 국경을 침범하자 천황은 자신의 권한을 일시적으로 토벌 부대 사령관인 정이대장군에게 위임했다.

정이대장군은 천황을 대리하여 현지에 파견된 군의 최고사령관으로서, 그 지역의 모든 무사武士(사무라이)를 지휘할 수 있는 권한을 가졌다. 정이대장군에 임명된 미나모토노 요리토모의 근거지가 가마쿠라鎌倉였는데, 그의 거처를 막부幕府(바쿠후)라 불렀다. 이런 과정을 거쳐 등장한 것이 가마쿠라 막부(1192~1333)다.

막부 체계는 천황이 통치에 관한 주요 사항, 즉 대정大政을 쇼군에게 위임한 것을 근거로 하여 성립되었다. 이를 대정 위임론이라 한다.

막부의 등장으로 일본은 '이중 권력 구조'라는 특이한 정치 체제를 갖게 되었다. 즉, 천황은 실권이 전혀 없이 정신적 권위만 가진 존재이고, 막부의 쇼군이 권력을 장악하여 국가를 통치하는 시스템이었다. 이러한 이중 권력 구조가 1867년 막부가 통치권을 천황에게 반납하는 '대정봉환大政奉還'이 이루어질 때까지 675년간 유지되었다.

이처럼 메이지유신明治維新 이전의 일본은 정치적 실권자와 명목상 주권자가 분리된, 세계사적으로 유례를 찾아보기 힘든 이원적 정치 체제였다(신헌, 김종학 옮김, 『심행일기』, 푸른역사, 2010, 23쪽). 이원적 권력 구조 하에서 국가 권력은 귀족이나 무사 집단이 장악하고 있었다. 이들은 굳이 천황을 전복하기 위해 반란을 일으킬 필요가 없었고, 천황은 왕조 교체를 꿈꾸는 세력들로부터 살해당하거나, 반란과 혁명으로 천황제가 폐지되는 두려움에서 벗어날 수 있었다(성희엽, 『조용한 혁명: 메이지유신과 일본의 건국』, 소명출판, 2016, 390-391쪽).

막부 정권이 존재하는 동안 일본의 통치권자는 쇼군이었고, 천황은 교토 황궁에 유폐된 채 일반 대중과 접촉이 끊겨 백성은 천황의 존재를 잊었다. 때문에 일본은 통일 국가로서의 권위나 정체政體는 실종되었고 민족이나 국가 개념도 희박했다. 심지어 국가명도 실종되어 조선 외교 문서에는 '왜'라는 속칭으로 기록되었다. '일본'이란 국명은 메이지유신 이후에야 공식 부활했다.

세키가하라 전투

일본은 섬나라의 특성상 외부 세력의 침략이 없는 나라였다. 유일한 예외는 아시아와 유럽을 통합한 몽골이 고려와 연합군을 구성하여 일본을 침공한 사건이었다. 1274년 900척의 배에 탄 여몽麗蒙 연합군 3만 명이 쓰시마對馬와 이키壹岐섬을 점령한 뒤 규슈九州 북단의 하카타博多만으로 진격했다. 이때 가미카제神風라는 폭풍우가 몰아쳐 여몽 연합군은 거의 몰살당하는 피해를 입고 철수했다.

1281년에도 쿠빌라이 칸(원 세조)의 명에 의해 여몽 연합군 4만 명이 또다시 일본을 침공했다. 2차 침공 때도 가미카제가 일본을 살렸다. 이때 몽골 군대의 침입을 막아낸 일본 지휘관은 가마쿠라 막부의 실권자 호조 도키무네北條時宗였다.

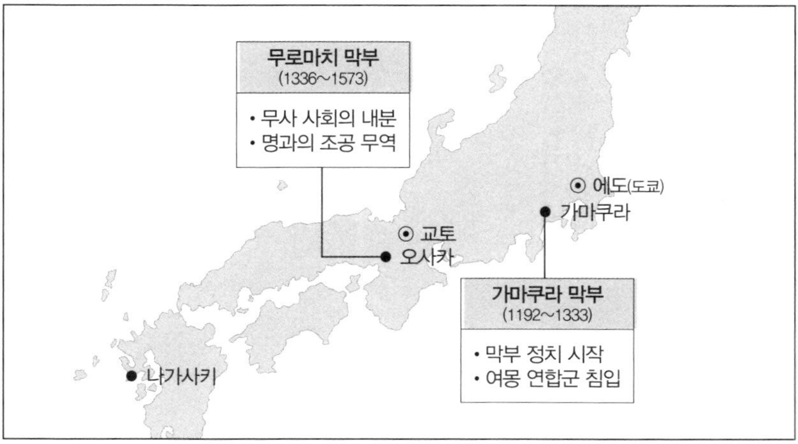

가마쿠라·무로마치 막부

두 차례의 여몽 연합군 침공은 일본 사회에 지대한 충격을 주었다. 일본을 침략한 군대의 상당수가 고려 군사들이었고, 침략의 전진 기지는 한반도였다. 이 사실이 일본인의 집단적 기억에 깊이 새겨졌다. 한반도가 일본에 적대하는 세력이나 국가에게 넘어갈 경우 어떤 일이 벌어지는지를 적나라하게 보여준 본보기가 된 것이다.

가마쿠라 막부는 여몽 연합군의 공격을 두 차례나 막아냈으나, 이 충격으로 재정난이 닥치면서 쇠퇴했다. 14세기 중엽 아시카가 다카우지足利尊氏가 무로마치 막부(1378~1573)를 출범시키면서 명과 조공 관계를 맺고 조선과도 활발하게 교류했다. 15세기 말부터 무로마치 막부의 통치력이 약화되자 일본 각지의 무사 집단이 세력 확장을 위해 군웅 할거하는 전국시대가 전개됐다.

자고 일어나면 전쟁을 치러야 했던 혼돈의 전국시대가 100여 년 계속된 끝에 난세를 통일한 사람이 도요토미 히데요시豊臣秀吉다. 일본 전국을 통일하고 임진왜란을 일으켜 조선을 침략한 히데요시는 1598년 사망 직전 자기 휘하에서 일정한 세력을 형성하고 있는 장수들을 소집하여, 자신의 아들 도요토미 히데요리豊臣秀頼에게 충성을 바칠 것을 부탁했다.

그런데 다섯 명의 다이로大老 중 유력자인 도쿠가와 이에야스德川家康가 정국을 주도하자, 우에스기 가게카쓰上杉景勝와 이시다 미쓰나리石田三成가 반발했다. 이시다는 임진왜란 때 조선을 침략하여 행주산성 전투에서 권율 장군에게 대패한 인물이다. 그 결과 정국은 도쿠가와 지지 세력과 히데요리 지지 세력으로 분열했다.

도쿠가와 추종 세력은 도쿠가와의 영지가 간토關東의 에도江戸(현재의 도쿄)여서 이 지역 일대의 영주(다이묘大名)들을 중심으로 동군東軍을 형성했다. 히데요리 추종 세력은 도요토미의 본성인 오사카 일대의 간사이關西 지역이 중심이 되어 서군西軍으로 이합집산했다.

두 세력은 1600년 10월 21일 현재의 기후岐阜현에 위치한 세키가하라關ヶ原에서 충돌했다. 세키가하라 전투는 도쿠가와가 이끄는 동군 10만 명과, 조슈長州번 영주 모리 데루모토毛利輝元가 지휘하는 서군 8만 명이 격돌한 일본 역사상 최대의 전투였다.

서군에 가담한 조슈번의 몰락

당시 서군의 핵심 세력이었던 조슈번은 생산량 112만 석을 자랑하는 서부 최대의 번이었다. 모리는 정세를 관망하면서 전투에 적극 나서지 않았다. 반면에 사쓰마薩摩번 영주 시마즈 요시히로島津義弘는 1,500명의 병력으로 서군 진영에 가담하여 고군분투했다. 부대가 동군에게 포위되어 전멸 위기에 처하자 시마즈는 도쿠가와의 본진이 설치된 중앙부를 향해 돌격을 감행하여 퇴로를 뚫고 간신히 포위망에서 빠져나왔다.

시마즈 부대는 추격해 오는 도쿠가와 군을 막기 위해 소수의 결사대가 남아 추격을 저지했다. 결사대가 전멸하고 다시 추격군이 쫓아오면 다른 결사대가 추격을 저지하는 방식의 퇴각 전술로 도쿠가와 본진을 돌파하여 탈출에 성공했다. 이것이 일본 역사상 유명한 '시마즈의 적중 돌파'다. 전투에 참가한 사쓰마의 1,500명 병력 중 살아서 고향에 돌아온 사람은 80여 명에 불과했다.

세키가하라에서 벌어진 단 하루 전투에서 동군이 승리하면서 도쿠가와 이에야스는 일본 최고의 실력자로 떠올랐다. 그를 따른 동쪽 지방 영주들을 중심으로 일본의 근세가 재편되었다.

전쟁이 끝나면 전리품 분배가 남는 법이다. 도쿠가와는 전투 과정에서 비록 적이지만 시마즈 요시히로가 이끈 사쓰마 군의 투혼에 감동했다. 그는 사쓰마 무사들의 용맹을 높이 평가하여 시마즈 가문의 영지를 그대로 인정하고 사쓰마번을 존속시켰다.

반면에, 어정쩡한 대응으로 일관한 조슈번에는 가혹한 조치를 내렸다. 모리 가문의 본거지 히로시마의 기름진 평야 지역 영지 3분의 2를 몰수한 다음 모리 가문을 야마구치山口현의 궁벽한 산골 마을 하기萩로 쫓아버렸다.

이후 모리 가문은 260여 년 동안 도쿠가와 막부에 이를 갈며 살았다. 해마다 신년이 되면 하기 성에서는 "올해는 막부를 쳐야 하지 않겠습니까?" "아직 때가 아니다. 기다리자"라는 대화를 신년 인사로 주고받았다. 막부 말기에 페리(Matthew C. Perry) 함대의 내습으로 난세가 도래하자 조슈번은 때가 온 것으로 판단, 막부에 복수의 칼을 뽑아들고 혁명의 길로 나서게 된다.

흥미로운 것은, 세키가하라 전투에서 패한 조슈·사쓰마의 두 영주가 임진왜란 당시 조선 침략에 앞장섰다는 점이다.

사쓰마의 시마즈 요시히로는 병력 1만 5,000명을 인솔하여 제4군, 조슈의 모리 데루모토는 병력 3만으로 제7군을 조직하여 조선을 침략했다. 조선을 침략한 시마즈의 제4군은 왜군 최정예 군단으로서 1598년 10월 1일 경남 사천에서 명나라 제독 동일원董一元이 지휘하는 조명 연합군 3만 6,000명과 맞붙어 대승을 거두었다(시마즈 요시히로와 모리 데루모토의 임진왜란 관련 부분은 성희엽, 『조용한 혁명』, 2016, 268-269쪽 참조).

정유재란 막바지인 1598년 8월 이순신 함대와 노량 해전에서 맞선 500척의 일본 함대도 사쓰마의 시마즈 함대였다. 고니시 유키나가小西行長는 노량에서 이순신 함대가 시마즈 함대와 최후의 결전을 벌이는 틈을 타서 순천에서 부산으로 탈출하는 데 성공했다.

이순신 장군은 노량 해전에서 조·명 연합 함대를 지휘하여 시마즈 함대의 전선 200여 척을 격침시키고 150여 척 대파, 100여 척을 나포했다. 살아서 일본으로 돌아간 배는 전체의 10분의 1 정도인 50여 척에 불과했다. 이순신 장군은 이 해전에서 시마즈 군이 쏜 조총 탄환에 맞아 전사했다.

통치하지 않는 천황… 실권은 막부에

1603년 도쿠가와 이에야스는 자신의 본거지인 에도에 막부를 설치하고 조정으로부터 정이대장군 칭호를 받아 도쿠가와 막부 시대를 연다.

제1대 쇼군 이에야스는 에도에 거대한 성(현재 천황이 거주하는 고쿄皇居)을 쌓고 전국의 쌀 생산량 3,000만 석 가운데 420만 석을 장악했다. 또 나가사키長崎를 직할령으로 삼아 해외 무역을 독점했다. 막부는 전국의 주요 광산을 장악하고 금·은·동 등 귀금속을 독점했다.

도쿠가와 막부의 역대 쇼군

대수	이름	재임 기간(연수)	비고
1	도쿠가와 이에야스 (德川家康)	1603~1605 (2년)	도요토미 히데요시 사후 도쿠가와 막부 개창
2	히데타다 (德川秀忠)	1605~1623 (18년)	이에야스의 3남. 에도 개발하고 기독교 박해
3	이에미쓰 (德川家光)	1623~1651 (28년)	2대 히데타다의 차남. 쇄국령 강화, 다이묘들 참근 교대 제도 도입, 나가사키에 데지마 축조하여 네덜란드 상관 허용
4	이에쓰나 (德川家綱)	1651~1680 (29년)	최초의 수성(守城) 쇼군. 로주들에게 정무 일임하여 관료 조직 강화
5	쓰나요시 (德川綱吉)	1680~1709 (29년)	무예보다 학문에 주력, 주자학 공부, 문치 정치 시행. 주신구라(忠臣藏) 사건 발생
6	이에노부 (德川家宣)	1709~1712 (3년)	5대 쓰나요시의 양자가 되어 쇼군직 계승. 쓰나요시의 문치 계승 발전
7	이에쓰구 (德川家繼)	1713~1716 (3년)	병약하여 요절
8	요시무네 (德川吉宗)	1716~1745 (29년)	막부를 중흥시킨 최초의 방계 쇼군. 막번 체제 개혁 위한 교호 개혁(享保改革) 시행
9	이에시게 (德川家重)	1745~1760 (15년)	언어 장애가 심하고 병약
10	이에하루 (德川家治)	1760~1786 (26년)	학예와 서화에 재능
11	이에나리 (德川家齊)	1787~1837 (50년)	일본 사상 최장기 집권 쇼군. 잇따른 반란으로 막부 체제 붕괴 조짐
12	이에요시 (德川家慶)	1837~1853 (16년)	페리 제독 내항 사건 발생. 아베 마사히로 등 인재 등용에 안목
13	이에사다 (德川家定)	1853~1858 (5년)	페리 함대 2차 내습, 미일 화친조약 체결
14	이에모치 (德川家茂)	1858~1866 (8년)	고메이 천황의 여동생 가즈노미야와 결혼. 조슈 정벌 전쟁 중 오사카에서 사망
15	요시노부 (德川慶喜)	1867~1868 (1년)	에도 막부 마지막 쇼군. 1867년 대정봉환 단행

도쿠가와 막부는 관료제를 구축했다. 막부 관료제의 수반을 로주老中라 하는데, 다섯 명의 로주 중 선임자가 수석 로주가 되어 정책을 결정했다. 로주에는 세키가하라 전투를 비롯하여 수많은 전투에서 도쿠가와 세력 편에 섰던 번 출신 인사만 임명되었다.

메이지유신 이전의 교토 천황은 상징적 존재였다. 실권은 에도 막부의 쇼군이 쥐고, 교토의 황궁에 사실상 유폐된 천황은 이름만 천황일 뿐 '통치하지 않는' 그림자 같은 존재였다. 명목상의 국가원수일 뿐 정치에 간여할 수 없고, 군사력도 없으며, 경제는 전적으로 막부에 의존했다. 천황이 가진 권한은 연호年號 제정권, 관위官位 수여권 정도에 불과했다.

막부는 천황의 지위와 관련하여 엄격한 법규를 정했다. 교토에 막부의 고등정무청을 두어 천황가를 엄중 감시했다. 천황은 주거를 황궁 내로 제한하여 여행이 금지되었으며, 각 번의 영주들이 천황과 접촉하지 못하도록 원천봉쇄해 놓았다. 천황은 정치에 관심을 가져서는 안 되며, 학문과 예능에 전념해야 했다. 그 결과 천황은 영주나 백성과 단절된 채 막부에서 주는 봉록으로 생계를 유지했다.

일본 사회에 유학이 보급되면서 막부와 쇼군은 정치적으로 어떤 존재인가, 막부의 쇼군은 국왕인가 아닌가, 교토의 천황은 어떤 존재인가 하는 의문이 제기되었다. 이런 의문에 대해 막부는 대정 위임론을 내놓았다. 막부는 '천황으로부터 대권을 위임받아 전국을 통치하는 존재'라는 뜻이다(박훈, 『메이지유신은 어떻게 가능했는가』, 민음사, 2017, 37쪽).

메이지유신 이후의 근대 일본은 천황제를 부활시켜 국민 통합·국가 통합의 중심으로 삼았다. 대정 위임론이 나온 지 100년 후, 막부의 마지막 쇼군 도쿠가와 요시노부德川慶喜는 스스로 통치권을 천황에게 반납하는 '대정봉환'을 한 다음 스스로 권력을 내려놓고 해체의 길을 걸었다.

막부 권력에서 소외된 조슈와 사쓰마번의 하급 무사들은 천황이라는 신성한 권위를 이용하여 일사천리로 개혁을 추진하여 메이지유신을 성공시키고 근대화를 이루어냈다. 조금 심하게 표현하면 메이지유신은 조슈번과 사쓰마번의 하급 사무라이들이 천황을 업어다 권좌에 앉혀 얼굴 마담 역할을 맡기고, 실제 권력은 자기들이 쥐고 흔드는 체제였다. 천황은 메이지유신 이전이나 이후 할 것 없이 정치 권력에서 철저히 소외된 채 '국가 통합의 상징'으로 신격화된 존재에 불과했다.

'번'이 곧 국가

근대 전 일본의 국가 시스템은 '번'이라 불리는 '사실상 국가'들의 연합체였다. 각 지역의 영주인 다이묘들은 대대로 물려받은 가문의 영토인 번을 다스리는 실질적인 왕이었다. 전쟁이 발발하면 각 번은 쌀 생산량에 따라 막부에 병력을 제공해야 했다. 도쿠가와 시대에는 일본 전국을 266명의 영주가 나누어 차지하고 자신의 번에서 행정권·징세권·경찰권을 가지고 자신의 책임하에 독립된 통치를 했다. 260여 년간 영

다이묘의 등급

명칭	구분(석고)	숫자
다이다이묘(大大名)	50만 석 이상	7명
	20만 석 이상	15명
주다이묘(中大名)	10만 석 이상	32명
	5만 석 이상	46명
쇼다이묘(小大名)	5만 석 이하	166명

주들은 자신의 번을 독자적인 국가처럼 통치했다.

영지는 토지의 생산성을 나타내는 '석고石高(고쿠다카)'에 따라 그 크기와 영향력이 구분되었다. 도요토미 히데요시 시절 토지와 전답·가옥 부지의 생산성을 조사한 다음 그 가치가 쌀로 몇 석인지 수량화한 것이 석고다. 이후 사무라이가 영지에서 받게 되는 수입이나 봉록도 석고로 표기했다.

석고 1석은 어른 한 사람이 1년 동안 먹을 수 있는 쌀의 양이다. 막부가 요구하면 영주는 100석당 1~2명의 병력을 차출하여 막부에 제공했다. 따라서 석고에 따라 영주가 동원하는 군사력을 추산할 수 있다. 일본에는 50만 석 이상의 석고를 보유한 영주가 7명, 20만 석 이상이 15명, 10만 석 이상이 32명, 5만 석 이상이 46명, 5만 석 이하가 166명이었다.

도쿠가와 막부가 일본 천하를 통일했다는 것은 어디까지나 막부의 수장인 쇼군과 번의 영주인 다이묘들 간의 군사적 관계일 뿐이었다. 경제적으로 보면 일본의 쌀 생산량 3,000만 석 가운데 약 23퍼센트인

번의 종류

종류	특징	비고
신번(親藩)	도쿠가와 이에야스의 친척 가문들이 다스리는 번	막부에서 직책을 맡지 못하며 정치 간여 금지
후다이번(譜代藩)	대대로 도쿠가와 집안에 충성을 다해온 가문들이 다스리는 번	막부 정치 요직 차지. 로주에는 중소 규모의 후다이번 다이묘만 취임
도자마번(外樣藩)	세키가하라 전투에서 서군에 가담하여 도쿠가와에 맞섰던 가문들이 다스리는 번	도쿠가와에 복종을 맹세하고 멸문지화를 면했으나 영지가 대폭 축소. 영지는 대부분 일본 열도의 외곽 지역에 위치(사쓰마·조슈가 대표적)

680만 석만을 막부 직할령과 직속 가신들의 영주가 차지했고, 나머지는 각 번의 영주가 지배하는 자치령에서 생산됐다(이광훈, 『조선을 탐한 사무라이』, 포북, 2016, 47쪽).

도쿠가와 막부는 다이묘들이 반란을 일으키는 것을 원천 봉쇄하기 위해 '무가제법도武家諸法度'라는 규정을 만들어 영주를 엄격하게 통제했다. 막부의 허가 없는 영주 가문 사이의 혼인을 금지하고, 영주들이 해상을 장악하고 반란을 일으키는 것을 막기 위해 쌀 500석 이상을 실을 수 있는 대형 선박의 제조를 금했다. 또 성의 신축이나 증축도 금지했다. 특히 영주의 정실부인과 적통 상속 예정자를 인질로 에도에 거주시켰다.

영주 자신도 영지에서 1년, 에도에서 1년씩 교대로 근무하는 참근교대參勤交代 제도를 강제로 시행했다. 그 결과 각 번의 영주는 해마다 에도 상경과 귀향을 반복했고, 에도에서 근무할 때는 별도의 건물을 지어 운영해야 했다.

참근교대를 위해 영주가 에도에 근무할 때 소속 번에서 영주와 함께 에도에 와서 근무하는 인원은 번의 세력에 따라 정해져 있었다. 1841년 기슈紀州의 도쿠가와 나리유키德川齊順가 참근교대할 때 사무라이 1,639명, 인부 2,337명, 말 103필이 동원되었다(성희엽, 『조용한 혁명』, 2016, 196쪽).

막부 260년간 계속된 참근교대를 위해 각 번은 엄청난 비용을 지출해야 했다. 막부는 이러한 참근교대 제도를 통해 각 번의 경제력을 소모시킴으로써 막부에 반란을 일으킬 수 없도록 했다.

일반 백성은 영주의 허락 없이 번의 경계를 넘는 것이 금지되었고, 거주 이전의 자유도 박탈당했다. 각 번의 경계 지점에는 세키쇼關所라는 검문소가 있었고, 데가타手形라 불리는 증명서가 있어야 다른 번으로의 출입이 가능했다.

백성들 입장에서 볼 때 번은 곧 국가였다. 때문에 일본의 사무라이는 막부 시절엔 자신의 영주(다이묘)를 위해 목숨을 바쳤을 뿐, 천황을 위해 목숨을 바친 사무라이는 찾아보기 힘들었다.

무로마치 막부 이후 일본은 중국과의 책봉-조공 체제에서 이탈했고, 도쿠가와 막부는 만주족이 세운 청을 야만족이 세운 나라라면서 폄하하고 멸시했다. 일본은 에도 시대가 끝날 때까지 중국과 정식 국교를 맺지 않았다. 조선과 류큐 두 나라는 정식 외교 관계를 유지하며 사신을 교환하고 친분을 유지하는 '통신의 나라'로, 중국과 네덜란드는 경제적 교역만을 하는 '통상의 나라'로 구분하여 교류했다.

제2장

해금海禁에서 개방으로

한 시절 중국은 세계의 바다를 주름잡는 해양 강국이었다. 적어도 명의 영락제永樂帝(재위 1402~1424) 시대까지는 그랬다.

영락제는 명 제국의 창업자 태조 홍무제洪武帝 주원장朱元璋의 넷째 아들이다. 그는 반란을 일으켜 제2대 황제인 조카 건문제建文帝를 내쫓고 제3대 황제에 올랐다. 영락제는 제도를 정비하고 팽창주의적 외교 정책을 펼쳤다. 난징에서 베이징으로 천도하고 자금성紫禁城을 건립하는 등 수도를 재건했다. 양쯔강과 황허黃河를 잇는 대운하를 재건하는 등 융성을 이끌었다.

열린 중국의 바다

해양을 제패한 중국

무엇보다 영락제의 위업으로 꼽는 것은 중국의 넘치는 힘을 해외로 투사했다는 점이다. 영락제는 환관 출신의 정화鄭和에게 유럽의 대항해 시대보다 70년이나 앞선 1405년부터 1433년까지 총 일곱 차례에 걸쳐 대규모 해상 원정을 명령했다. 정화의 함대는 인도·사우디아라비아·아프리카·메카 등 30여 개국을 순항했다.

1405년 6월 정화의 1차 항해 당시에는 길이 약 137미터, 폭 약 56미터에 달하는 8,000톤급 대형 선박을 비롯한 함선 62척과 2만 7,800명의 선원으로 구성된 대선단이 동원되었다. 훗날 바스코 다 가마(Vasco da Gama)의 함대가 120톤급 3척에 선원 170명, 신대륙을 발견한 콜럼버스(Christopher Columbus) 함대가 250톤급 3척에 선원 88명 규모인 것과 비

정화 함대의 대항해

차수 (기간)	행선지	비고
1차 (1405~1407)	참파(베트남 중부), 수마트라, 팔렘방, 말라카, 실론(스리랑카), 인도 콜카타	나침반과 항해도를 사용한 항해
2차 (1407~1409)	시암(타이), 자바섬, 실론(스리랑카), 콜카타	스리랑카 남부 도시 가레에 중국어·타밀어·페르시아어 등 3개 국어로 쓰인 비석 건립
3차 (1409~1411)	벵골만, 인도양을 돌아 페르시아만의 호르무즈 해협	스리랑카 왕과 그의 가족들을 포로로 잡아 귀국
4차 (1413~1415)	인도양 서쪽으로 항해하여 페르시아만의 호르무즈와 아라비아반도 남쪽의 아덴까지 항해	기린을 중국에 도입
5차 (1417~1419)	아덴까지 항해. 도중에 분대를 편성하여 아프리카 동쪽 해안의 말린디까지 항해	사자·표범·얼룩말·코뿔소 등 진귀한 동물들을 싣고 귀국
6차 (1421~1422)	명에 조공을 바친 각국 사절을 귀환시키기 위한 항해	1424년 영락제 사망으로 베트남에서 자바로 항해하던 중 원정 중단하고 귀환
7차 (1430~1433)	부대를 이슬람교 성지 메카에 파견해 무함마드 무덤 참배	정화, 귀환 중 1433년 병사

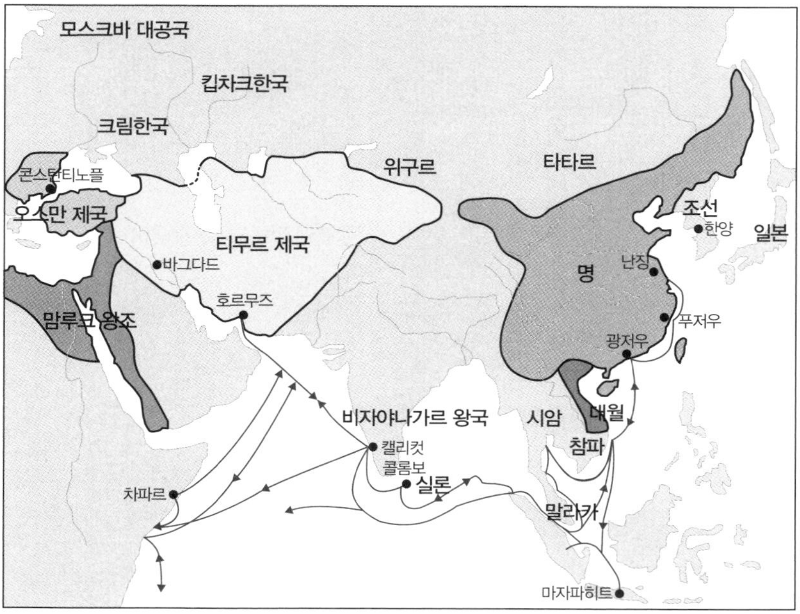

정화의 원정로

교하면 상상조차 하기 힘든 대규모 선단이었다.

정화는 35세 때부터 약 30년간 모두 7차례 대항해를 계속했다. 정화의 대항해로 중국은 동남아 국가들에 영향력을 행사할 수 있게 되었다. 중국의 도자기·비단 같은 특산물을 수출하고 후추·상아·향료를 수입하는 등 국제 교역이 활발하게 이루어졌다. 또 중국인의 해외 이민이 늘어나 동남아에 화교華僑 사회가 형성되는 단초가 되었다.

송宋 때부터 명성이 자자했던 중국 도자기는 14세기부터 유럽으로 본격 수출되었다. 16~18세기 서유럽 왕실과 귀족은 중국 도자기를 모아둔 방을 따로 만들어놓고 즐길 정도였다.

조선~중국 바닷길은 1882년에야 복원

해상 자유 통행을 금지하는 해금령海禁令은 명나라가 개국하던 1368년 처음 반포되었다. 정화가 사망한 후 명은 본격적으로 강력한 해금 정책을 실시하여, 그때까지 이룩해 놓은 제해권을 포기했다. 이후 청도 명·청 교체기 명나라 부흥 세력을 완전 소탕한 1684년까지 300년 넘게 해금령을 지속했다.

조선과 중국 사이의 해상 왕래도 금지되었다. 그 결과 조선의 사신단은 물론 중국 사신단도 명·청 500여 년 동안 육로를 도보로 이동해야 했다. 조선과 중국 사이의 해상 항로가 복원된 것은 1882년 조청 상민 수륙무역장정朝淸商民水陸貿易章程을 통해 청 황제가 해상 무역을 허락하면서부터다. 가까운 두 육지를 잇는 바다에 500여 년 상선이 왕래하지 못한 사례는 세계의 다른 시대와 지역에서 유례를 찾기 힘든 기이한 현상이었다.

중국이 일방적으로 바닷길을 막은 것만도 아니다. 조선 왕조도 중국의 국제 질서 변화에 순응하여 바다로 나가는 길을 완벽하게 봉쇄했다. 1417년 조선 태종은 "죄인들이 섬으로 도망쳐 숨고, 섬 주민이 세금을 내지 않는다"는 이유로 제주도를 제외한 모든 섬을 통째로 비워 사람이 살지 못하도록 하는 공도空島 정책을 실시했다. 허락을 받지 않고 몰래 섬에 들어간 자는 100대의 장형에 처했다. 육지에서 바다로 나가는 항해는 왕토王土로부터 무단 이탈하는 죄로 처벌되었다(이영훈, 『한국경제사 1』, 2016, 314쪽). 공도 정책이 폐기된 것은 임오군란이 발생한 1882년 고종 때다. 이때부터 비로소 울릉도가 본격적으로 개척되기 시작했다.

중국이나 일본이 해금령과 쇄국 정책을 실시했다고는 해도 사실상 말뿐인 해금·쇄국이었다. 일본이나 중국의 광대한 해안선을 어떻게 일

일이 통제할 수 있었겠는가. 때문에 곳곳에 뚫린 구멍을 통해 해외로부터 사람과 물건, 문화와 문물이 드나들었다.

조선은 육로로 중국에서 선진 문물을 도입할 수 있었기 때문에 바닷길을 폐쇄해도 별 지장이 없을 것으로 믿었다. 성리학적 의식으로 중화 문물이 아닌 것은 경멸하는 사고도 크게 작용했다.

그러나 바닷길을 통해 국부를 창출하던 대항해 시대에 조선의 해상로 폐쇄는 결정적이고 치명적인 실수였다. 조선 초부터 구한말까지 500여 년간 해상로를 통한 외부 세계와의 교역이 단절되면서 조선은 해외 무역을 통한 경제적 이익을 창출할 수 있는 기회를 통째로 상실했다. 이것이 해양 무역을 통해 서양과 접촉하여 막대한 국부를 축적한 중국·일본과 조선의 결정적 차이였다.

중국 천문대장이 된 서양 신부

1517년 마르틴 루터가 종교개혁을 선언하자, 개신교에 맞서기 위해 1534년 8월 15일 가톨릭 포교 조직인 예수회(제수이트Jesuit)가 창설되었다. 프랑스 파리의 몽마르트르에 위치한 생드니 수도원에서 창설된 예수회는 가톨릭의 정수를 이어받아 청빈·청결·복음 전파를 슬로건으로 내걸었다.

예수회 신부는 가톨릭 전파 사명을 띠고 목숨을 걸고 아시아로 몰려오기 시작했다. 이것이 포르투갈·스페인을 선두로 한 지리상의 발견으로 이어졌다.

포르투갈 신부가 중국을 최초 방문한 것은 1514년이다. 이것은 비공식 방문이었고, 토메 페레스가 이끄는 공식 사절단은 1517년 광둥廣東으로 들어갔다. 이후 프란시스코 사비에르(F. Xavier)를 비롯하여 마테오 리치(Matteo Ricci), 페르디난트 페르비스트(F. Verbiest) 등의 예수회 선교사들이 명나라에 입국하여 활동했다.

이탈리아의 마테오 리치와 스페인의 판토하(Jacques de Pantoja) 신부는 1601년 베이징에 진출했다. 명나라 황제는 마테오 리치를 비롯한 서양 신부들에게 수도 베이징에 토지를 구입하여 예배당을 지어도 좋다고 허락했다. 이때부터 중국에서 천주교 세력이 기를 펴기 시작했다. 마테오 리치는 명 황제에게 부국강병책을 제시하고 천문·수학·지리·물리·철학 서적을 소개했다.

그는 유교 경전을 줄줄 외워가며 중국 지식인에게 포교했다. 또 유럽 지도 제작법을 이용하여 한자로 표기된 세계지도(〈곤여만국전도坤輿萬國全圖〉)를 제작하여 황실에 바쳤다. 자명종과 악기를 중국 상류층에 소개했다.

중국에서 가톨릭 포교는 1630년까지 예수회가 독점했고, 그 후 도미니크회·프란체스코회 등 다양한 교파가 중국에 진출했다. 1644년 명나라가 멸망하고 만주족 청조의 통치가 시작된 후에도 프랑스 신부 조아생 부베가 들어와 강희제에게 수학을 가르쳤다. 1692년 강희제는 백성들이 서양 교회에 다니는 것을 허락했다. 가톨릭 선교사들은 청 조정에 중용되었다. 독일 신부 아담 샬(Johann Adam Schall von Bell)은 중국 천문대장에 임명되었다.

예수회는 유교의 영향으로 조상 숭배 의식이 강한 중국에서 포교가 어렵자 중국인의 조상 숭배 의례를 인정했다. 예수회의 뒤를 이어 경쟁적으로 포교 활동을 하던 프랑스의 프란체스코회, 포르투갈의 도미니크회 선교사들은 로마 교황에게 예수회의 포교 방법이 잘못되었다고 비난했다.

교황 클레멘스 11세(Clemens XI)는 1704년 공자와 조상에 대한 제사

의식을 이단으로 규정하여 금지한다는 내용을 담은 금령을 강희제에게 보냈다. 강희제는 천주교가 조상의 제사 의식을 금지하는 것을 중국의 기본 윤리에 도전하는 행위로 간주하여 예수회 선교사 이외에는 선교 활동을 금지시켰다.

천주교에 비교적 관대했던 강희제와 달리, 뒤를 이은 옹정제는 가톨릭을 이단으로 규정하고 교회를 폐쇄하는 칙령을 내리고 포교를 전면 금지했다. 성당은 곡식 창고나 서원으로 용도가 바뀌었고, 신부들은 지하로 잠적하거나 1724~1736년 사이 광저우·마카오로 추방되었다. 그 다음 황제 건륭제도 엄격하게 가톨릭을 통제했다.

명·청 교체기인 1640년대 영국의 부르주아 혁명과 산업혁명으로 세계 역사는 자본주의 시대로 접어들고 있었다. 청조가 폐쇄 고립을 향하던 시기에 동서 해상 교통이 크게 열렸고, 서양에서는 프랑스 혁명으로 시민 사회가 형성되는 등 급변의 시기가 전개되고 있었다. 하지만 청 조정은 국내 정치적 이유로 일반 백성이 해상으로 나가는 것을 엄격하게 금지했다. 청조의 탄압 정책으로 서양 선교사들의 왕래가 끊기면서 서양 문물이 유입되는 루트가 막혔다.

일본, 철포와 만나다

서양 모험가들의 아시아 항로 개척 의지는 일본까지 이어졌다. 일본이 포르투갈 상인과 처음 접촉한 것은 중국보다 30년 늦은 1543년이었다.

일본 열도 최남단의 가고시마鹿兒島 남쪽 오스미大隅 제도에 있는 다네가시마種子島 연안은 구로시오黑潮 해류가 흘러오는 곳이다. 현재는 이 섬

남부에 일본의 로켓 발사장인 다네가시마 우주센터가 위치하고 있다.

1543년 정크선 한 척이 다네가시마에 도착했다. 이 배에는 '정해왕淨海王'이라 불리는 중국 해적 왕직王直과 포르투갈인 페르낭 멘데스 핀투(Fernand Mendez Pinto), 프란시스코 제이모토(Francisco Zeimoto), 안토니오 다 모타(Antonio da Mota)를 비롯하여 100여 명이 타고 있었다.

섬의 다이묘는 당시 15세의 다네가시마 도키타카種子島時堯였다. 다이묘는 포르투갈인에게 거금을 주고 '뎃포(철포鐵砲)', 즉 화승총을 구입했다. 소년 영주가 화승총 구입을 위해 지불한 금액은 명에서 제조한 은화 영락전永樂錢 2,000냥, 현재의 원화 가치로 환산하면 10억 원이다. 당시 10냥은 병사 한 명의 1년 봉록에 해당했다. 2,000냥이면 200명 군대를 1년 동안 유지할 수 있는 금액이었다(조용준, 『메이지유신이 조선에 묻다: 일본이 감추고 싶은 비밀들』, 도도, 2019, 24-25쪽).

화승총이 상품으로 거래될 수 있다는 사실을 알지 못했던 포르투갈 상인 핀투와 제이모토는 화승총이 깜짝 놀랄 만한 가격에 팔리자 크게 기뻐했다. 그들은 소년 영주에게 서비스로 총 1정을 더 증정했다. 결국 화승총은 한 자루당 5억여 원에 거래된 셈이다.

조총의 탄생

도키타카가 구입한 무기는 아르카부스(arcabuz)라는 전장前裝식 화승총이었다. 화약과 총알을 총구에 밀어넣고 쇠막대로 다진 후 발사하는 원시적인 소총이다. 소년 영주는 남만인, 즉 남쪽의 야만인으로부터 구입한 뎃포를 잠시도 손에서 놓지 않았고 기능과 조작법을 열심히 배웠다.

영주는 도검 제작자에게 이 희한한 문명의 이기利器를 복제하라고 명했다. 도검 장인 야이타 긴베에八板金兵衛는 화승총을 분해한 다음 역조립하여 동일하게 제조했다. 화약 제조는 사사가와 고시로 우히데시게笹川小四郎秀重가 맡았다. 사사가와는 자기 집에 작업장을 만들고 포르투갈 상인의 도움을 받아 흑색화약 제조법을 배웠다. 그가 완성한 화약은 성능이 세계 최강이었다.

도검 장인 야이타는 총기 제조 과정에서 총신에 나선형 구멍을 뚫어 나사를 고정시키는 기술이 없어 애를 태웠다. 이때 포르투갈 상인 제이모토가 "당신의 딸을 나에게 주면 기술을 전수하겠다"고 제안했다. 야이타의 16세 된 딸 와카사若狭는 국제 결혼을 한 최초의 일본 여성이 되었다. 이것이 조총鳥銃이라 불린 일본 철포 역사의 시작이다.

1543년 일본의 첫 번째 개항

포르투갈인은 첫 항해에서 화승총과 화약·중국산 생사生絲(명주실)·견직물·사탕·약품을 일본 은과 교환하여 큰 이익을 얻었다. 다네가시마에서 닝보寧波로 돌아온 사람들은 포르투갈인 사이에 화제가 되었다. 상품으로 생각하지도 못했던 화승총이 비싼 값에 판매된 데다가 유럽 제품이 날개 돋친 듯 팔렸다는 소문이 퍼졌다.

일본에 가면 큰돈을 벌 수 있다는 소식이 전해지면서 포르투갈 선박의 일본 러시가 일어났다. 매년 4월과 10월, 포르투갈 무역선이 구로시오 해류를 타고 일본을 찾아왔다. 핀투와 함께 다네가시마에 왔던 중국 해적 왕직은 일본의 고토五島를 근거지 삼아 중국과 일본 간 밀무역으로 이름을 떨쳤다. 당시 고토에는 수백 척의 배가 드나들며 교역했다.

1543년은 조선에서는 중종 재위 37년째였다. 이해 조선에서는 관립 교육 기관인 성균관과 향교에 대응하여 사립 교육 기관인 백운동서원이 최초로 문을 열었다. 일본은 총포의 시대, 조선은 서원의 시대. 일본은 총포를 무기로 싸우고, 조선은 성리학 논리에 따라 입과 붓으로 싸우는 무武와 문文의 극적인 대비를 상징적으로 말해주는 해다.

5년 후인 1548년 막부는 스페인과 무역을 시작했다. 일본에 온 포르투갈·스페인 사람들은 가톨릭 전파에도 열을 올렸다. 1549년 7월, 예수회 창립자의 한 사람으로 인도에서 활동하던 스페인 신부 프란시스코 사비에르가 말라카를 거쳐 가고시마에 상륙했다. 가고시마의 영주는 포르투갈과의 무역을 위해 가톨릭 선교를 허용했다(한국18세기학회 엮음, 『18세기 한일문화교류의 양상』, 태학사, 2007, 197쪽). 사비에르는 나가사키 히라도섬平戶島에서 첫 포교를 했다.

일본에서는 규슈 일대에 나타난 서양인을 남쪽에서 온 야만인이란 뜻에서 '남만인南蠻人', 이들이 타고 온 배를 '남만선'이라 불렀다. 남만인은 일본에 천주교와 화승총·세계지도·지구의地球儀·포도주·카스텔라 등 다양한 문물을 전했다.

당시 일본의 지도자 오다 노부나가織田信長를 비롯한 전국의 다이묘들은 일본에 온 서양인과 적극 교류했다. 1569년 4월 28일, 전국시대의 실력자 오다 노부나가는 교토를 방문한 예수회 선교사 루이스 프로이스(Luís Fróis)에게 선교의 자유를 허용했다. 루이스 프로이스는 오다 노부나가에게 감사의 마음을 전하기 위해 콘페이토(confeito)라 불리는 포르투갈 사탕을 선물했다. 이것이 일본에서 유행한 별사탕의 시초다.

오다 노부나가는 서양 문물의 수입에 관심이 많았다. 그는 포르투갈인 복장을 즐겨 입고 포도주를 자주 마셨다. 가톨릭 세력의 급성장과 함께 지역의 유력 영주 중에서도 영세를 받은 천주교 신자(기리시탄)가 등장하자, 노부나가를 이은 실력자 도요토미 히데요시豐臣秀吉는 1587년 7월 24일, 무역과 신앙은 허용하되 선교는 금지하는 포고령을 내렸다.

이때부터 도요토미는 예수회 사절단에게 "중국과 조선을 침공하여 교회의 땅으로 만들어주겠다"고 약속했다. 그로부터 5년 후 임진왜란이 일어났다.

1582년 최초의 유럽 사절단 파견

일본인은 가톨릭 신자를 '기리시탄'이라 불렀는데, 일본에 가톨릭이 전파되면서 짧은 시간에 기리시탄이 폭발적으로 늘어났다. 1578년 분고豊後국(현재 규슈 오이타)의 영주 오토모 요시시게大友義鎮가 프란시스코란 이름으로 영세를 받았다.

서양 선교사들의 노력으로 규슈 일대에 가톨릭이 퍼져나갔고, 교토에는 난반지(남만사南蠻寺)라는 교회도 설립되었다. 1580년 세례를 받은 가톨릭 영주 오무라 스미타다大村純忠는 자신의 영내에 있는 나가사키를 예수회 교회령으로 기부했다. 이때부터 나가사키에 예수회 선교사들이 몰려들어 나가사키는 '작은 로마'라고 불렸다(노성환, 「일본 나가사키현의 조선인 천주교도에 관한 연구」, 『일어일문학』 제49집, 2011).

그로부터 수십 년, 나가사키와 마카오를 연결하는 국제 무역은 포르투갈의 독무대였다. 이 해상 루트를 따라 예수회뿐만 아니라 프란치스코 수도회 선교사도 나가사키로 쏟아져 들어왔다.

1582년 2월 20일, 조선으로 치면 선조 15년, 규슈 지역의 기리시탄 영주 세 명이 13~14세 소년 네 명을 로마로 파견했다. 이른바 덴쇼天正 견구遣歐 소년사절단'이다. 소년들은 이토 만쇼, 지지와 미구엘, 하라 마르티노, 나카우라 줄리아노였다. 이들을 로마에 파견한 이유는 스페인·포르투갈 국왕에게 일본 선교 지원을 요청하고 소년들을 신부로 훈련시켜 일본 포교를 담당하도록 하기 위해서다(이종찬, 『난학의 세계사』, 난마, 2014, 130-137쪽 참조).

소년사절단은 2년 후인 1584년 8월 포르투갈 리스본에 도착했고, 1585년 로마로 가서 교황 그레고리오 13세(Gregorius XIII)에게 세례를 받았다. 이들은 구텐베르크식 활판 인쇄기 한 대와 항해용 지도·서양 악기를 구입하여 1590년 7월 21일 나가사키로 귀국했다. 인쇄기를 구입해 온 이유는 일본어로 성경을 발행하기 위해서다. 이때부터 일본에서 근대 인쇄술이 시작된다.

그사이 일본에서는 천주교 포교 활동이 금지되고 예수회 신부를 내쫓는 바테렌伴天連(가톨릭 신부) 추방령이 내려졌다. 소년사절단원들을 후원했던 영주들은 죽거나 실각했다. 귀국한 소년들은 어떤 여생을 살았을까?

이토 만쇼는 마카오로 유학갔다가 돌아와 병사했다. 하라 마르티노는 마카오에서 사망, 나가우라 줄리아노는 마카오로 갔다가 귀국하여 비밀리에 선교하던 중 체포되어 1632년 처형되었다. 지지와 미구엘은 기독교를 버렸다(박종인, 『대한민국 징비록』, 와이즈맵, 108-112쪽).

이후로 소년사절단 외에도 많은 일본인이 미국·유럽을 다녀왔다.

서학과 난학

일본 통해 조선에 전파된 천주교

일본에 전래된 천주교는 임진왜란을 통해 조선에도 전파되었다. 1577년부터 일본에 와서 선교하던 스페인 마드리드 출신의 예수회 신부 세스페데스(Gregorio de Céspedes)가 임란 중인 1593년 조선에 파견된 첫 가톨릭 신부다.

임진왜란이 일어났을 때 선봉장의 한 사람인 고니시 유키나가는 열렬한 천주교 신자로서, 아우구스티누스라는 영세명을 받았다. 고니시 부대의 깃발에는 십자가가 새겨져 있었다.

고니시 유키나가는 오사카에서 태어났다. 당시 오사카는 '바다의 현관'이자 무역의 중심지였다. 고니시 가문은 무역업과 창고업을 겸한 유력한 해상海商이었다. 당시의 해상들은 항해술이 뛰어나고, 무장을 하고 다니면서 해적질도 서슴지 않았다. 힘이 천하장사인 데다 지략이 출중했던 고니시는 오사카를 드나드는 남만인과 예수회 선교사를 통해 해외 사정에 정통했으며, 아버지와 함께 세례를 받고 천주교 신자가 되었다. 따라서 그의 부하 중에도 기리시탄이 많았다.

1587년 도요토미 히데요시가 규슈를 정벌한 후 고니시는 가토 기요마사加藤清正와 함께 규슈 중부 지역을 다스리는 다이묘가 되었다. 고니시는 임진왜란 때 침략군 제1진(병력 1만 8,700명)을 이끌고 바다를 건너왔다. 고니시가 지휘한 제1진의 주요 지휘관은 그의 사위이자 쓰시마 도주의 아들 소 요시토시宗義智, 마쓰우라 시게노부松浦鎮信, 아리마 하루노부有馬晴信, 오무라 요시사키大村喜前, 고토 스미하루五島純玄 등이었다. 고니시 휘하의 지휘관은 소 요시토시를 제외한 전원이 규슈에 영지를 가진 기리시탄 영주였다.

임진왜란 초반은 고니시 군의 독무대나 다름없었다. 1592년 4월 13일 부산포에 상륙한 제1진은 부산진성과 동래성을 함락한 다음 상주에서 순변사 이일의 부대를 궤멸시켰다. 충주에서 삼도도순변사 신립의 기마 부대를 조총 부대로 전멸시키고, 개전 20일 만인 5월 3일 수도 서울에 선봉 부대로 입성했다.

1593년 웅천성에 주둔 중이던 고니시는 일본 관구장 고메즈(P. Comez) 신부에게 종군 신부를 파견해 줄 것을 요청했다. 고메즈 신부는 세스페데스 신부를 조선에 파견했고, 세스페데스 신부는 조선에 건너와 1년 6개월 동안 고니시 부대를 종군하며 선교 활동을 했다.

당시 고니시 유키나가와 경쟁 관계였던 가토 기요마사는 열렬한 니치렌종(일련종日蓮宗, 일본 불교) 신자였다. 고니시가 종군 신부를 조선에 끌어들였다는 사실을 가토가 도요토미에게 밀고하는 바람에 세스페데스는 1595년 일본으로 소환되었다.

세스페데스는 일본으로 끌려간 5만여 명의 조선 포로 가운데 2,000여 명을 천주교에 귀의시켜 세례를 주었다. 1597년 정유재란 때 세스페데스는 재침한 일본군을 따라 다시 조선에 들어와 2개월간 활동한 후 일본으로 돌아갔다. 그는 고쿠라小倉에 교회를 세우고 포교 활동을 하던 중 1611년 사망했다.

도요토미 히데요시가 사망한 후 고니시 유키나가는 세키가하라 전투에 서군으로 참전했다가 도쿠가와 이에야스의 동군에 패전함으로써 파란만장한 생애의 종말을 맞게 된다. 패전 후 은신하다가 붙잡힌 고니시에게 할복 기회가 주어졌다. 사무라이로서 할복은 영예로운 죽음이다. 하지만 그는 사무라이에 앞서 기리시탄이었다. 그는 천주교 교리와 어긋난다는 이유로 할복을 거부하고 참수형을 택했다. 죽을 때까지 그는 사무라이의 명예보다 기리시탄으로서 신앙을 지켰다.

일본군과 노예 상인들은 조선인 5만여 명을 포로로 끌고갔는데, 이 중 일부는 동남아·유럽으로 팔려갔다. 피렌체 상인 프란체스코 카를레티(Francesco Carletti)는 일본에서 전란 중에 부모를 잃고 끌려온 조선인 고아 5명을 사서, 그중 4명은 인도에 놓아주고 1명만 로마로 데려갔다.

이설도 있지만, 그가 루벤스의 그림으로 널리 알려진 안토니오 코레아(Antonio Corea)다.

정유재란 때 포로로 끌려간 진주 출신 조완벽은 베트남과 교역하던 스미노쿠라 료이角倉了以로 추정되는 일본 무역상을 따라 베트남을 다녀왔다. 그는 일본으로 끌려가 10년 만에 고향으로 귀환했다.

도쿠가와 이에야스도 서양 문물 폭넓게 수용

1600년 네덜란드 무역선 리프더(Liefde)호가 규슈의 오이타현 우스키臼杵에 표류해왔다. 네덜란드 동인도 회사가 파견한 5척의 선단 중 두 척은 스페인 해적에게 나포됐고, 한 척은 회항, 한 척은 침몰했고, 마지막 남은 리프더호가 일본까지 흘러들어온 것이다. 도쿠가와 이에야스는 리프더호의 선원 얀 요스텐, 영국인 애덤스(William Adams) 등을 에도로 불러들였다.

배에는 19문의 청동 대포와 5,000개의 대포 탄환, 500정의 머스킷총, 300개의 사슬탄(chain shot)이 실려있었다. 눈이 번쩍 뜨인 이에야스는 리프더호의 무기를 가져다가 6개월 후 세키가하라 전투에서 사용했다. 이 전투에서 이에야스의 동군이 서군을 무찌르는 데는 네덜란드의 청동 대포가 한몫 했다(조용준, 『메이지유신이 조선에 묻다』, 2019, 98쪽).

뛰어난 엔지니어이자 수학자인 애덤스는 도쿠가와에게 수학과 세계지리, 세계 각국 사정을 설명하고, 영국식 선박 건조법을 전수했다. 애덤스의 지휘 하에 1604년, 이즈伊豆반도의 이토伊東에 일본 최초의 조선소 도크를 마련하여 80톤 선박을 건조했고, 1607년에는 120톤 선박을 건조했다. 애덤스는 영지를 하사받고 일본에 정착했다. 일본 이름은 미우라 안진三浦按針, 신분은 쇼군을 자유롭게 알현할 수 있고 주군의 군기를 지키는 무사단의 상급 무사 하타모토旗本였다.

도쿠가와도 오다 노부나가 못지않게 해외 문물에 관심이 많고 해외 사정에 의식이 깨어있는 인물이었다. 그는 외국인을 외교와 무역 분야 고문으로 임명하고 네덜란드·영국과 무역을 추진했다. 쇼군의 고문으로 임명된 리프더호 선원들의 주선으로 1609년 네덜란드 동인도 회사, 1613년 영국 동인도 회사 관계자들이 일본을 방문했다. 이들은 나가사키현 서북부의 히라도에 상관商館을 설치했다(이윤섭, 『일본 100년: 문호개방에서 55년 체제까지 일본제국주의 흥망사』, 아이필드, 2016, 11쪽).

이 무렵 쇼군은 외국 배를 통해 일본에 입국한 거구의 흑인들을 호위병으로 채용하여 행차 때 그들의 호위를 받았다.

동아시아에 나타난 네덜란드

네덜란드(홀랜드)를 포르투갈어로는 '올란다(Olanda)', 일본에서는 '오란다(オランダ)', 한자로는 아란타阿蘭陀·화란和蘭 등으로 썼다. 막부가 서양 여러 나라 중 네덜란드에게만 교역을 허락한 이유가 있다.

네덜란드인들은 척박한 늪지대를 개척한 민족답게 강인하고 현실 감각이 뛰어났다. 네덜란드는 1581년 스페인으로부터 독립을 선언했고, 1588년 영국은 스페인 무적 함대를 격파했다. 그 후 세계사는 제해권을 확보한 네덜란드와 영국의 독무대였다.

1595년 네덜란드가 인도 항로에 진출하여 향료 무역을 개시하자, 영국 런던 상인들이 중심이 되어 1600년 동인도 회사(East India Company)를 설립했다. 이 회사는 엘리자베스 1세로부터 특허를 얻어 동인도 지역 무역 독점권을 얻었다. 이에 자극받은 네덜란드 정부는 1602년 세계 최초의 주식회사인 네덜란드 동인도 회사(VOC)를 설립하고 동양 무역 독점권을 부여했다. VOC는 네덜란드어 'Vereenigde Oost-Indische Compagnie'의 약자로 '연합 동인도 회사(United East India Company)'라는 뜻이다.

네덜란드 동인도 회사는 아프리카 남단 희망봉(Cape of Good Hope)에 식민지를 건설했다. 1619년에는 바타비아(현재 인도네시아 자카르타)에 동방 무역의 거점을 건설하고 총독 정청總督政廳을 두었다. 이곳을 거점으로 일본과 교역하면서 아시아 무역에서 포르투갈과 스페인을 앞서가기 시작했다.

네덜란드는 바타비아 상업 기지를 중심으로 타이완(대만) 남부 타이난臺南의 젤란디아(Zeelandia) 성과 나가사키를 왕래하며 무역을 했다. 서양 총포와 서적 등을 일본에 수출하고, 일본 칠기와 도자기를 구매하여 유럽에 수출하는 국제 무역선단을 운영했다. 이 지역을 왕래하던 네덜란드 동인도 회사 소속 무역선이 풍랑을 만나 조선에 표류해왔다. 우리 역사에 등장하는 벨테브레이(Jan Jansz Weltevree, 박연)와 하멜(Hendrik Hamel) 일행이 그들이다.

영국도 1615년 일본 측과 접촉하여 교역을 시작했다. 이 과정에서 규슈의 히라도에서 영국·네덜란드가 계속 충돌하자 막부는 1622년 영국 상관을 폐쇄했다.

16세기 일본은 개방과 무역의 시대였다. 제3장에서 자세히 소개하겠지만, 이 무렵 일본에서는 대량으로 은이 채굴되어 이를 바탕으로 국제 무역에 나섰다.

당시 전 세계에서 첨단 하이테크 제품을 만드는 나라는 중국이었다. 일본은 동아시아에 진출한 스페인·포르투갈·네덜란드 등 유럽 상인과 류큐 왕국의 국제 무역상, 무장 상인 집단인 왜구倭寇를 통해 명나라로부터 비단·도자기·서적 등을 대량으로 수입했다. 히라도의 상관을 중심으로 서구 각국으로부터 인도·페르시아를 통해 생사·견직물·목면·후추·설탕 등을 수입하고 도기·칠기·병풍·쌀·보리·술·간장·차 등을 수출했다.

뿐만 아니라 일본은 네덜란드를 통해 서양의 자연과학과 인문과학을 받아들였다(이도형, 『망국과 흥국: 19세기 말 한국과 일본』, 한국학술정보, 2012, 57쪽). 도쿠가와 이에야스는 "서양 오랑캐에게도 배워야 한다"면서 네덜란드에서 유입된 서양 학문인 '란가쿠(난학蘭學)'를 일본 전역에 전파했다. 일본은 실질적으로 이 무렵에 개항을 한 셈이다.

도쿠가와는 1609년 쓰시마 영주를 중재자로 내세워 임진왜란으로 끊겼던 조선과의 교역 관계를 회복했다(기유약조己酉約條). 정상화라고는 하지만 양국 간의 상징적인 교역만 허락한 사실상의 쇄국이었다. 조선과 일본 간의 교역은 쓰시마 도주를 통하도록 했고, 교역 규모도 20척으로 제한했다. 이 선박들은 조선이 쓰시마 도주에게 내린 직인이 찍힌 허가장을 소지해야 했고, 정박 항구도 부산 초량 한 곳으로 제한되었다.

에도 막부는 왜구들의 해적 행위를 금지하고, 중앙에서 대외 무역을 일률적으로 통제하기 위해 허가받은 공식 무역선을 중국과 동남아에 파견했다. 막부는 일본 상선이 왜구로 오해받는 것을 막기 위해 붉은 도장이 찍힌 막부의 무역 허가장을 발급했다. 이 허가장을 소지한 배를 '주인선朱印船'이라 불렀다.

1600~1635년 사이 350척 이상의 주인선이 해외로 나갔다. 주인선으로 해외에 나간 사람은 7만 명 이상으로 추정된다(조용준, 『메이지유신이 조선에 묻다』, 2019, 103쪽). 주인선은 중국·베트남·태국·말레이시아·인도네시아까지 진출하여 무역을 했고, 베트남·태국·필리핀에 '니혼마치

日本町'라는 일본인 집단 거주지가 형성될 정도로 활발한 교역이 이루어졌다.

1613년 태평양을 건넌 일본인

일본은 스페인의 식민지였던 태평양 건너 멕시코와의 무역에도 큰 관심이 있었다. 도쿠가와 이에야스는 당시 유력 영주의 한 사람이던 센다이仙臺번의 영주 다테 마사무네伊達政宗에게 누에바 에스파냐(멕시코)·스페인·바티칸으로 사절단을 파견하는 프로젝트를 명했다. 다테 마사무네가 1582년 유럽에 파견한 덴쇼 소년사절단을 기획한 인물이었기 때문이다(다테 마사무네와 하세쿠라 쓰네나가 관련 부분은 최치현, 「400년 전 태평양 건넌 하세쿠라 쓰네나가의 모험」, 〈월간중앙〉 2018년 1월호 참조).

애꾸눈인 다테 마사무네는 임진왜란이 발발하자 1593년 3,000여 명의 병력을 이끌고 부산에 상륙, 진주성 전투에 참전했다. 이때 다테의 가신이었던 하세쿠라 쓰네나가支倉常長는 조총 부대의 조장으로 활약했다.

이런 인연으로 다테는 하세쿠라를 사절단의 책임자로 임명한다. 프란치스코회 선교사 루이스 소텔로(Luis Sotelo), 10명의 막부 사무라이, 12명의 센다이 사무라이와 120명의 상인과 선원, 40여 명의 스페인과 포르투갈인 등 180명으로 '게이초慶長 유럽 파견 사절단'이 꾸려졌다.

이들은 1613년 9월 15일 센다이 조선소에서 건조한 길이 55미터, 너비 10미터, 배수량 50톤의 범선 '산 후안 바우티스타(San Juan Bautista)'호를 타고 태평양을 횡단하여 멕시코의 아카풀코에 도착했다. 여기서 육로로 멕시코시티를 경유, 베라크루스항까지 갔다. 1614년 베라크루스에서 게이초 사절단은 스페인 함대로 갈아타고 대서양을 건너 스페인 마드리드에 도착한다. 스페인 국왕 펠리페 2세(Felipe II)를 알현하고,

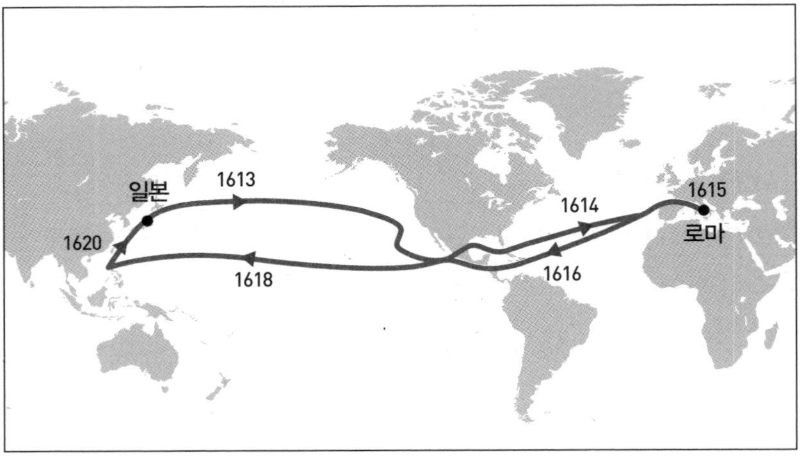

게이초 유럽 파견 사절단의 항해 경로

하세쿠라는 국왕의 개인 사제로부터 세례를 받고 '펠리페 프란시스코'라는 세례명도 받았다. 세비야 근처의 코리아 델 리오(Coria del Rio)에는 '하폰(Japon 또는 Xapon)'이란 성姓을 쓰는 700여 명이 거주하고 있는데, 그들은 자신들이 400년 전에 스페인에 정착한 사무라이의 후손이라고 주장한다.

하세쿠라는 다시 지중해를 거쳐 로마로 가서 교황 바오로 5세(Paul V)를 알현했다. 그는 교황에게 멕시코와 일본의 무역 협정 체결, 일본에 천주교 선교사 파견을 요청하는 막부의 친서를 제출했으나 통상 교섭에는 실패했다. 대신 하세쿠라는 교황으로부터 로마 시민권과 귀족 작위를 받는다.

사절단은 멕시코와 필리핀을 거쳐 7년 후인 1620년 8월 24일 귀국했다(성희엽, 『조용한 혁명』, 2016, 132-133쪽). 게이초 사절단이 항해한 거리는 총 4만 1,100킬로미터였다.

일본은 1613년 자체 제작한 범선으로 태평양을 건넜다. 한국인과 한국 선적의 배가 최초로 태평양을 건넌 시기는 그로부터 339년 후인 1952년이다. 박옥규 선장이 탄 화물선 고려호였다. 박옥규는 한국 해군 최초의 전투함인 백두산함을 미국에서 구입하여 하와이를 거쳐 1949년 진해항으로 몰고 온 인물이다.

천주교 세력 폭발적으로 성장

서양에서 오는 무역선이 사람과 물건만 싣고 왔다면 외국과의 무역 관계는 지속되었을 것이다. 문제는 막부가 우려했던 서양 종교(가톨릭)가 무역선을 타고 들어와 일본 내에 뜨겁게 확산되기 시작했다는 점이다. 예수회 신부 프란시스코 사비에르가 일본에서 포교하기 시작한 이래 천주교는 규슈 곳곳으로 퍼져나가 신자 수 30만을 헤아리게 되었다.

도요토미 히데요시 집권기에 최초로 천주교 금지령이 발표되었다. 하지만 금령에도 불구하고 예수회를 비롯한 외국인 선교사들이 계속 일본으로 유입되었다. 서양 문물에 관대했던 제1대 쇼군 도쿠가와 이에야스는 처음에는 천주교를 관용적으로 대하고, 서양 선교사의 포교 활동도 묵인했다.

일본이 천주교 선교를 금지하기 전까지 교토·오사카·규슈 북부에는 천주교 교회가 200개, 100명이 넘는 외국인과 일본인 직원을 가진 병원이 20개, 개종자 15만 명이 있었다(문소영, 『못난 조선: 16~18세기 조선·일본 비교』, 나남, 2018, 268쪽). 인구 5만 명이 대부분 천주교 신자였던 '동양의 로마' 나가사키에는 13개의 교회가 있었다. 그중 하나는 조선인 포로 출신들이 세운 것이다. 조선인 포로들이 성당을 건립했을 뿐만 아니라 빈센트 권이라는 조선인 순교자도 나왔다.

일본에서 순교한 조선 천주교인 포로들

빈센트 권은 임진왜란 때 기리시탄 선봉장 고니시 유키나가 부대의 포로가 되었다. 그를 일본으로 데려간 사람은 조선에 종군 신부로 온 세스페데스다. 세스페데스는 빈센트 권을 신학교에 보내 선교사로 길렀다. 빈센트 권을 비롯한 조선인 포로 2,000여 명이 세례를 받았고, 1610년에는 조선인이 십시일반으로 비용을 마련하여 나가사키의 변두리 마을 이세마치伊勢町에 성 로렌초(Lorenzo) 성당을 건립했다(박양자, 『일본 키리시탄 순교사와 조선인』, 순교의 맥, 2008, 194-196쪽).

예수회는 조선 포교를 위해 빈센트 권을 공부시켰고, 교리와 기도서를 한글로 번역했다. 빈센트 권은 예수회로부터 조선 전도 특명을 받고 베이징에 파견되었다. 이 와중에 천주교가 일본의 전통 종교인 신토神道와 대립하고 일본 풍습을 거부하면서 미묘한 갈등이 발생했다. 게다가 막부의 정적政敵인 도요토미 히데요시의 잔당들에게 천주교가 퍼져나가면서 종교적 문제는 정치적 문제로 불길이 옮겨붙었다. 이제 천주교 신자가 확산된다는 뜻은 막부의 반대 세력이 크게 늘어난다는 뜻으로 해석되었다.

도쿠가와 이에야스는 1612년 에도·오사카·교토에 기리시탄 금지령을 발표하고 천주교인을 잡아 죽이거나 해외로 추방했다. 베이징에서 공부를 마치고 일본으로 돌아온 빈센트 권은 시마바라島原에서 체포되었고, 나가사키의 니시사카西坂 언덕에서 화형당했다. 빈센트 권은 1617~1632년 일본에서 순교한 '205인 순교 복자 명단'에 이름이 올랐다. 조선인 포로들이 세운 성 로렌초 성당은 1620년 2월 나가사키 행정관에 의해 파괴되어 사라졌다.

일본에 끌려간 조선 포로 가운데 천주교 신자 상당수가 천주교도 추방령으로 필리핀으로 쫓겨갔다. 그 상징적 인물이 조선인 포로 가이오(Caius)였다. 일본에서 가장 저명한 기리시탄 영주가 다카야마 우콘高山右近이었는데 그는 신앙을 위해 권력과 재산을 포기하고 1614년 필리핀으로 추방되었다. 이때 조선인 포로 출신 천주교인 가이오는 다카야마를 따라 필리핀으로 함께 갔다. 다카야마가 마닐라에서 사망하자 가이오는 일본으로 잠입하여 포교를 하다 체포되어 1624년 순교했다(박양자, 『일본 키리시탄 순교사와 조선인』, 2008, 192쪽).

1623년에 500명의 천주교인을 처형하는 등 가혹한 탄압에도 불구하고 일본에서 천주교 인구는 그 후 10년 동안 75만 명으로 늘어났다.

제3대 쇼군 도쿠가와 이에미쓰德川家光 시절인 1637년, 규슈의 시마바라에서 천주교 농민 3만 7,000여 명이 반란을 일으켰다. 시마바라는 열성적인 기리시탄 영주 아리마 하루노부有馬晴信가 다스리던 지역으로, 천주교인이 많이 살고 있었다. 이 지역의 지배자가 된 마쓰쿠라松倉 일족이 백성을 착취하고 종교를 극심하게 탄압했다. 견디다 못한 천주교인이 1637년 10월 성모 마리아 깃발을 들고 반란을 일으켰다. 이들은 하라조성으로 들어가 농성전을 벌였다.

4개월간 계속된 시마바라의 난은 도쿠가와 시대를 통틀어 최대의 농민 봉기였다. 저항이 극렬하여 막부 군대는 진압에 애를 먹었다. 막부는 1638년 2월, 12만 명의 군대와 네덜란드로부터 지원받은 대포와 전함으로 겨우 반란을 진압했다. 이 와중에 천주교인 1만 1,000명이 처형되었고, 2만여 명은 배교를 거부하고 자살했다. 신교의 나라 네덜란드가 막부의 천주교 탄압에 적극 협조함으로써 자신들은 종교 전파보다는 '이윤 창출'에만 관심이 있는 존재임을 확실하게 인식시키는 데 성공했다.

시마바라 봉기 이후 막부는 모든 국민은 반드시 사찰에 소속된 불교

도여야 한다는 슈몬 아라타메宗門改め 제도를 수립했다. 이때부터 사찰이 막부의 주민 센터 역할을 하게 된다. 막부는 나가사키의 예수회 소속 땅을 몰수하여 직할령으로 삼았다.

막부는 천주교의 싹을 자르기 위해 "태양이 지구를 비추는 한, 어떤 기독교인도 일본 땅을 밟을 수 없다. 스페인 왕이든 기독교의 신이든 이를 위반하는 자는 자신의 목으로 대가를 치를 것이다"라는 쇄국 칙령을 발표했다. 이후 천주교도는 발견 즉시 극형에 처했다. 천주교는 지하로 잠복하고, 막부는 개방 정책을 폐기하고 쇄국 정책으로 선회했다.

열린 일본, 닫힌 조선

나가사키 앞바다에 데지마 설치

에도 막부는 천주교 전파를 원천 봉쇄하기 위해 서양 신부가 승선하지 않은 배만 입항을 허용했다. 막부는 1634년, 나가사키 앞바다에 데지마出島라는 부채꼴 모양의 인공 섬을 조성하고 막부의 허가를 받은 상인에게만 그곳에서 교역을 허가했다. 인공 섬의 면적은 1.3헥타르(약 4,000평)였다. 이곳은 막부의 직할지로, 유럽의 정보와 학문을 받아들이는 창구였다.

그러나 주인선 무역도 1635년 막부에 의해 폐지되고, 1639년 천주교 포교 활동을 하던 포르투갈 신부와 상인을 마카오로 추방했다. 이해부터 막부는 포르투갈 선박의 내항을 금지하고 적극적인 대외 교역 정책에서 쇄국 체제로 돌아섰다.

도쿠가와 막부가 쇄국 정책으로 돌아선 또 하나의 이유는 해외로 너무 많은 은이 빠져나갔기 때문이다. 이후 막부는 해외 진출보다는 해외에서 수입되는 문명만을 소극적으로 수용하는 자세에서 벗어나지 못했다.

신교의 나라인 네덜란드 상인은 일본과의 무역으로 이익을 남기는 데만 목적이 있었을 뿐, 남의 나라에 서양 종교를 퍼뜨리는 따위의 일에는 관심이 없었다. 네덜란드는 막부가 우려하던 천주교 전파나 영토 획득에는 관심이 없다는 인식을 심어주는 데 성공했다.

막부는 1641년 네덜란드 동인도 회사에 "히라도 상관을 데지마로 옮기고 섬 밖으로 나가지 말 것, 데지마 안에서 종교 의례를 금할 것, 대포와 병사를 포함한 일체의 무장을 하지 말 것" 등을 조건으로 일본과의 교역을 허가했다. 이로써 네덜란드는 일본과 무역을 정식으로 인정받은 유일한 유럽 국가가 되었다.

이후 데지마는 네덜란드를 통해 수용한 서양 학문인 란가쿠의 성지가 되었다. 네덜란드 무역선을 통해 카메라·환등기·선글라스·메가폰·온도계·기압계 등 신기한 서양 물건이 수입됐다. 단절된 포르투갈과의 무역은 조선과의 무역을 확대하는 것으로 보충했다.

하지만 일본의 쇄국은 서양의 종교와 사상에 대한 쇄국이었을 뿐 무역·통상에 대한 쇄국은 아니었다. 에도 막부 입장에서 대외 무역과 이를 가능케 하는 나가사키 항구는 대단히 중요한 전략 포인트였다. 막부는 무역에 필요한 자금을 마련하기 위해 수출용 구리를 생산하는 광산 지역에 보조금을 지급했고, 구리의 국내 유통도 금지했다(이삼성, 『동아시아의 전쟁과 평화 2』, 2017, 201쪽).

1683년 청나라가 타이완을 정벌하여 자국 영토로 편입시킨 후 나가사키에 중국 무역선 입항이 크게 늘어나자 막부는 나가사키에 중국인 거주지를 허가했다. 이곳을 출입하는 중국 상인의 편의를 위해 막부는

'당관唐館'이라는 중국 상관을 별도로 설치했다. 한국에서도 인기를 끄는 나가사키 짬뽕은 이 무렵 나가사키로 몰려온 중국 요리사들이 일본 사람의 입맛을 고려하여 개발한 음식이다.

네덜란드는 나가사키를 통한 국제 무역량이 크게 늘어 선박이 부족해지자 미국 선박을 용선하여 네덜란드 국기를 게양하고 일본 무역에 투입했다. 이 무렵 막부는 미국 관련 정보도 닥치는 대로 입수했다. 막부의 쇼군은 런던에서 발행되는 월간 시사·미술 화보 잡지인 〈일러스트레이티드 런던 뉴스(The Illustrated London News)〉를 정기 구독했고, 서양과 미국의 철도 사업과 관련한 구체적인 정보를 입수했다.

조선에 나타난 네덜란드인

나가사키의 데지마에 네덜란드 상관이 설치된 지 12년 후인 1653년 7월, 네덜란드 동인도 회사 선원이 제주도에 표류한 사건이 발생했다.

1653년 1월, 일본으로 수출하는 값비싼 화물을 싣고 대포로 무장한 스페르베르(De Sperwer)호가 바타비아를 출항했다. 64명이 승선한 이 무역선은 네덜란드가 지배하는 타이완에 기항했다가 나가사키로 항해하던 중 7월 하순 동중국해 해상에서 강력한 태풍을 만났다. 표류 중 선원 28명은 익사하고 장교급인 서기 헨드리크 하멜을 비롯한 선원 36명이 제주도 남서부 산방산 앞바다에 도착했다. 이들은 나침반을 통해 켈파트섬(당시 네덜란드 선원들은 제주도를 켈파트섬으로 표기했다)에 떠밀려온 사실을 알았다.

하멜 일행의 표류 장면은 『효종실록』에 제주목사 이원진의 보고를 통해 다음과 같이 기록되어 있다(효종 4년 음력 8월 6일).

배 한 척이 고을 남쪽에서 깨져 해안에 닿았기에 대정현감 권극중과 판관 노정을 시켜 군사를 거느리고 가서 보게 했습니다. 어느 나라 사람인지 모르겠으나 배가 바다 가운데서 뒤집혀 생존자는 38인이며 말이 통하지 않고 문자도 다릅니다. 배 안에는 약재와 사슴가죽 등의 물건을 많이 실었는데 목향(위장을 맑게 하는 약재) 94포, 용뇌(보르네오·수마트라에서 나는 식물 방향제), 녹비 등입니다.

표류한 사람들은 파란 눈에 코가 높고 노란 머리에 수염이 짧았는데 구레나룻을 깎고 콧수염을 남긴 자도 있습니다. 옷은 길어서 넓적다리까지 내려오고 옷자락이 넷으로 갈라졌습니다. 옷깃 옆과 소매 밑에 이어 묶는 끈이 있었으며, 바지는 주름이 잡혀 치마 같습니다.

왜어倭語 아는 자를 시켜 "너희는 서양의 기리스탄(크리스찬)인가?" 하고 물으니 다들 "야야(예예)"라고 했고, 우리나라를 가리켜 물으니 고려라 하고 제주도를 가리켜 물으니 오질도라 했습니다. 중원을 가리켜 물으니 대명大明이라 하고 대방大邦이라고도 했으며, 서북을 가리켜 물으니 달단(타타르)이라 했습니다. 정동正東을 가리켜 물으니 일본이라고도 하고 낭가삭기(나가사키)라고도 했는데, 자신들이 가려는 곳을 물으니 낭가삭기라 했습니다.

조정에서는 그전에 표류해 와있던 네덜란드 사람 벨테브레이를 제주 현지에 보내 통역을 하도록 했다. 벨테브레이가 표류인과 대화를 한 후 "네덜란드 사람이다"라고 했다. 벨테브레이는 조선에 표착한 지 27년 만에 동포를 만나자 옷깃이 다 젖도록 눈물을 흘렸다고 한다.

나가사키로 탈출한 하멜

벨테브레이 역시 네덜란드 동인도 회사 소속으로 1627년 아우에르커르크(Ouwerkerck)호를 타고 일본으로 항해 도중 동료인 헤이스버르츠(Direk Gijsbertz) · 페르바스트(Jan Pieter Verbaest)와 함께 마실 물을 구하기 위해 제주도에 상륙했다가 체포되어 서울로 호송되었다. 이들은 훈련도감에 소속되어 훈련대장 구인후의 지휘하에 항복해 온 일본인(항왜병降倭兵)과 포로가 된 청나라 군인을 감시했고, 명나라에서 수입한 홍이포紅夷砲의 제작법과 조작법을 지도했다.

홍이포는 17세기 명나라가 네덜란드 대포를 모방하여 만든 중국식 대포다. 네덜란드는 타이완을 점령하고 명과 맞섰는데, 명은 이때 네덜란드 군대가 보유한 대포의 위력이 대단하다는 사실을 알게 되었다. 명은 이 대포를 연구하여 직접 대포를 개발했는데, 네덜란드를 '붉은 오랑캐'라고 불렀던 데 착안하여 신형 대포를 홍이포라고 명명했다.

조선은 인조 시절 중국을 통해 홍이포를 수입했는데, 제주도에 표류한 네덜란드인들이 훈련도감에서 조선군에게 홍이포 제작법과 조작법을 가르쳤다. 표류인 세 명은 병자호란에 참전하여 두 명은 전사했고 벨테브레이 혼자만 살아남았다. 벨테브레이는 학문을 익혀 무과에 급제했고, 조선 여성과 혼인하여 1남 1녀를 두었다. 조정에서는 벨테브레이에게 박연朴淵이라는 이름을 하사했다.

서울로 압송된 하멜 일행은 자기들보다 27년이나 먼저 조선에 온 벨테브레이에게 조선말을 배웠다. 네덜란드 선원들은 화포를 능숙하게 다뤘기 때문에 훈련도감에 소속시켰다.

하멜 일행은 2년 후인 1655년(효종 6) 4월 25일(음력) 청국 사신이 서울에 행차했을 때 사신 대열에 뛰어들어 "고향으로 보내달라"며 난동을

하멜 일행의 여정

부린 죄로 전남 강진 일대로 귀양을 갔다. 이때부터 고난의 행군이 시작되었다.

그들이 귀양지에서 한 일은 양반집을 돌며 광대짓, 땔감 베기, 잡초 뜯기, 구걸 등 단순노동이었다. 이들은 13년 동안 귀양 생활을 하는 과정에서 굶주림과 병으로 11명이 사망했다. 1666년(현종 7년) 9월 5일(음력), 하멜을 비롯한 8명이 "조선에서 풀이나 뜯는 노예로 사느니 탈출하다 죽는 게 낫다"면서 소형 선박을 훔쳐 타고 일본으로 탈출했다.

첨단 항해술과 무기 운영법 등을 배울 좋은 기회였으나 조선은 이들로부터 아무것도 배우지 못했다. 그저 풀이나 뜯게 하고 광대나 노예로 부려먹다 내쫓은 셈이다.

이들은 히라도에 도착하여 나가사키 행정 당국에 넘겨졌으며, 곧바로 네덜란드 상관으로 인계됐다. 하멜은 네덜란드로 돌아가 자신이 소속된 동인도 회사에 조선에서 억류됐던 14년 동안의 임금을 청구하기 위해 보고서를 작성했다. 이 보고서가 『하멜 표류기』라는 제목으로 출판되어 서양에 조선을 알리는 역할을 했다.

벨테브레이와 하멜에 앞서 1604년 6월 15일(음력) 포르투갈 상인 조앙 멘데스가 통영 앞바다에 표류해왔다. 캄보디아에서 나가사키로 항해하던 중 풍랑을 만나 중국인 16명, 흑인 1명과 함께 통영 앞바다에 표착한 이들은 4개월 만에 중국으로 호송되었다. 이들은 조선에 대해 아무런 기록도 남기지 않았다.

반면에 하멜 일행이 일본으로 탈출했을 때 히라도의 일본 관리는 하멜 일행을 심문하여 어느 나라 사람인지, 난파된 지점, 타고 있던 배에 탑재된 대포의 숫자, 배의 적하물, 조선의 군사 장비, 군사의 훈련 실태 등 54가지 항목의 질문을 하여 상세한 기록을 남겼다. 조선군의 무장 정도, 조선은 항해할 수 있는 전함을 어느 정도 갖추고 있나, 조선에는 은광이나 다른 광산이 있는가 등등 소름 끼치도록 상세한 내용이었다.

조선 조정은 하멜 일행을 광대로 활용한 반면, 일본 막부는 나가사키 앞바다에 인공 섬을 조성하고 서양 문물을 받아들이는 창구로 삼았다. 이것이 한·일의 문화적 차이였다.

하멜의 조선 인식

『하멜 표류기』는 미지의 나라 코레아에 대한 정보를 최초로 유럽인들에게 소개한 책이다. 조선에 대한 하멜의 기록은 이후 조선에 대한 서방 세계의 인식에 결정적인 역할을 했다. 하멜은 표류기를 통해 다음과 같은 인식을 서양 사람들에게 제공했다.

> 첫째, 조선인들의 자녀 교육열이 대단히 높으며, 예의범절이 바르다. 조선은 효율적인 행정 제도를 갖춘 나라다.
>
> 둘째, 조선인들은 절도·사기·거짓말에 능해 그들을 믿을 수 없다. 미신을 믿으며 겁이 많다.
>
> 셋째, 조선의 산악은 험준하고 중국으로 가는 육로는 매우 위험하다. 겨울이면 춥고 여름이면 맹수들이 출몰하는 탓에 해로를 많이 이용한다.
>
> 넷째, 조선의 왕과 신하들에게 여러 차례 석방을 요청했지만 그때마다 어떤 외국인도 돌려보내지 않는다는 대답만 들었을 뿐이다. 이들은 자기 나라가 다른 나라들에게 알려지는 것을 바라지 않았다.
>
> 다섯째, 조선을 코레아 또는 카올리(Caoli)라고 표기했고, 동시에 '조선국'의 발음에 따라 티오센국(Tiozencouk)으로, 이 나라의 수도를 시올(Sior)로 표기했다. (김학준, 『서양인들이 관찰한 후기 조선』, 서강대 출판부, 2010, 67-68쪽)

하멜의 기록이 출판되어 조선에 대한 호기심을 자극하자 네덜란드 동인도 회사는 조선과 교역을 추진하기 위해 1,000톤급 무역선을 건조하여 코레아호(Jaght Korea)라고 명명했다. '코레아'라는 이름을 단 최초의 배가 한국이 아닌 서양에서 탄생한 것이다.

네덜란드 동인도 회사는 1670년 4월 코레아호를 동양 무역 거점인 바타비아로 보내 조선과의 무역을 준비했다. 네덜란드가 조선과의 직교역을 추진하자 에도 막부는 이를 저지하려고 적극 나섰다. 조선과 직교역을 할 경우 데지마 상관을 폐쇄하겠다고 경고하여 네덜란드의 조선 진출을 봉쇄했다.

제3장

은銀의 세계사

콜럼버스가 신대륙을 발견한 해가 1492년이다. 조선 성종 23년 때다. 1494년 6월 7일, 교황 알렉산데르 6세는 토르데시야스(Tordesillas) 조약을 발표한다. 카보베르데 제도 서쪽 400킬로미터를 지나는 자오선을 경계로 하여 서쪽은 스페인이, 동쪽은 포르투갈이 차지하도록 한다는 내용이다.

이때부터 포르투갈과 스페인은 식민지 획득을 위한 대항해 경쟁을 벌였다. 뒤를 이어 영국과 스페인으로부터 독립한 네덜란드가 동아시아로 가는 항로 개척에 나섰다. 세계사는 이를 대항해 시대라고 부른다.

유럽 각국의 숱한 모험가와 야심가들이 쪽배나 다름없는 선박에 의지하여 대서양을 건너고 태평양을 항해했다. 서양인들이 아프리카 희망봉을 돌아 인도와 동아시아로 향하는 바닷길을 연 모험과 개척의 시대였다. 당시의 항해술이나 보건 의료 수준으로 볼 때 유럽에서 서인도 제도나 인도네시아·인도·아메리카로 항해하는 것은 요즘으로 치면 인간이 달에 가는 것만큼이나 위험천만한 모험이었다.

중국에 눈 돌린 서구

포르투갈의 마카오 개척

포르투갈은 1511년 말라카를 점령하여 동남아 무역의 거점을 만들었다. 당시 중국은 해금 정책을 실시하고 있었다. 그럼에도 포르투갈 상인들은 끈질기게 중국의 문을 두드렸다. 1516년 포르투갈의 말라카 총독은 중국에 사절을 파견하여 통상을 요구했다. 이들이 근대 최초로 중국에 온 유럽인이었다.

이후 중국에 오는 포르투갈인이 날이 갈수록 늘었다. 당시 중국인은 포르투갈인을 '불랑기佛郞機'라 불렀다. 『명사明史』의 「불랑기전佛郞機傳」은 그들의 행적에 대해 "돌아다니며 횡포를 부리고…… 양민을 강제로 약탈하였다"고 전하고 있다.

1540년대에 포르투갈 상인과 선교사가 일본에 진출했다. 이들은 천주교와 화승총을 일본에 전했다. 1553년 포르투갈인이 물에 젖은 조공품을 건조시킨다는 명목으로 마카오 상륙 허가를 명조에 요청했고, 1554년에는 광저우廣州에서 통상 권리를 얻었다. 그 결과 1557년부터 포르투갈 상인의 마카오 거주가 허락되었다. 이때부터 마카오는 이들의 무역 거점이 되었다. 1560년대 마카오 거주 포르투갈인은 900명에 달했다.

1565년 스페인은 필리핀 남부의 여러 섬을 점령했고, 1570년 루손섬을 점령한 후 1575년 중국에 나타났다.

이어서 네덜란드와 영국이 등장했다. 이 두 나라는 국왕의 명령을 충실하게 수행하고 돈도 벌기 위해 수탁 회사, 즉 기업이란 제도를 고안해냈다. 왕권 행사와 상인의 이익을 도모하기 위한 주식회사 형태의 상업 조직이었다. 정부 기관의 성격이 짙은 동인도 회사가 그것이다.

영·네덜란드의 동인도 회사

1600년 12월 31일 국왕의 특허를 받아 설립된 영국 동인도 회사의 정식 명칭은 '동인도 무역을 위한 정부 및 런던 상인 회사'다. 이사회는 총독 1명, 이사 24명으로 구성되었다. 아시아 지역의 향료 무역을 독점한 영국 동인도 회사는 이름만 회사일 뿐, 회사의 수장首長이 식민지 총독을 겸하는 사실상의 총독부였다. 회사가 진출한 영토 내에서 사법·치안권은 물론 외교권·군사 행동권까지 보유하고 있었기 때문이다. 영국 동인도 회사는 1689년 영국군 병력의 두 배에 해당하는 사병私兵 26만 명을 동원하여 벵골·첸나이·뭄바이(봄베이)를 자주적으로 통치했다.

영국이 동인도 회사를 설립하자 네덜란드도 발 빠르게 대응했다. 2년 후인 1602년 네덜란드 동인도 회사를 설립하고 동양 무역 독점권을 부여했다. 이 회사는 주식을 발행하여 투자 자금을 모으고, 무역 이익을 투자 금액에 따라 배분하는 개념을 도입했다. 그 결과 왕실 재정만으로는 감당할 수 없는 대규모 무역이 가능해지면서 대항해 시대를 열었다. 네덜란드 동인도 회사는 인도네시아에서 포르투갈·영국 세력을 쫓아내고 맹주 자리를 차지했다. 또 일본과의 무역을 독점하여 은화 수입원을 마련했다.

국가로부터 특수한 사업을 위탁받은 수탁 회사들은 탐험가나 모험가들이 발견한 신대륙의 상권을 장악해 나갔다. 이들은 국가로부터 독점권을 위임받은 후 신대륙의 시장 개발과 영토 확보에 나섰다. 그리고 자국의 근대화에 필요한 자금 확보를 위해 반反문명적, 반인륜적인 행위를 서슴지 않았다.

영국은 국왕 찰스 1세(Charles I)와 자본가들이 고든 회사를 조직하여 영국과 중국 간 무역을 독점했다. 1637년 중국에 파견되었던 영국인 웨델(John Weddell)이 5척의 선박을 이끌고 마카오에 도착했다. 포르투갈인이 영국 선박의 상륙을 거부하자 영국 선박은 광저우의 후먼虎門으로 향했다. 중국군 포대가 이들을 저지하자 웨델은 무력으로 포대를 점령했다. 이것이 중국과 영국 사이에 일어난 최초의 접촉이다.

중국에 나타난 서양인은 통상을 요구하면서 곳곳에서 강탈·살육·약탈 등 해적 행위를 저질렀다. 슈펭글러가 말한 '파우스트 정신'을 중국에서 적나라하게 발휘하기 시작한 것이다. 이런 모습을 본 중국인들은 바다 건너온 서양 상인들을 '양귀자洋鬼子', 즉 서양 귀신이라고 불렀다.

국제 무역 결제 수단은 은銀

이 무렵, 중남미를 정복한 스페인 정복자들은 포토시(Potosi) 광산과 멕시코 일대에서 은을 채굴하여 유럽으로 실어 날랐다. 해발 4,090미터의 볼리비아 고원에 위치한 포토시는 세계 최대의 은 생산지였다. 1556년부터 1783년까지 포토시에서 채굴된 은은 4만 5,000톤이었다. 유럽의 중상주의를 지탱해 온 남부 독일의 은이 바닥난 상황에서 포토시 은광은 구세주나 다름없었다.

당시 서양에서는 중국산 도자기와 비단·차茶에 대한 열망이 폭발했다. 서양 상인들은 중남미산 은을 가지고 중국 특산품을 구입하여 서양에 내다 팔면 막대한 이익을 얻을 수 있다는 점을 간파했다. 이때부터 태평양 범선 무역을 통해 대량의 은이 중국으로 유입되었다.

중국은 명나라 초기 저장浙江과 푸젠福建을 중심으로 연간 100만 냥 이상의 은이 채굴되었다. 하지만 15세기 중반 이후 은 생산량이 급감했다. 명 조정은 북방 지역의 유목민 침략에 대비하기 위한 경비로 은을 세금으로 납부하는 제도를 시행했다. 이것이 일조편법一條鞭法이다. 해마다 거액의 은이 북방으로 흘러나가는 바람에 국내에는 심각한 은 부족 현상이 발생했다.

이 무렵 일본은 중국산 명주실(생사)을 대량 수입했다. 덕분에 일본 은이 중국으로 흘러오기 시작했다. 1520년대부터 중국 연안에서 일본의 무장 상선 집단인 왜구가 준동하기 시작했다. 쓰시마·이키壹岐·히젠肥前·마쓰우라松浦 등 농경지가 없거나 척박한 지역에서 빈곤한 생활을 하는 자들이 배를 타고 나가 외국과 교역을 했다.

이 시대의 바다는 해적질과 무역이 구분이 되지 않는 무법천지였다. 무역이 활발하게 진행되어 먹고살 만하면 상업에 종사하지만, 여차하면 해적으로 돌변한다. 해적들은 지나가는 선박이나 해안을 공격하여 물자와 곡식을 약탈했다. 사람을 납치하여 몸값을 받고 풀어주거나 노예 시장에 노예로 팔았다. 해적들은 포로를 국제 무역항이자 노예 시장인 오키나와의 나하로 끌고가 팔았다. 해적에게 끌려온 조선 사람을 고레스(Goress)라 불렀다. 이들은 대부분 팔렘방·실론(스리랑카)·인도 일대를 왕래하는 국제 무역선의 노잡이로 일했다.

이 시기 해적들은 국적에 상관없이 '왜구'로 통칭되었다. 일본이 근거지인 진왜眞倭 외에, 중국 등 다른 나라를 근거지로 하는 '가왜假倭'도 많았다. 해적 집단은 소규모인 경우는 배 두세 척, 대규모인 경우는 50~200척, 심지어 500척까지 거느린 대선단도 있었다. 이 시대 유명한 해적 두목으로는 이광두李光頭와 허동許棟, 다네가시마에 조총을 판매할 때 나타난 왕직 등이 있다. 이들은 중국 저장 연해의 솽위雙嶼, 푸젠 남부의 장저우漳州·웨강月港 등지를 거점으로 동아시아 무역을 진행했다. 또 일본 하카타 상인, 말라카의 포르투갈 상인들과 교역했다.

동남아 역사 전문가인 앤서니 리드(Anthony Reid)는 1400년에 시작되어 1570~1630년대에 절정을 맞은 동남아 교역 발전의 시기를 '상업 시대'라고 명명했다. 상업 시대에 신흥 국가 왜倭의 군사적 팽창이 돌출한 것이 도요토미 히데요시의 조선 침략이었다(기시모토 미오·미야지마 히로시, 『조선과 명청』, 2014, 243-244쪽).

중국에서 북쪽 오랑캐의 준동과 남쪽 왜구·스페인·포르투갈 상인들과의 무역은 은을 매개로 한 움직임이었다. 중국 북방에서 긴장이 고조되면 그에 대항하기 위한 군사비 지출이 증가한다. 그럴수록 중국 국내의 은이 세금으로 빨려나간다. 심각한 은 부족 현상에 직면한 중국은 포르투갈·스페인·왜구와의 무역을 통해 은을 확보했다.

당시 국제 교역의 결제 수단은 은이었다. 도자기와 비단·차의 산지인 중국은 블랙홀처럼 전 세계의 은을 대량으로 흡인하면서 '세계 은의 종착지'가 되었다. 중남미에서 채굴된 은은 총량의 3분의 1이 포르투갈·스페인을 통해 중국으로 흘러갔다. 일본에서 생산된 은도 대량으로 중국으로 흘러갔다.

중국으로 유입된 은은 16세기 후반에 2,100~2,300톤, 17세기 전반에는 5,000톤에 달했다(기시모토 미오·미야지마 히로시, 『조선과 명청』, 2014, 200쪽). 중국으로 흘러간 5,000톤의 은 중에서 거의 절반에 해당하는 2,400톤이 일본산 은으로 추정된다(기시모토 미오·미야지마 히로시, 김현영·문순실 옮김, 『조선과 중국 근세 오백년을 가다』, 역사비평사, 2003, 152쪽).

안드레 군더 프랑크(Andre Gunder Frank)는 1560년부터 1640년까지 일본의 은 생산량은 8,000톤~9,600톤이었는데 거의 전량이 중국에 수출된 것으로 파악했다. 당시 세계 은 유통량의 30~40퍼센트를 일본이 공급했다는 뜻이다. 특히 1615~1625년의 10년간 1,300~1,600톤의 은이 중국에 유입되었다. 같은 기간 중국에 유입된 아메리카 은은 1,000톤 정도였다(안드레 군더 프랑크, 이희재 옮김, 『리오리엔트』, 이산, 2003, 253-254쪽).

은과 인삼의 나라 조선

조선의 첨단 은 제련법

16세기 중반, 일본의 동남아 무역은 이즈모出雲(현재의 시마네현)의 영주인 오우치大內 가문이 독점했다. 일본 상인은 동남아의 말라카 일대까지 진출했다. 이들은 포르투갈 상인에게 일본 토산품을 팔고 대금을 은으로 받았다. 일본 상인은 말라카에 집단 거주지를 형성하고 포르투갈 상인과 대대적으로 무역을 했다. 중국 해적 왕직과 포르투갈 상인이 탄 중국 상선이 다네가시마에 표류해 온 것이 이 무렵의 일이다.

일본 은의 역사가 새로 쓰여진 해는 1526년이다. 이해에 하카타 출신 상인 가미야 주테이神屋壽禎가 이즈모에서 은광을 발견했다. 이것이 이와미 은광石見銀山이다. 이와미 은광은 은광석 생산량은 풍부했지만, 제련·정련 기술 부족으로 어려움을 겪었다.

광산에서 채굴되는 은광석에는 은 성분과 함께 다량의 아연이 포함되어 있다. 은은 다른 광물이나 금속에 비해 은광석으로부터 순도 높은 은을 뽑아내는 정련 과정이 까다로웠다. 일본의 은 제련법은 원시적인 수준이어서 생산량이 보잘것없었는데, 이와미 은광이 발견된 지 7년 후 일대 사건이 벌어졌다. 조선의 은 정련 기술자 두 명이 일본에 와서 조선의 첨단 제련법을 전해준 것이다.

당시 중국에서는 회취법灰吹法(cupellation)이라는 은 제련법이 사용되고 있었는데, 조선에서 회취법보다 훨씬 뛰어난 연은鉛銀분리법이 개발되었다. 은광석에 섞여 있는 아연과 은을 분리하는 획기적인 신기술인 연은분리법에 대한 최초의 기록은 1503년(연산군 9) 6월 13일 『연산군일기』다. 이날 김감불이라는 기술자와 김검동이라는 장례원 소속 노비가 국왕 앞에서 은광석을 화로에 녹여 은을 추출하는 방법을 시연했다.

김감불과 김검동이 개발한 연은분리법은 은과 아연이 녹는 온도의 차이와 녹아 있는 상태의 비중 차이를 이용한 건식 제련법이었다. 무쇠 화로 안에 재를 바르고 은광석 덩어리를 채운 다음 화로 전체를 질그릇 조각으로 덮고 위아래를 가열하면 먼저 납(아연)이 녹아 흘러내린다. 계속 열을 가하면 은도 천천히 녹아, 은은 위로 모이고 납은 재 속으로 스며든다. 이때 물을 뿌려 고순도 은을 응고시켜 추출한다. 재 속에 스며든 아연에 열을 가하면 재를 없애고 아연도 분리할 수 있다.

조선 기술자가 개발한 연은분리법은 당대의 유럽이나 중국 기술보다 앞선 첨단 제련법이었다. 1637년 명나라 학자 송응성宋應星이 간행한 『천공개물天工開物』이라는 기술 백과사전에 연은분리법과 거의 비슷한 은 제련법이 소개되어 있는데, 이것은 조선의 연은 분리 기술이 중국에 전파된 것으로 추정된다.

일본은 실버 러시, 조선은 금은광 폐쇄

조선에서 첨단 은 제련술이 개발되었다는 것은 이 나라에서 금은이 풍부하게 생산되었음을 뜻한다. 하지만 이 기술은 조선에서 빛을 보지 못했다. 어명에 의해 조정에서 금은광을 폐쇄하여 금과 은의 생산을 원천 봉쇄했기 때문이다. 그 내막을 추적해 보면 참으로 비참한 사대의 왕국 조선의 진면목이 적나라하게 나타난다.

조선 초기 실록에는 중국에서 조선에 금은을 요구하는 기록이 다수 발견된다. 명나라가 조선에 끈질기게 금은을 요구한 이유는 중국이 보유하고 있던 금은이 송·금·원 시절 실크로드 교역로 유지 비용으로 유출되어 고갈되었기 때문이다. 원을 타도하고 개국한 명 지도부는 강남 지방의 은광 개발을 독려했고, 책봉-조공 체계에 편입된 주변국에 금은을 조공품으로 바칠 것을 요구했다. 이런 노력에 의해 중국은 15세기 중반부터 은본위銀本位 제도가 정착됐다.

반면, 조선에서는 중국에 바칠 금은의 확보에 진땀을 흘려야 했다. 중국에 바칠 금은을 마련하기 위해 조정에서는 금은으로 부처나 탑을 만드는 것을 금지하고, 금은으로 불경을 쓰거나 불상을 도금하는 행위를 금지시켰다.

아무리 노력해도 중국의 요구량을 충족시키지 못하자 세종은 1429년 8월 18일 명 황제에게 "우리나라는 땅이 비좁고 척박하여 금은이 생산되지 않음은 온 천하가 다 아는 사실"이라면서 조공품에서 금은을 제외해 달라는 서한을 보냈다. 명 황제가 이를 허락하자 세종은 전국의 금은 광산을 폐쇄해 버렸다. 이로써 일본이나 중국처럼 은을 매개로 한 해외 교역은 원천적으로 불가능하게 되었다.

조선 중기인 1602년(선조 35), 대신들이 소금을 굽고 은을 채굴하여 백성들의 생활을 넉넉하게 하고 국가 재정을 풍족하게 하자는 의견을 내놓았다. 선조는 이 의견에 강력 반대했다. "국토 곳곳이 은광이란 말이 적국에 흘러 들어가면 침략을 당할 우려가 있기 때문"이라는 이유였다.

금은광 폐쇄 정책은 조선 말기까지 이어졌다. 국왕들은 금은을 몰래 캐다 적발될 경우 감시 감독을 게을리한 지방 관리를 파직시켰고 당사자들은 가혹하게 처벌했다. 금은광 억제 정책으로 인해 조선의 광산업·제련업·금속학은 뒷걸음질쳤다. 그 결과 민간 경제는 동전이나 화폐보다 면포로 물물 교환을 하는 원시적 상황이 19세기 말까지 계속되었다. 덕분에 조선은 세계적인 첨단 제련법을 개발하고도 이 기술을 사용할 기회가 없었다.

조선의 연은분리법이 화려하게 꽃을 피운 것은 일본에서였다. 이 기술이 개발된 지 얼마 후인 중종 때 어숙권이 저술한 『패관잡기稗官雜記』에 "왜인들이 처음에 납으로 은을 만드는 방법을 몰라 연철만 가지고 왔는데, 중종 말년에 어떤 은장이가 몰래 왜인에게 그 방법을 가르쳐주어 이때부터 왜인이 은을 많이 가지고 왔으므로 서울의 은값이 폭락했다"는 기록이 발견된다. 조선의 연은제련법이 일본에 유출된 것이다.

『중종실록』에 기록된 유서종 사건도 연은분리법의 일본 유출을 말해주는 증거다. 1539년(중종 34) 3월 14일, 종4품 판관인 유서종이 왜인들에게 연철(납)을 구입하여 은을 만들고, 왜인에게 그 방법을 알려준 죄로 체포되었다. 보고를 받은 중종은 "유서종은 죄가 크니 죽는 것을 상관하지 말고 실토할 때까지 형신刑訊(형장으로 죄인의 정강이를 때리며 심문하는 형벌)하라"는 어명을 내렸다.

일본 기록에 따르면 이와미 은광을 발견한 상인 가미야 주테이는 1533년 조선에서 경수慶壽(게이주)와 종단宗丹(소탄)이라는 두 기술자를 초청하여 이들에게 연은분리법 기술을 배웠다. 이와미 은광은 연은분리법을 도입하면서 은 생산량이 폭발적으로 늘었다.

조선의 기술자가 일본에 전한 은 제련법은 일본 전역으로 퍼져 일본에서 '실버 러시(Silver Rush)'가 일어났다. 볼리비아의 포토시 은광에서 나오는 은은 세계 은 생산량의 절반, 일본의 이와미 은광에서 채굴된 것은 25~35퍼센트를 차지했다(야마구치 게이지, 김현영 옮김, 『일본 근세의 쇄국과 개국』, 혜안, 2001, 30-33쪽). 이와미 은광은 1562년, 소유권이 조슈번의 영주 모리毛利 가문에게 넘어갔다. 일본에서 대규모로 은이 생산된다는 소식은 일본과 교역하던 포르투갈 상인을 통해 전 세계로 퍼져나갔다.

일본의 중세를 종식시키고 철포와 기독교로 대표되는 신기술과 신사상을 수용한 근세인이 오다 노부나가였다. 그는 일본 철포의 3대 생산지였던 구니토모國友를 점령하고 직할지로 삼아 철포 생산에 나섰다. 이때 오다의 부하로서 철포 생산을 관장한 사람이 도요토미 히데요시였다. 1582년, 전국 통일을 눈앞에 둔 상황에서 오다는 교토에서 가신 아케치 미쓰히데明智光秀의 배신으로 자결한다. 그의 뒤를 이어 1585년 도요토미 히데요시가 전국을 통일했다.

도요토미는 일본을 다스리는 최고위 직책인 관백關白에 올랐다. 모리 가문은 은광을 도요토미에게 헌납하여 공동 관리했다. 도요토미는 이와미 은광에서 생산되는 은으로 철포와 군선을 제작했다. 그리고 바다 건너 조선을 침공했다. 임진왜란은 조선의 연은분리법이 일으킨 '나비 효과'였다. 도요토미 사후 이와미 은광 관리권은 당대의 권력을 장악한 도쿠가와 이에야스에게 넘어갔다.

에도 시대 초기인 17세기, 일본의 연간 은 생산량은 150톤으로 전 세계 생산량의 3분의 1을 차지하면서 일본은 은본위 제도를 확립했다. 일본 은은 조선과 청의 삼각 교역에도 유용하게 사용되었다. 일본 은의 상당 부분은 중국의 비단과 비단을 짤 명주실(백사白絲)을 구입하는 데 사용되었다.

누르하치, 인삼으로 막대한 재력 확보

조선 왕조는 명나라가 금은을 공물로 요구할 것을 우려하여 광산을 폐쇄했지만, 왕실의 사치적 수요나 재정적 필요에 의해 한시적으로 은을 채굴했다. 이렇게 생산된 은이 국제 교역 결제 대금으로 활용되면서 대중對中 무역이 활성화되었다(유승주, 『조선시대 광업사 연구』, 고려대 출판부, 1993, 130-141쪽).

조선의 특산품인 인삼은 중국과 일본에 비싼 값에 수출되었다. 상등품의 경우 은과 동일한 가치로 거래되었다. 여진의 부족장 출신인 누르하치는 고가의 국제 교역품인 모피와 인삼·진주 교역 루트를 장악하여 상업 이익을 확보했다. 젊은 시절부터 인삼 무역에 뛰어든 누르하치는 1만 명의 심마니를 거느리고 백두산 일대에서 채취한 인삼을 독점 무역했다. 그 결과 명나라 은의 25퍼센트가 누르하치에게 흘러갔다.

수렵 채집으로 살아가던 사냥꾼 여진족이 국제 교역에 눈을 떠 거대한 상업 자본가 세력으로 떠올랐다. 여세를 몰아 여진족은 1644년 명나라를 무너뜨리고 청 제국을 수립하여 중원의 패권을 장악했다.

명이 붕괴되자 푸젠 샤먼廈門을 거점으로 한 해적 정성공鄭成功(정청궁)이 역사 무대에 등장한다.

조선에 흘러넘친 일본 은銀

명 시기 해상 무역의 주인공은 1,000여 척의 선단을 이루어 중국·일본 일대의 바다를 휘어잡은 해적 정지룡鄭芝龍이었다. 정지룡과 손잡은 네덜란드는 포르투갈을 제치고 중·일 국제 무역을 장악했다. 이때 일본과의 무역에 뛰어든 네덜란드는 자신들의 무역 거점인 바타비아에서 일본 나가사키까지 왕래하기 위해 중간 지점에 위치한 타이완을 주목했다.

16세기 중엽 타이완을 지나던 포르투갈 선원들은 타이완의 아름다움에 감탄하여 포르모사(Formosa)라는 이름을 붙였다. 네덜란드는 타이완 남부를 점거하고 젤란디아·프로빈시아 요새를 구축했다. 섬의 북부에는 스페인 세력이 17세기 전부터 산살바도르·산토도밍고 요새를 구축하고 식민지로 삼고 있었다.

정지룡은 젊은 시절 일본 히라도에 거주하며 다가와 마쓰라는 일본 여성과의 사이에 아들을 하나 두었다. 그가 중국인과 일본인 혼혈인 정성공이다. 정성공의 어린 시절 일본 이름은 후쿠마쓰福松였고 유럽에는 콕싱가國姓爺로 알려졌다.

명이 멸망한 후 정성공은 해상 무역으로 확보한 풍부한 자금력과 해군력을 바탕으로 명의 부활을 외치며 남중국 해안가에서 반청反淸 명나라 부흥 운동을 전개했다.

해상왕 정성공

강희제는 반청 세력의 핵심인 정성공의 경제 기반을 무너뜨리기 위해 1657년 중국과 일본 간 상선 왕래를 통제했다. 1661년에는 푸젠에서 산둥山東에 이르는 연안의 주민을 20킬로미터 이상 내륙으로 이주시키고 해안 마을을 불태웠다. 또 바다로 나가지 못하도록 모든 배를 파괴하고 외국 상선과의 교역을 금지하는 천계령遷界令을 내렸다. 정성공이 일본과 동남아를 상대로 해상 무역을 하여 군사 비용을 충당하는 것을 봉쇄하기 위한 조치였다. 바다를 통한 교역 금지는 정성공 세력에 큰 타격이었다.

1658년 정성공은 17만 5,000명의 병력과 대선단을 이끌고 양쯔강을 거슬러 올라가 난징을 공격했다. 하지만 폭우로 상당수 병력을 잃었고, 난징 전투에서 패하여 샤먼으로 철수했다.

정성공은 1661년 4월, 장기전을 위한 진지를 마련하기 위해 2만 5,000명의 병력을 이끌고 타이완을 침공했다. 타이완에는 이미 네덜란드가 1624년 남부의 타이난을 점령하고 견고한 젤란디아 성채를 구축하고 있었다. 타이난은 해상 왕국 네덜란드 동인도 회사의 동아시아 무역 거점인 바타비아와 일본 나가사키를 연결하는 중간 기착지로 활용되고 있었다.

정성공 군대가 네덜란드의 젤란디아 요새를 포위하자 네덜란드는 자바에서 10척의 함대를 타이완에 파견하여 저항했다. 9개월간의 농성전 끝에 1662년 봄 젤란디아 수비대는 정성공에게 항복했다. 정성공은 이곳을 거점으로 청조에 대항했다.

타이완을 점령한 지 3개월 만에 정성공이 사망하고, 그의 아들 정경鄭經과 손자 정극상鄭克塽이 타이완을 근거지로 반청 투쟁을 계속했다. 1683년 청은 타이완에 군대를 상륙시켜 정극상을 토벌하여 항복을 받았다. 이로써 명조 부활을 꿈꾸며 저항하던 세력들은 모두 타도되었고, 청은 탄탄대로를 달리게 된다. 이해에 타이완은 청나라의 푸젠성 타이완부臺灣府로 편입되었다.

타이완을 정복하고 2년 후인 1685년, 청은 해상 무역 금지 조치를 일부 해제했다. 그리고 상하이上海·닝보·장저우·마카오 4개 항구에 외국 선박의 기항을 허용했다. 상하이와 닝보는 일본과의 무역 중심지였다.

청조의 해금 정책이 풀리자 1685년 85척, 1688년 194척의 중국 상선이 나가사키에 쇄도해 들어왔다. 중국 상선이 나가사키로 밀려오자 막부는 무역 제한령을 발표하여 중국 상선의 무역고를 연간 60만 냥으로 제한했다. 1688년에는 일본에 입항하는 중국 상선을 70척으로 제한하고, 이를 초과하는 중국 상선은 귀항시켰다(기시모토 미오·미야지마 히로시,『조선과 명청』, 2014, 355쪽).

오늘날 타이완은 국립 청궁成功대학, 그리고 타이완 해군의 호위함에 청궁호를 취역시켜 정성공의 이름을 기리고 있다. 이 대학과 호위함이 바다를 향한 타이완의 열망을 상징한다면, 중국에서는 항공모함 이름에 '스랑施琅'이라는 이름을 붙였다. 스랑은 타이완의 정씨 정권을 무너뜨린 청나라 장군 시랑이다. 타이완을 정복한 해군 장수 이름을 중국의 첫 항공모함에 갖다 붙인 것이다. 스랑호의 다른 이름이 랴오닝遼寧호다.

사족으로, 정성공 일가가 타이완에 거점을 확보하고 청과 대립할 때 한반도 해안에는 정체를 알 수 없는 '황당선荒唐船'이 종종 나타났다. 조선 사람들은 이 배를 청에 협조하는 조선을 증오하는 타이완의 정씨 일가가 보낸 것으로 믿었다. 이러한 생각의 파편들이 세월이 흐르면서, 한반도 남쪽 바다 저 건너 섬에 사는 '정씨 성을 가진 사람'이 조선 왕조를 뒤엎으러 올 것이라는 신앙이 만들어졌다. 조선 말기 조선인들을 사로잡았던『정감록』의 뿌리가 정성공 일가였던 셈이다.

조선의 청일 중계 무역

네덜란드 동인도 회사가 타이완에서 쫓겨나면서 이들이 이끌던 청일 중계 무역이 크게 쇠퇴했다. 이 틈새 시장을 재빨리 파고든 것이 쓰시마번이다. 쓰시마는 청조의 해금령으로 청·일 무역로가 봉쇄되자 조선을 통해 중국의 견직물과 정교한 무늬를 짜는 데 없어서는 안 될 중국산 명주실(백사)을 대량 수입했다.

조선과 쓰시마번 간의 무역은 임진왜란으로 중단됐다가 1609년 국교가 정상화되면서 재개되었다. 해마다 쓰시마번에서 40척의 무역선이 입항하여 일본산 은·동을 비롯하여 남방 지역에서 생산된 물자를 교역했다. 조선 왕조는 경상도에서 세금으로 수취한 면포와 쌀을 그 대가로 지급했다. 연간 교역량은 1660년 이후 면포 1,021동(1동=50필), 쌀 1만 6,000석으로 고정되었다.

조선은 쓰시마에서 오는 일본 상선을 엄격하게 통제했다. 늦어도 8월 이전에 입항을 완료하여 왜관에 85~110일까지 체류하며 거래를 끝내도록 했다. 한편에선 동래부 두모포에 설치된 왜관에서 양국 상인들이 5일마다 만나는 장을 통해 사私무역이 이루어졌다. 사무역은 조선과 청의 관계가 안정된 1660년대 이후 활성화되었다.

네덜란드 상인을 통해 일본에 수입되던 중국산 백사가 정성공의 타이완 점령, 청조의 해금 정책으로 수량이 현저하게 줄어들자 일본 내에서 가격이 급등했다. 그 결과 1680년대에는 조선을 경유한 중국산 백사가 대량 공급되었다. 정성공을 무너뜨리기 위한 청조의 해금 정책이 조선에 청·일을 연계하는 중계 무역의 기회를 제공한 것이다. 1688년 일본이 수입한 백사 가운데 조선을 경유한 중국산이 총 10만여 근이었고, 나가사키를 통해 들어온 동남아산 백사는 4만여 근 정도였다. 1694년 사무역을 통해 조선이 일본에 수출한 물품의 60퍼센트는 중국산 백사, 36퍼센트는 조선 인삼, 4퍼센트는 중국산 견직물이었다.

조선은 청일 중계 무역을 통해 막대한 이득을 취했다. 백사 100근을 중국에서 수입하는 가격은 은 60냥이다. 이것의 일본 수출가는 은 160냥이었다. 중계 무역으로 백사 1근에 1냥의 이득이 조선 상인 수중에 떨어졌다. 수익률 170퍼센트의 수지맞는 장사였다. 1688년 한 해에만 조선이 중국산 백사 10만 근을 일본에 수출했다. 연간 10만 냥의 수입을 얻은 것이다.

일본에서 조선으로 유입된 은은 순도 100퍼센트는 십성은十成銀, 순도 80퍼센트는 팔성은八成銀, 순도 70퍼센트는 정은丁銀이라 불렀다. 1683년 타이완에서 농성 중이던 정성공 세력이 청군에 의해 소탕되면서 청 조정은 천계령을 해제했다. 하지만 청·일을 연결하는 조선의 중계 무역은 정성공 세력의 퇴장 이후에도 60여 년 계속되었다.

1684~1717년 조선과 일본 사이 사무역 규모는 연평균 은 60만 냥(22.5톤)에 달했다. 이 수치는 같은 기간 일본이 나가사키에서 네덜란드와 행한 무역의 2배 규모였다(정성일, 『조선후기 대일무역』, 신서원, 2000, 190쪽).

당시 중국은 아메리카와 일본에서 수출된 은의 30퍼센트 정도를 흡수하는 '세계 은의 종착역' '유럽 은의 무덤'이었다. 17세기에 중국으로 유입된 은의 총량은 93퍼센트 순도의 국제 표준으로 환산할 경우 4,704톤에 달했는데, 그중 일본 은이 3,596톤으로 압도적 비중을 차지했다. 일본이 은을 중국으로 대량 수출하고 비단과 백사를 대량 수입하는 가운데 조선의 중계 무역은 번창했다(이헌창, 『한국경제통사』, 해남, 2012, 160쪽).

일본은 17세기부터 멕시코에 이어 세계 2위의 은 수출국이었다. 그 시절 일본의 은 수출액은 연간 20만 킬로그램에 달했는데, 이 규모는 전 세계 은 생산량의 25~33퍼센트를 차지하는 수치였다(야마구치 게이지, 『일본근세의 쇄국과 개국』, 2001, 32-33쪽).

임진왜란 이후 일본에 『동의보감東醫寶鑑』 등 조선 의학서가 전해졌다.

은 생산 증대로 구매력이 높아지면서 일본에서 조선 인삼에 대한 수요가 폭발적으로 늘었다. 인삼의 대對 일본 수출량은 17세기 말~18세기 초 연평균 1,500근 정도였다. 인삼이 해외에서 인기가 치솟자 개성 상인들은 자신들이 직접 인삼 재배에 뛰어들어 개성 일대를 인삼 재배지로 만들었다.

17세기 중엽부터 일본의 은 생산량이 줄어들자 도쿠가와 막부는 1660년대부터 은 유출을 억제했다. 하지만 유일하게 국교를 맺고 있던 조선으로의 은 유출 억제책이 늦게 시행되어 조선의 중계 무역이 유리해졌다.

17세기 후반이 일본 은 유입의 전성기였다. 1684~1717년 조선과 일본 간 무역 규모는 연평균 은 60만 냥, 20톤이 넘었다. 이 무렵 조선의 사신단과 상인들이 해마다 중국산 백사 구입을 위해 중국으로 가져가는 은이 50만~60만 냥에 달했다. 대량의 은이 조선에 흘러들어오면서 조선 경제에 활력이 돌기 시작했다. 조선의 내수 시장이 확대되었고, 시장 확대는 농업 생산성 상승을 자극했다. 농촌에서는 오일장이 활성화되었고, 18세기 이후 노비 인구가 크게 줄어들었다. 18세기 이후 인구의 다수가 자립적 소농으로 채워지는 소농 사회小農社會(peasant society)로 전진한 것은 청일 중계 무역이 가져온 긍정적 변화다.

'소중화小中華'에 갇힌 조선

소중화론의 물적 기초

세계사적으로 소농 사회의 성립은 서유럽·중국·일본·조선 등지에서만 일어난 현상이다. 소농의 자립을 위해서는 가족 성원 모두가 근면과 절약의 규율에 충실할 필요가 있다. 작물 재배의 구성과 노동 배분도 합리적이어야 하며, 미래 변화를 예측하고 대응하는 능력이 필요하다. 소농 사회의 성립은 이러한 인적·사회적 자본의 축적을 통해 이후 20세기에 한국 사회가 근대적 경제 성장의 길로 진입하는 데 유리한 환경을 조성했다(이영훈, 『한국경제사 1』, 2016, 45쪽).

1678년 조선 왕조의 오랜 숙원 사업인 동전 유통에 성공한 것도 중국과 일본을 잇는 중계 무역 덕분이었다. 그동안 조선 왕조는 1423년에 조선통보朝鮮通寶라는 동전을 발행했고, 1651년에는 상평통보常平通寶를 발행했다. 하지만 유통에는 실패했다. 동전의 원료인 동이 부족하여 주전량이 너무 적었기 때문이다.

은이 대량 유입되어 내수 시장이 확대되면서 교환 수단에 대한 수요가 증가했다. 그동안 화폐 역할을 대신하던 쌀과 면포만으로는 감당하기 힘든 상황이 발생했다. 동전을 대량 주조하려면 원료인 동이 충분히 공급되어야 했다. 이것은 중계 무역으로 벌어들인 은으로 일본 동을 수입하여 해결했다.

1678년부터 1697년까지 약 450만 냥의 동전이 주조되었다. 원료 확보를 위해 4,000톤 이상의 구리가 일본에서 수입되었다. 1694년에 이르면 전국 팔도에 걸쳐 동전이 활발하게 유통되었다. 이후 1860년대까지 조선 왕조가 주조한 동전은 총 1,600만 냥에 달했다.

1748년 사간원의 사간 황경원은 사행단의 부사副使로 중국에 가는 친구에게 다음과 같이 말했다.

"지금 나라 안의 삼베와 모시와 솜과 비단으로 족히 입을 수 있고, 조와 쌀과 보리와 콩으로 족히 먹을 수 있고, 철의 달굼이 풍요로워 족히 기물을 만들 수 있고, 은의 이로움으로 족히 경제를 다스릴 수 있는데, 또 무엇에 쓰려고 굳이 천리 타국의 물화를 실어올 필요가 있는가?"

건륭제가 영국의 사절단 대표 매카트니(George Macartney)에게 통상 무역을 요구받았을 때 했던 발언(제6장 참조)과 거의 복사판이다.

조선 중후기에 양반 사대부들이 '소중화小中華'라는 드높은 자존감을 갖게 된 근원을 추적해 올라가면 청일 중계 무역의 이익으로 인한 경제 활성화가 발견된다. 소중화를 가능케 한 조선 경제 활성화의 일등 공신은 타이완 일대를 장악하고 청의 지배에 저항한 정성공이었다. 정성공 일파의 맹활약, 청조의 해금 정책, 타이완의 네덜란드 세력 추방이라는 일련의 현상은 조선에게 청일 중계 무역 참여라는 '황금알을 낳는 기회'를 제공했다. 1660~1760년까지 1세기 동안 조선이 중계 무역에 참여하여 축적한 부가 '소중화' 세계관의 물적 기초를 이룬 것이다.

조선 양반 관료들의 넘치는 자신감은 18세기 후반에 절정을 이루었다. 1704년 조선 왕조는 임진왜란 때 군대를 파견하여 조선을 구해준 명나라 만력제萬曆帝와 마지막 황제 숭정제崇禎帝에게 제사를 올리기 위해 창덕궁 후원에 대보단大報壇을 건립했다. 얼마 후 명의 시조인 태조 홍무제가 제사 대상에 추가되었다. 명은 이미 망해(1644) 지구상에서 사라졌고, 청이 종주국으로서 권위를 누리고 있을 때다.

조선의 국가 지도부가 이미 망해 없어진 명나라 황제들에게 제사를 올린 이유는 중화의 적통嫡統을 조선이 계승한다는 정서적 위안감을 찾기 위해서였을 것이다. 유령이 된 지 오래인 명 황제들에게 제사 올리는 모습을 청나라 사신이나 정보원에게 숨기려고 깊은 밤에 도둑 제사를 지냈다. 이러한 소중화의 드높은 자존감은 삼각 무역을 통해 일본으로부터 벌어들인 은 덕분이란 사실을 조선의 양반 관료는 이해하지 못했다.

제 발로 차버린 삼각 무역 이익

1744년 일본으로부터 3,200관의 은이 조선에 들어온 것을 정점으로 하여 1751년에는 그 양이 110관으로 줄었으며, 1752년 10관의 은을 실은 배 1척이 마지막으로 입항한 뒤로는 사실상 두절되었다. 1750년대 이후에는 일본 은의 조선 유입이 완전히 끊겼다.

조선에 유입된 은이 국내에 남아 있었다면 그나마 다행이었을 것이다. 하지만, 일본 은은 거의 대부분이 중국으로부터 사치품 수입을 위한 결제 대금으로 썰물처럼 빠져나갔다.

동래 왜관에서 5일마다 조선과 쓰시마 양국 상인이 만나던 사무역 시장은 1722~ 1726년에는 74퍼센트의 개시율을 보였으나, 1844~1849년에는 24퍼센트로 낮아졌다. 그사이 양국의 외교 관계도 점차 소원해져 조선 왕조의 통신사 파견은 1811년 이후 중단됐다(이영훈, 『한국경제사 1』, 2016, 550쪽).

인삼·명주실 국산화에 성공한 일본

한동안 전성기를 구가하던 조·중·일 동아시아 3국의 중계 무역은 1688년 도쿠가와 막부가 은 수출을 금지하고 대신 구리를 수출하는 정책으로 변경하면서 제동이 걸렸다. 막부는 은의 해외 유출을 막기 위해 획기적인 정책 전환을 시도했다.

16세기 이전까지 일본은 관련 산업이나 기술 부족으로 도자기·면직물·인삼을 조선과 중국으로부터의 수입에 의존했다. 일본은 이것을 하나하나 국산화하기 시작했다. 1685년 막부는 중국산 백사 수입 금지령을 내리고 생사 국산화에 나섰다. 자국의 견직업을 발전시킨 결과 1740~50년대에 견직물 국산화에 성공했다.

도자기는 임진왜란 때 조선 도공을 포로로 잡아가서 국산화하는 데 성공했다. 면직물은 면화 재배를 통해 18세기부터 자급자족했다. 면포 자급자족에 성공한 일본은 막부 말기인 19세기 중엽부터는 면직물을 수출하기 시작한다.

1740년 아메리카에서 발견된 산삼이 중국 광둥에 수입되기 시작했다. 중국은 나가사키에 북아메리카산 인삼을 재수출하여 큰 재미를 보았다.

한편 조선 인삼은 북아메리카산 인삼 때문에 가격이 폭락하고, 수출 경쟁력도 곤두박질했다. 조선으로부터 인삼을 수입하느라 막대한 은을 써야 했던 일본은 인삼을 국내에서 재배하기 위해 30년에 걸쳐 산업 스파이를 조선 곳곳에 침투시켰다. 특히 본초학本草學에 관심이 많았던 제8대 쇼군 도쿠가와 요시무네德川吉宗는 조선의 『동의보감』을 읽고 감탄하여 인삼 국산화를 추진했다.

요시무네는 쓰시마에 한반도의 동식물 표본을 구하라는 명령을 내렸다. 쓰시마는 1718년부터 1751년까지 30여 년에 걸쳐 왜관에 파견된 관리를 통해 조선인을 매수하여 한반도 구석구석의 동식물 표본을 입수하고 이를 도록으로 제작했다(김시덕, 『동아시아, 해양과 대륙이 맞서다』, 메디치, 2016, 202-203쪽). 이 과정에서 일본인은 조선 인삼 생근生根을 몰래 구해다가 일본에서 인공 재배를 시작했다. 1723년 일본은 인삼 재배에 성공했다. 일본의 인삼 국산화는 역관 등 조선인들이 일본에 협조한 결과였다.

19세기 들어 조선과 일본 사이의 교역은 조선 쇠가죽을 일본 동과 교환하는 것으로 겨우 명맥을 유지했다(이헌창, 『한국경제통사』, 2012, 162쪽).

제4장

조선, 멎어버린 역사 시계

일본이 개국에서 쇄국으로 돌아서던 시기, 한반도를 둘러싸고 임진왜란(1592)과 병자호란(1636) 같은 전란이 발생했다. 이러한 전란은 동아시아에 급격한 권력 교체를 불러왔다. 일본에서는 전국시대가 종식되고 도쿠가와 막부가 출범했다. 중국 대륙에서는 명과 청이 교체되었다.

쇄국鎖國이란 나라의 문호를 닫고 다른 나라와의 통상과 교역을 금지하는 것을 뜻한다. 이 용어의 출처는 일본이다. 나가사키에 진출하여 활동하던 독일인 내과 의사 캠퍼(Engelbert Kämpfer)는 『일본사(The History of Japan)』(1727)라는 저서에서 일본의 자연 조건으로 보아 "외국과 통상을 하지 않는 것이 일본에 유리하다"고 주장했다. 1801년 나가사키의 통역관 시즈키 다다오志築忠雄가 이 책을 번역하면서 이 부분의 설명이 너무 길다고 느꼈는지 '쇄국'이라고 축약하여 번역하면서 처음 등장했다.

쇄국에 반대되는 '개국'이란 용어가 우리나라에서 널리 사용된 것은 해방 후의 일이다. 그런데 개국을 의미하는 영어 'opening'에는 '미개의 상태에서 문명의 단계로 이전시켜 준다'는 사명 의식이 담긴 서양인의 우월 의식이 내재되어 있었다(김용구, 『세계관 충돌과 한말 외교사,

1866~1882』, 2001, 69-70쪽).

일본과 조선, 상반된 지식관

숨구멍 남겨둔 일본의 쇄국

에도 막부의 쇄국 정책은 그야말로 말뿐인 쇄국이었다. 곳곳에 해외로 열린 바람구멍을 뚫어 놓은 쇄국이었기 때문이다. 막부는 나가사키의 데지마 이외에도 해외 무역을 위해 몇 개의 통로를 열어 놓고 있었다.

우선 막부는 류큐 왕국과 사쓰마번의 교역로를 열어 놓았다.

류큐는 당시 인도·아프리카·인도네시아·중국 등과 국제 무역을 왕성하게 하는 나라였다. 포르투갈이 동아시아에 나타나기 전까지 동남아 국제 무역을 주름잡은 것은 류큐 왕국의 무역선이었다. 사쓰마번은 1609년 류큐를 침공하여 류큐 왕국을 자기들 지배하에 두었다. 류큐는 사쓰마번의 지배하에 있으면서 계속 중국과 조공-책봉 체계를 유지했다. 일본은 류큐를 통해 다양한 문물을 받아들였다.

대한해협에 위치한 쓰시마번은 조선 전기에 부산포에 왜관을 설치하고 조선과의 무역을 담당했다. 1601년(선조 34) 조선은 일본의 임진왜란 강화 사절단을 위해 부산 절영도에 객관을 건설하고 절영도 왜관이라고 명명했다. 일본 사절은 섬에 건설된 왜관이 감옥이나 다름없다면서 이의를 제기했다. 이에 조선은 1607년 부산진 옆으로 왜관을 옮겼는데 이것이 두모포 왜관이다. 이곳도 부산진의 감시를 너무 가까이서 받는다 하여 불만이 제기되자 숙종 시절인 1678년, 현재의 부산 용두산공원 일대로 왜관을 이전했다. 이것이 초량 왜관이다(신명호, 『고종과 메이지

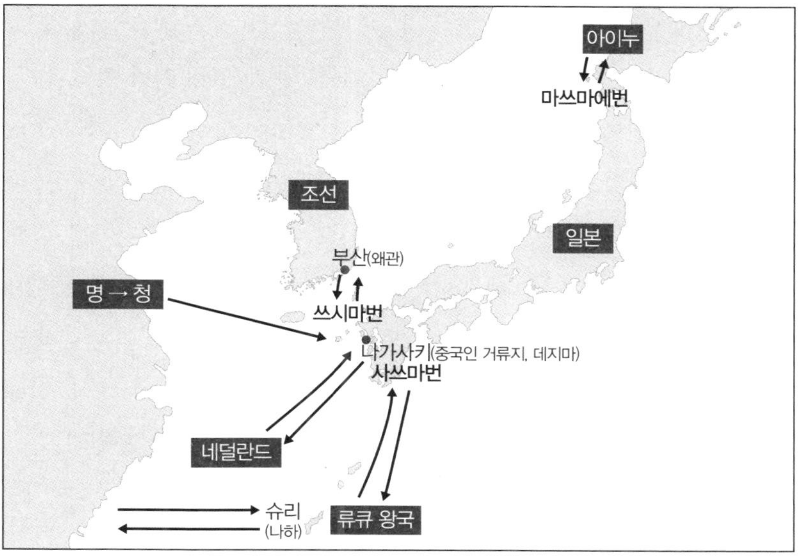

에도 막부 시절 해외로 열린 '네 개의 입'

의 시대: 무엇이 조선과 일본의 운명을 결정했나』, 역사의 아침, 2016, 56쪽).

초량 왜관의 면적은 33만 579제곱미터(약 10만 평)로, 나가사키 데지마에 설치한 네덜란드 상관보다 규모가 10배나 컸다. 왜관에 체류하는 일본인은 매년 1,000여 명이었고, 조선 조정은 이들을 위해 매년 3,000석의 쌀을 제공했다(한국학중앙연구원 향토문화전자대전).

이 밖에 홋카이도北海島 남부에 위치한 마쓰마에松前번도 원주민인 아이누족과 교역을 했다. 아이누족은 홋카이도와 혼슈의 도호쿠東北 지방, 러시아의 쿠릴 열도·사할린섬·캄차카반도에 정착해 살던 부족이다. 일본의 주류를 형성한 야마토大和 민족과는 다른 북방 몽골리안 계통으로, 독자 언어인 아이누어를 가지고 있었다. 아이누족은 아무르(헤이룽)강 유역에 살던 원주민과 교역을 했는데, 이 루트를 이용하여 교역과 정보

수집이 이루어졌다.

이 나가사키·사쓰마·쓰시마·마쓰마에를 '네 개의 입'이라 불렀다.

이 무렵 일본이 국교를 맺고 있던 나라는 조선과 류큐 두 나라였고, 국교는 맺지 않았으나 교역을 하고 있는 나라는 중국과 네덜란드 두 나라였다. 일본은 쇄국 정책을 추진하면서도 나가사키의 데지마를 통해 네덜란드·중국과 교역을 했고, 사쓰마번을 통한 류큐와의 무역, 쓰시마를 통한 조선과의 무역 및 외교 관계를 유지했다. 이처럼 '외부로 뚫린 바람구멍'이 있는 쇄국 정책이 시행되었기 때문에 대원군 시대의 '철통 같은 쇄국'이 아니라 '느슨한 형태의 쇄국'이라는 표현이 어울린다.

서양 서적 수입 허가한 막부

막부는 막부 직할령인 나가사키를 통해 해외 동향을 열심히 수집했고, 끊임없이 개혁 개방을 시도했다. 막부는 나가사키를 통해 서양의 과학기술과 문물을 열성적으로 받아들여 란가쿠라 불리는 서양 학문을 꽃피웠다. 8대 쇼군 도쿠가와 요시무네는 서양 문물에 관심이 많았다. 그는 네덜란드인으로부터 나이프와 포크 사용법, 권총 사격술을 배웠다. 요시무네는 서양 서적 수입 금지를 완화하고, 조정의 신하 두 명에게 네덜란드어를 배우도록 명령했다. 이후 서양 서적이 대량 유입되어 일본어로 번역되었다.

도쿠가와 요시무네의 금서 정책 완화는 일본 지성사에서 가장 충격적인 사건이었다. 덕분에 17세기 말부터 출판 대중화가 폭발적으로 진행되었다. 1700년대 초 에도에는 660곳이 넘는 서점과 이동 도서관, 6,000명이 넘는 출판업자가 도서를 발간하고 유통했다. 서점을 통해 서양에서 유입된 란가쿠 서적이 대대적으로 유통되면서 일본에서 지식

혁명이 일어났다.

막부는 1741년 기독교 관련 서적을 제외한 거의 모든 서양 서적의 수입을 허용했고, 1745년에는 네덜란드어 교습을 허용했다. 란가쿠 학자들이 소개한 자연과학 지식과 기술은 일본에 근대적 과학 정신과 실증적 방법론을 일깨웠다. 나가사키를 비롯하여 전국 곳곳에 개설된 란가쿠를 가르치는 학교(난학교蘭學校)에서 공부한 학생은 3,000명이 넘었다(정하미, 「일본의 서양학문의 수용」, 『일본문화연구』 제4호, 2001, 150-151쪽). 그 결과 막부 말기에는 란가쿠를 통해 서구의 근대성을 깨달은 사무라이가 정치 변혁의 주도적 역할을 담당하게 된다.

막부의 수도였던 에도는 18세기에 인구 100만을 돌파했다. 베이징이 인구 100만을 넘어선 것은 1825년이다.

1700년대 일본의 서양 문물 수용은 대단한 수준에 이르렀다. 1754년 한의사 야마와키 도요山脇東洋는 사형수의 시체를 해부하여 연구한 다음 일본 최초의 해부학 서적인 『장지藏志』를 출간했다.

1774년에는 스키타 겐파쿠杉田玄白를 비롯한 동료들이 독일인 요한 쿨무스(Johann Adam Kulmus)의 인체 해부학 서적인 『타펠 아나토미아(Tafel Anatomia)』를 번역하여 『해체신서解體新書』를 출간했다. 스키타 겐파쿠는 사형수의 사체를 해부하여 『타펠 아나토미아』와 비교한 후 번역하는 과정에서 '신경神經' '뇌腦' '근육筋肉' '혈관血管' 등의 용어를 창조해냈다. 유럽 문명을 일본어로 번역해내는 데 성공한 것이다.

1800년대 초에는 네덜란드어와 서양 의학을 익힌 란가쿠 전문가들이 1,000명을 넘었다. 1899년에는 양의洋醫가 1만 5,000명이 넘었다. 1903년 대한제국의 서양 의학교 졸업생은 32명이었다.

조선은 지식 독재

조선에서는 퇴계 이황의 스승이었던 어득강이 서점 설치를 강력 주장했으나 "나라 안에서 한 번도 해보지 않은 풍속"이라는 비난이 쏟아졌다. 서점 설치가 허락된 것은 명종 때인 1551년이다. 1554년에 간행된 어숙권의 『고사촬요攷事撮要』에 책의 시장 가격이 제시되어 있다.

영조 시절인 1771년 7월 13일, '책쾌冊儈'라 불리던 서적 판매상들이 일망타진되어 다섯 명이 귀양 가고 두 명은 목이 잘렸다. 이후 조선의 출판 시장은 초토화되었다. 1880년대 초까지 서점이 하나도 없었고, 나라가 망할 때까지 서점이 활성화되지 못했다.

1551년에는 서점 설치를 허락했던 조선 조정이 서점 설치를 불허하고, 서적 판매상을 처형한 이유는 무엇이었을까?

조선은 선비士가 지배 계층을 구성하고 있는 나라였다. 선비가 과거에 급제하여 관료로 등용되면 대부大夫가 된다. 선비와 대부를 합쳐 사대부士大夫라 한다. 관료로 등용되기 위한 과거시험 과목이 성리학이었다. 성리학은 『대학』과 『중용』이 필수 입문서다. 과거시험을 준비하려면 이 책을 반드시 구해 달달 외어야 한다.

조선에서는 지식이 곧 권력이었다. 지식은 양반 지배층이 독점해야 하는 금단의 성역이었고, 조선은 특정 소수 양반의 지식 독점을 통한 지식 독재의 나라였다. 서점이 활성화되면 양반들이 상스러운 아랫것들과 지식을 공유해야 한다. 이는 성리학적 질서의 훼손에 해당하는 일이다.

서적의 제조·유통을 위해서는 제작과 판매를 담당하는 출판업자·서적상·서점이 존재해야 한다. 조선 조정은 서적 발간 및 유통 업무에 대한 인허가를 해주지 않아 일반 백성이 서적을 구입하고 싶어도 구할 방법이 없었다.

또 서적의 가격이 조선 시대의 구매력으로 볼 때 상상할 수 없을 정도로 비싸 상업적 유통이 불가능했다. 중종 시절 한 관리의 상소문에 따르면 이 무렵 『대학』이나 『중용』 같은 책의 가격은 품질 좋은 면포 3~4필, 『논어』는 면포 1필 반 값이었다. 당시 면포 1필은 쌀 일곱 말에 해당했다.

조선 중기 이후에는 『논어』 한 권 가격이 면포 서너 필이었다. 임진왜란 후 군역 대신 나라에 바친 군포가 한 해 2필이었다. 이것을 감당하지 못해 도망자가 속출한 것을 보면 책값이 얼마나 비쌌는지 이해할 수 있을 것이다. 서적 구입이 어지간한 재력이 없으면 엄두를 내지 못할 정도의 고가 사치품에 속하다 보니 극소수 양반 지배층을 제외한 대부분의 백성들은 문맹 상태로 방치되었다. 양반들이 지식을 독점하고 지식 독재 체제를 구축한 것이다.

1719년 제9차 통신사 홍치중을 따라 제술관으로 일본을 다녀온 신유한은 "오사카에는 수많은 책이 있어 실로 천하 장관이었다"고 기록했다. 그는 오사카 서점에 가보니 중국 난징에서 수입한 책이 1,000여 종, 민간에서 간행한 각종 문집과 특이한 책이 조선의 100배가 넘었다고 전했다.

서점의 폭발은 일본뿐 아니라 중국도 비슷했다. 베이징에서 '문화의 거리'로 알려진 유리창琉璃廠(류리창)은 조선 사신들이 서적 구입을 위해 자주 찾은 명소다. 북학자 홍대용의 기록에 따르면 "유리창에 서점 일곱 군데가 있는데, 각 서점마다 3면의 벽에 수십 층의 책꽂이에 수만 권의 책이 꽂혀 있다"고 소개했다. 그는 또 "고개를 들고 한참 있으면 책 이름을 다 보기도 전에 눈이 먼저 핑 돌아 침침해진다"고 전했다(이덕일,

『한국사 그들이 숨긴 진실』, 역사의 아침, 2009, 269쪽).

서적 유통 상황이 이 지경이었으니 세계 최초로 개발했다는 금속 활자 기술이 무색했다. 1883년 일본을 방문한 박영효는 국영 인쇄소인 박문국博文局을 설립하는 과정에서 쓰키치築地 활판제조소에서 개발한 한글 납 활자를 수입해 와야 했다.

캔톤 체제

국제 무역항 광저우

1757년 건륭제는 한족漢族이 서양 상인과 결탁하여 반청 운동을 벌일 우려가 있다 하여 외국 선박의 기항을 허용했던 4개 항구를 폐쇄했다. 대신 광저우 한 곳만 국제 무역항으로 개방했다. 광저우는 황푸黃埔와 후먼 등 군사 요새가 있어 서양 선박 감시에 유리했다. 또 송대부터 아라비아 선박과 교역한 유서 깊은 항구였다.

광둥을 광둥어로 '칸톤(Canton)'이라 한다. 유럽 상인들은 이 발음을 차용하여 광둥을 중심으로 이루어진 무역 시스템을 '캔톤 체제'로 명명했다. 청 조정은 특정 상인에게 유럽 상인과 교역할 수 있도록 공행公行이라는 허가를 내주었다. 청조는 정부가 직접 나서서 서양 오랑캐洋夷를 상대하지 않으려고 유럽 상인은 공행을 통해서만 중국과 무역이 가능하도록 했다. 서양 상인과 무역 독점권을 획득한 공행은 관官을 대신하여 관세를 징수했다.

캔톤 체제는 서양 선박의 내항을 광저우 1개 항구로 제한하고, '광둥 13행行'이라는 공행 상인에게 수출입을 독점 거래토록 한 제도다. 서양

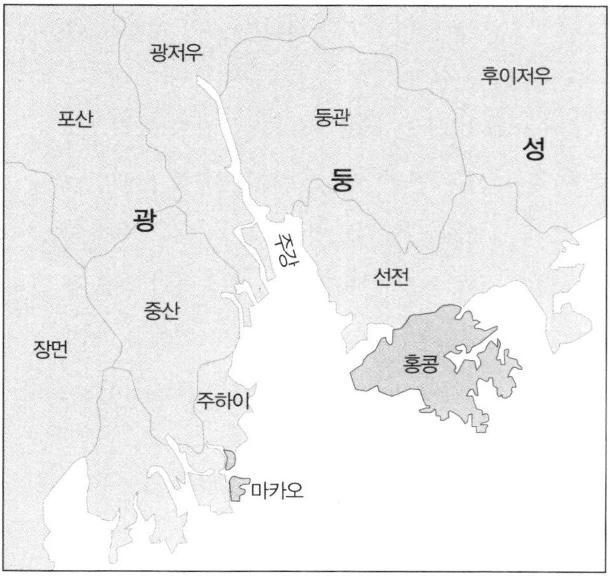

광저우 일대

상인들은 규정된 기간(5~9월, 10월) 동안 광저우에서 거류가 가능했다. 캔톤에서 거래할 때는 규정된 관세 이외에 '규례規禮'라 불리는 고액의 수수료나 뇌물을 관리들에게 바쳐야 했다.

광저우에서 1750년 전후 연간 400만~500만 냥에 달하던 서양 선박과의 무역액은 1800년 전후에는 1,500만 냥으로 3배 정도로 늘었다. 캔톤 체제는 아편 전쟁 후 체결된 난징 조약(1842)으로 5개 항구가 정식 개항되기까지 80여 년 지속됐다.

광저우가 서양 선박의 내항지였다면, 중국 상선들이 해외로 나가는 출항지는 푸젠 남안의 샤먼이었다. 중국 무역선은 매년 샤먼에서 마닐라·바타비아·베트남·타이 등으로 출항했다. 청조는 명과 달리 중국인의 출항 무역을 방임하여 중국 범선의 동남아 무역 황금기가 활짝 열렸다.

1684년부터 1757년까지 64년간 중국과 일본을 왕래한 상선은 3,017척, 중국을 찾아온 서양 각국 상선은 312척이었다. 이 시기에 해외 거주 화교가 증가하고, 1695년 75명이었던 중국 거주 서양 선교사는 1701년 169명으로 늘었다. 1688년 1년 동안 나가사키를 왕래한 중국인은 9,000여 명, 건륭제 후기까지 네덜란드령 바타비아에 거주하는 중국인은 10만 명에 이르렀다. 강희제의 개방적이고 포용적인 태도와 달리 옹정제·건륭제는 중국인의 해외 이주와 화교의 본국 귀환을 금하고 상업을 멀리했다(임계순, 『청사淸史: 만주족이 통치한 중국』, 신서원, 2001, 272쪽).

동양 무역에서 영국 약진

영국·프랑스·네덜란드는 동양 무역을 위해 치열하게 경쟁했는데, 그들 중 가장 큰 성과를 거둔 나라는 영국이었다. 영국의 동양 무역은 1600년 엘리자베스 1세의 특허장으로 설립된 동인도 회사가 케이프타운과 마젤란 해협 사이의 동양 무역 특허를 독점했고, 후에 인도를 식민지로 만들었다. 1699년 영국 동인도 회사는 광저우에 상관을 설치하고 중국과 무역을 시작했다.

서양과 중국 교역에서 영국이 차지하는 비중은 압도적이었다. 영국은 동인도 회사가 동양 무역 특허를 독점하고 있었지만 일반 상인에게도 인도·동남아·중국 무역을 허가했다. 이것을 '지방 무역(country trade)'이라 했다. 지방 무역은 빠른 속도로 성장하여 1775년 광저우에서 이루어진 영국 무역액의 40퍼센트를 차지할 정도가 되었다.

청나라와 조선

16세기 말에서 17세기 초, 동아시아는 정치적 소용돌이의 연속이었다. 중국에서 중원의 패자 명나라가 수명이 다하자 북쪽 여진족은 청을 건국하고 중원으로 쳐들어가 명나라를 차지해버렸다. 일본은 대륙과 탯줄을 가른 후 도쿠가와 막부로 이행했고, 베트남은 스스로를 황제로 칭하고 독립을 선언했다. 일본과 중국의 새 왕조는 서양과 활발한 교역을 통해 막대한 부를 축적하기 시작했다.

오로지 조선만 미몽 속을 헤맸다. 이를 안타까워했던 16세기 조선인 임제는 자신의 임종이 가까워오면서 아들이 슬퍼하자 "이 세상의 모든 나라가 황제를 일컫지 않는 자 없는데, 유독 우리나라만이 예부터 그렇지 못했으니 이와 같이 누추한 나라에 사는 신세로서 그 죽음을 슬퍼할 것이 있겠느냐"라며 곡을 하지 말라고 했다. 조선 후기 학자 이익이 쓴 『성호사설星湖僿說』에 나오는 내용이다.

조선과 여진, 애증의 역사

조선 지배 엘리트의 정신세계를 멘탈 붕괴 사태로 몰고 간 주인공은 여진족이었다.

『조선왕조실록』에는 태국인·인도네시아인·이슬람교도·중국인·일본인, 그리고 만주 지역에 흩어져 사는 야인野人(여진족) 등 많은 외국인이 조선에 귀화하여 살아가는 모습이 소개되어 있다.

여진족은 만주 일대에 거주하는 퉁구스계 종족으로, 이들의 전신은 말갈靺鞨이다. 1635년 만주를 석권한 여진족은 부족 이름을 만주족으로 개칭했다. 주변 국가들은 여진족을 미개한 집단이라며 차별했지만, 전투력에 대해서는 모두가 인정했다. 여진족은 뛰어난 리더가 나타나면 핵심적인 전략 병기를 도입하고 변화무쌍한 전술로 강대한 세력을 형성하는 위협적인 존재였다.

몽골족이 세운 원이 망하고 한족의 명나라가 중원에 들어서자, 여진족은 명과 조선의 영향이 강한 압록강 북쪽의 건주建州여진, 몽골의 영향을 강하게 받은 해서海西여진, 두만강 북쪽의 야인野人여진 등으로 분열했다. 명나라는 여진족이 힘을 합치지 못하도록 건주여진은 5개 부족, 해서여진은 4개 부족, 야인여진은 4개 부족 등 13개 부족으로 갈가리 찢어놓았다.

조선과 압록강·두만강을 사이에 두고 있던 여진족은 생존을 위해 조선에 머리를 숙였다. 좋은 말이 새끼를 낳으면 조선에 바쳤고, 흉년이 들어 농사를 망치면 조선에 와서 곡식을 빌렸다. 특히 압록강 유역에서 산삼을 캐면서 수렵과 농경 생활을 하던 건주여진은 조선과 가까운 관계를 맺고 있었다. 이성계의 절친이자 조선의 개국 공신 이지란(본명 퉁두란佟豆蘭)이 건주여진인이다.

조선 초기, 동북 국경 지역에서 조선과 여진 부족 간에 무력 충돌이 잦았다. 조선 조정은 이들을 회유하기 위해 일정한 세력을 형성하고 있는 여진족 추장 가족들 중 신체 건강하고 무예가 뛰어난 자들을 서울로 보내는 협약을 맺었다. 조선 조정은 이들이 서울에 오면 국왕을 호위하고 왕실 수비를 담당하는 시위대에 배치했다.

조선에 시위侍衛를 살기 위해 오는 여진족들은 활 잘 쏘고 무예 뛰어나며 말 잘 타는 용맹한 전사들이었다. 조선 조정은 이들에게 융숭한 대접을 해주었다. 이 사실이 알려지면서 여진족 사회에서 '조선행' 붐이 일었다. 조선에 온 여진족 중 과거(무과)에 급제하여 관직에 오른 사례도 있었다.

여진족 중에서 조선의 최고위직에 오른 인물은 함경도 회령 출신의 동청례童清禮 장군이다. 무예가 뛰어났던 그는 조선에 귀화하여 성종 시절 무과에 급제했고, 연산군 재위 시절에는 왕실 경호대장에 올랐다. 동청례는 연산군을 폐위하는 중종반정 쿠데타에 참여하여 공을 세웠다. 하지만 논공행상 과정에서 귀화인이라는 이유로 차별 대우를 받았다. 이에 대한 불만을 토로하다가 밀고되어 역모죄로 체포되었다. 중종 3년(1508) 12월 3일 동청례는 능지처참을 당했고, 그의 처자는 노비가 되었으며, 가산은 몰수당했다.

누르하치의 후금

여진족이 제 세상을 만난 것은 누르하치努爾哈赤라는 걸출한 지도자를 만나면서부터다. 누르하치는 압록강 이북, 장백산맥 일대에 흩어져 살던 건주여진 일개 부족의 추장이었다. 1583년 거병한 누르하치는 1588년 건주여진을 통일했다.

일본군이 조선을 침략하여 조선과 명의 관심이 한반도로 쏠리자 누

만주팔기의 편제

명칭	구성	병력	비고
타탄(tatan)		75명	전시가 되면 스스로 식량·갑옷·투구·병기·군마 준비
니루(niru)	1니루 = 4개의 타탄	300명	전투 시에는 기병 100명, 보병 200명으로 참전
잘란(jalan)	1잘란 = 5개의 니루	1,500명	
구사(gusa)	1구사 = 5개의 잘란	7,500명	8가지 깃발 색깔에 따라 팔기로 조직

르하치는 여진 세력 통일을 위한 전쟁을 시작했다. 1616년(광해군 8년), 누르하치는 명과 국교를 단절하고 아이신구룬金國을 건국했다. 12세기 만주에서 세력을 날렸던 금金의 후예임을 선언한 것이다.

누르하치의 힘은 팔기군으로부터 나왔다. 그는 여진 부족들이 수렵이나 전투를 할 때 조직하는 니루牛彔(niru)를 군사 조직으로 발전시켰다(임계순, 『청사』, 2001, 28-36쪽 참조).

누르하치는 여진 부족을 4개의 니루로 나누어 황색·흰색·붉은색·남색黃白紅藍 깃발을 부여했다. 이렇게 조직한 부대로 연전연승한 누르하치는 1615년 휘하 부족을 팔기八旗로 재편성하여 지휘 체계를 확립했다. 우선 4기는 종전의 4색을 그대로 이어받아 정홍기正紅旗·정황기正黃旗·정백기正白旗·정람기正藍旗로 불렀다. 나머지 4기는 양황기鑲黃旗·양백기鑲白旗·양람기鑲藍旗·양홍기鑲紅旗로 명명했다. 군민일체軍民一體 제도인 팔기는 타탄塔坦-니루牛彔-잘란甲喇-구사固山로 편제되었다.

만주족을 팔기로 조직한 누르하치는 1616년 국호를 후금後金, 연호를 천명天命으로 정하고 정복 사업을 계속했다. 이 과정에서 다수의 한족과 몽골인·조선인들이 귀순해 오면서 군사력이 크게 확대되었다. 그 결과 1616년 201개였던 니루가 1626년에는 234개, 1631년에는 292개, 1635년에는 419개로 늘어났다.

누르하치는 일반인은 물론 전쟁 포로들을 받아들여 팔기에 귀속시켰다. 그 결과 만주족을 중심으로 출발한 만주팔기는 이민족을 포함한 군사·행정·경제·사회 제도로 확대되었다. 극소수의 만주족이 거대한 명제국을 무너뜨리고 중국 역사의 주역으로 등장한 것은 만주팔기의 용맹한 전투력뿐만 아니라, 전쟁 포로를 흡인하는 놀라운 개방성 덕분이었다.

팔기군의 기병은 전속력으로 달리는 말 위에서 왼손에 말고삐와 활을 함께 잡고 오른손으로 활시위를 당겨서 쏘는 '니얌니얌비'라는 특유의 기술을 갖고 있었다. 팔기군 보병은 주로 소총 부대와 포병으로 이루어졌다(함재봉, 『한국사람 만들기 1』, 아산서원, 2017, 150쪽).

사르후 전투

누르하치는 1618년 군사 5만을 이끌고 만주의 전략적 요충지인 푸순撫順을 공격함으로써 명나라에 전면전을 선포했다. 단 한 번의 전투로 푸순의 명군 장수 이영방李永芳은 누르하치에게 투항했고, 누르하치는 이영방에게 높은 지위를 주고 자신의 손녀와 결혼시킨다.

명 황제 만력제는 임진왜란에 참전했던 양호楊鎬를 토벌군 사령관으로 임명하여 누르하치를 토벌하라고 명했다. 명나라는 해서여진과 연합군을 형성했으며, 조선을 위협한 끝에 광해군이 파견한 강홍립의 1만 1,000명 군대가 명군과 함께 행동했다. 만주에 파병된 조선군 중에는 임진왜란 당시 조선에 투항해 온 항왜병 및 그 후손들도 포함되어 있었다.

1619년 3월 누르하치의 5만 대군은 만주 사르후薩爾滸에서 명·해서여진·조선 연합군 47만 명과 충돌했다. 광해군의 밀명을 받은 강홍립은 누르하치 군에게 조직적으로 투항했고, 누르하치가 승리하여 만주의 패권을 차지했다. 누르하치는 투항해 온 강홍립을 비롯한 조선의 장수와 병사들을 극진히 대접하여 만주에 정착시켰다.

누르하치는 1621년 난공불락의 요새로 이름난 선양과 랴오양遼陽을 함락하여 랴오둥 일대를 완전 장악했다. 이어 그는 여진 각 부족을 정복하고 만주 전역을 장악하여 명실상부한 여진족 지도자로 부상했다. 1625년 누르하치는 선양으로 천도하고, 도시 이름을 묵던으로 바꾸었다. 그리고 만주 문자 창제와 법률 제정 등을 추진했다.

1626년 2월, 누르하치는 중원으로 나가는 길목인 산해관 앞쪽의 닝위안寧遠성을 공격했다. 명 지휘관 원숭환袁崇煥은 마카오에서 예수회 신부들에 의해 제작된 당시 세계 최첨단 무기인 홍이포를 보유하고 있었다. 원숭환은 홍이포를 연속 사격하는 전술로 누르하치의 기마 부대를 격파했다. 누르하치는 성에서 날아온 홍이포에 맞아 부상했고, 그 후유증으로 그해 9월 30일 사망했다.

후계자로 칸汗(황제)에 오른 인물은 누르하치의 여덟째 아들 홍타이지(청 태종)였다. 북방 민족은 후계자를 결정하는 방식이 한족과 크게 달랐다. 칸이 생전에 후계자를 지명하는 방식이 아니라, 칸이 사망한 후 유력 부족의 씨족장이 모여 리더십이 가장 뛰어난 인물을 후계자로 추대하는 방식이었다. 덕분에 여진족은 훌륭한 인물들이 연이어 황제에 올라 급속한 발전을 이룰 수 있었다.

홍타이지는 칸에 즉위한 지 10년 후인 1636년, 부족 명칭을 '만주족'으로 개칭하고, 국호를 청淸으로 바꾸었다. 여진족이 중심이 된 '아이신구룬金'을 여진인·몽골인·한인漢人이 공존하는 다민족 국가 '다이친구룬淸國'으로 발전시킨 것이다. 1643년 청 태종은 중원 정복의 꿈을 이루지 못하고 사망했고, 그의 이복동생 도르곤多爾袞이 청 태종의 다섯 살 먹은 아들 순치順治를 황제에 올린 다음 자신이 섭정을 맡았다.

50만 만주족에 무너진 명나라

1644년 도르곤이 지휘하는 만주군은 산해관에서 명의 명장 오삼계吳三桂 장군과 대치했다. 이 와중에 명나라에서 이자성李自成의 농민 반란이 일어났다. 그는 시안西安을 정복하고 나라 이름을 순順으로 정한 다음 황제에 즉위했다. 이자성이 수도 베이징으로 진격하자 명의 마지막 황제 숭정제가 목매어 자살하면서 명이 멸망했다.

베이징을 점령한 이자성 군대는 베이징에 살고 있던 오삼계의 가족을 인질로 잡은 후 산해관을 지키는 오삼계에게 투항을 요구했다. 오삼계가 응하지 않자 이자성은 오삼계의 부친을 비롯하여 전 가족 38명을 처형하고 부친의 머리를 베이징 성루에 내걸었다.

가족의 처형 소식을 듣고 격분한 오삼계는 도르곤에게 사람을 보내 함께 이자성의 군대를 치기로 합의한다. 오삼계는 산해관 성문을 열었고, 도르곤과 오삼계 연합군은 1644년 5월 27일 산해관 전투에서 이자성 군대를 격파하고 베이징으로 난입했다. 산해관에서 패전한 후 베이징으로 도망쳐 온 이자성은 자금성을 불태우고 시가지를 일주일 동안 약탈한 후 6월 4일 도주했다. 다음 날 청군은 베이징에 입성했다.

오삼계가 산해관 성문을 열 때 조선에서 인질로 끌려갔던 소현세자가 청나라 원정군에 참여하여 그 역사적 현장을 함께했다.

청나라의 군 조직인 팔기군 가운데에는 귀순해 온 조선인으로 구성된 '고려 니루'가 결성되어 있었다. 또 임경업 장군을 지휘관으로 하여 1640년 4월 전선 120척과 포수 4,000명, 사수 1,000명, 수군(격군) 1,300여 명, 화약 1만 근, 군량미 1만 7,000석 등을 만주로 보냈다. 이들이 명나라를 공격할 때 청군 진영에 참여했다. 한반도의 군대가 만리장성 너머 베이징에 진입한 것은 한반도 역사상 유례가 거의 없는 일대 사건이었다(김시덕, 『동아시아, 해양과 대륙이 맞서다』, 89-90쪽 참조).

명을 멸망시키고 청을 세운 여진족의 초기 인구는 40만~50만 명에 불과했다. 이 중 실제로 군사로 동원할 수 있는 숫자는 15만 명이었다. 누르하치가 여진족을 규합하기 시작할 당시 조선의 인구는 1,400만, 명나라 인구는 1억 5,000만 명이었다. 여진은 인구수 30배가 넘는 조선을 굴복시켰고, 300배가 넘는 명을 무너뜨렸다(함재봉, 『한국사람 만들기 1』, 2017, 142쪽).

이처럼 소수의 집단이 거대 제국을 차지한 성공 요인은 최첨단 군사 기술을 적극 수용하여 팔기군을 무적의 군대로 키워냈기 때문이다. 또 투항해 온 사람들을 만주족과 똑같이 대우하여 다민족 국가를 건설해 냈다. 만주족은 만리장성 밖의 모든 종족을 하나로 엮어 다민족 국가를 건설했다. 그 결과 어느 왕조보다 안정되고 강력한 기반을 마련하여 중원 공략에 나설 수 있었다.

17세기 초 누르하치가 수도로 삼았던 허투알라赫圖阿拉에서는 한족 기술자들이 도시를 건설했고, 조선족 기술자가 활과 화살·철기구·갑옷을 생산했으며, 여기에 소요되는 비용은 모피·인삼·진주를 명나라에 팔아서 조달했다.

중원을 정복한 청나라는 1662년 명 부흥 세력 토벌, 오삼계 등 한족 장수들이 일으킨 삼번의 난 등을 토벌하느라 정신이 없었다. 무엇보다 청을 위협하는 강적은 몽골 오이라트 부족의 분파인 중가르(Dzungar)족이 몽골과 티베트를 통일하고 수립한 중가르 칸국이었다.

중가르 칸국은 러시아와 동맹을 맺고 청나라를 위협했다. 강희제는 여러 차례에 걸쳐 팔기군을 직접 지휘하여 고비사막을 건너 중가르 칸국을 정벌했다. 중가르 칸국을 평정한 것은 강희제의 손자 건륭제 때인 1757년이다.

18세기 중엽 청은 동몽골 할하·티베트·동투르키스탄 신장·카자흐 남부 지역 일대까지 팽창하여 수많은 민족을 지배하고 광활한 강역을 경영하는 대제국이 되었다(이훈, 『만주족 이야기』, 너머북스, 2018, 6쪽). 만주족은 인류 역사에 길이 남을 거대 제국을 건설했다. 뿐만 아니라, 그것을 장기간 효율적으로 경영하는 등 위업을 이루었다.

광해군 실용 외교, 인조의 친명배금

중국 역사는 중화권 한족과 북방 노마드(유목민) 세력 간의 쟁패다. 중화권 한족 세력이 약해지면 북방의 노마드 세력이 기지개를 편다. 중화 제국과 북방 노마드 세력 사이에 한반도가 끼일 경우 거란족의 침략, 여진족의 침략 등 언제나 노마드 세력의 침략을 받았다. 중화 세력이 약화되면 한반도에서는 치명적인 안보 위협 상태가 발생한 것이다(이삼성, 『동아시아의 전쟁과 평화 1』, 한길사, 2009, 223쪽).

떠오르는 태양과 같은 기세의 청과 지는 해 명나라 사이에서 국가 생존을 영위해야 했던 광해군은 놀라울 정도의 실용 외교로 안보를 지켜냈다. 그는 만주를 석권한 여진족의 존재를 인정함으로써 이들과 전쟁에 휘말리는 것을 피했다.

그런데 1623년 서인西人 세력이 쿠데타를 일으켜 광해군을 폐위하고 인조 정권이 출범했다(인조반정). 인조반정 쿠데타의 대의명분은 광해군이 명나라에 알리지 않고 오랑캐의 두목 누르하치와 화친했다는 불충不忠, 이복동생 영창대군을 죽이고 계모 인목대비를 유폐시킨 불효不孝 두 가지였다.

광해군은 임진왜란으로 피폐한 국가를 재건하고, 신흥 세력 후금과의 실리 외교를 통해 현실론적 부국강병을 추구한 군주였다. 조선 역사상 부국강병에 힘을 쏟고 외교에 특출한 능력을 발휘한 국왕이 과연 몇 명이나 존재했는가? 이런 존재는 결코 환영받을 수 없는 사대주의 나라, 왕도 정치를 맹신했던 정치 시스템이 비극의 원인이었다.

여진족과 현실 외교를 통해 전쟁을 예방한 '외교의 달인'이 인조반정으로 실각하고, 망해가는 명을 섬겨야 한다는 시대착오적인 인조 정권이 출범했다. 이후 조선의 비극은 예고된 것이나 마찬가지였다. 인조는 왕위에 오른 지 1년도 못 되어 이괄의 반란군이 쳐들어오는 바람에 서울을 탈출해 피난을 갔다.

이괄의 반란에 호응하여 선봉대 역할을 한 부대는 누르하치의 준동에 대비하기 위해 주둔시킨 1만여 명의 서북 변경 방어군이었다. 이 알토란 같은 부대가 이괄의 난으로 도륙을 당해 해산되었다. 그 결과 이괄의 난으로부터 3년 후인 1627년, 여진족 3만 군사가 조선을 침략했다(정묘호란). 최명길 등이 나서서 후금을 형님으로 모시는 조건으로 겨우 강화를 성사시켰다.

1636년, 국호를 청으로 바꾼 만주족은 청과 조선의 관계를 형과 아우 관계에서 임금과 신하의 관계로 바꿀 것을 요구했다. 오매불망 망해가는 명나라에 머리를 조아리는 인물들이 권력을 잡은 인조 정권이었으니 당연히 이 제의는 거부되었다. 분개한 청 태종 홍타이지는 1636년 12월 직접 대군을 이끌고 조선을 침략했다(병자호란).

시대착오적 외교의 대가

청나라 만주팔기 기병대의 침략 사실이 서울 조정에 보고된 것은 12월 13일이었다. 이때는 이미 홍타이지의 만주팔기 기마 선봉대가 평안도 안주까지 진입했고, 12월 14일에는 송도(개성)를 통과했다. 인조는 다음날 새벽 강화도로 피난을 떠났다.

하지만 강화로 가는 길은 이미 청군 선발대가 차단하고 있었다. 국왕이 몸을 피할 곳은 서울 동남쪽의 남한산성뿐이었다. 눈보라가 몰아치는 악천후를 뚫고 국왕 일행은 남한산성으로 피난을 떠났다. 길이 얼어

말이 발을 헛디디자 인조는 말에서 내려 걸어야 했다. 남한산성에서 농성 두 달을 버티지 못하고 인조는 항복을 결심한다.

항복 결정 소식이 알려지자 이조참판 정온, 예조판서 김상헌이 자결을 시도한다. 이왕 죽기로 작정했으면 확실히, 깨끗하게 죽는 것이 대장부다운 모습이다. 불행하게도 두 사람은 칼질에 서툰 먹물, 붓잡이였다. 평생 글줄이나 읽던 양반 선비이기에 간을 두 쪽으로 가르고 창자를 끊어내는 고통을 줄이기 위해 다른 사람이 뒤에서 목을 쳐주는 할복 같은 것은 꿈도 꾸지 못했다.

조선의 자존심을 대표한 문인 관료 두 사람의 자결 방법은 몹시도 어설펐다. 정온은 차고 있던 칼로 자기 배를 찔렀는데, 너무 살살 찔렀는지 목숨을 건졌다. 김상헌은 여러 날 곡기를 끊은 다음 목을 맸는데, 불행인지 다행인지 자손들에게 구조되었다.

1637년(인조 15) 1월 30일, 조선 국왕 인조는 오랑캐·야만인이라고 그토록 업신여기던 만주족 우두머리 홍타이지 앞에 나아가 무릎을 꿇었다. 그리고 세 번 머리를 조아리고 아홉 번 머리를 땅에 찧는(삼궤구고두례) 치욕스러운 항복을 했다.

조선의 수도 서울은 참혹한 죽음의 도시로 변해 있었다. 『인조실록』은 "한성(서울)에 사는 백성이 가장 혹독하게 화를 당해 남아 있는 자라고는 10세 미만의 어린이와 나이 70이 넘은 사람들뿐인데, 대부분 굶주리고 얼어서 거의 죽게 되었다"고 기록하고 있다(인조 15년 2월 3일).

청나라는 철수 과정에서 소현세자와 봉림대군(후에 효종)을 인질로 끌고 갔다. 또 끝까지 오랑캐와 싸울 것을 주장한 주전파主戰派 대신을 비롯하여 수많은 백성을 포로로 잡아갔다. 실록은 "온 나라 백성들 중 태반이 연루되었다"고 기록하고 있고, 야사野史는 병자호란 때 20만~50만 백성이 오랑캐에게 끌려갔다고 전한다.

병자호란 굴욕, 책임론은 없었다

인조 정권은 나라가 망하든 말든 일관되게 명을 지지하는 시대착오적인 친명배금親明排金 정책을 줄기차게 유지했다. 줄을 잘못 선 대가는 두 차례 만주족의 침략이었다.

1627년 정묘호란 침략을 당하자 인조 정권은 여진족을 형님 나라로 모시는 '형제의 맹약'을 조건으로 강화했다. 이것은 반정의 정당성, 즉 존명사대의 정신을 스스로 뒤엎는 일대 사건이었다.

1636년 병자호란에서 조선은 제대로 싸워보지도 못하고 된통 당했다. 이번에는 국왕이 직접 삼전도에 나가 항복하고 군주와 신하의 관계를 약속하고, 오랑캐 황제에게 책봉을 받고 조공을 바쳐야 했다. 조선이 청 태종에게 항복한 지 7년 후인 1644년, 청이 명나라를 멸망시키고 중원의 패권을 차지했다. 국가 운영과 관련하여 거의 모든 것을 의지했던 명이 사라지고 오랑캐 청이 대륙을 차지했다. 천붕지해天崩地解, 하늘이 무너지고 땅이 꺼지는 시대가 열린 것이다.

조선 국왕이 항복했음에도 조선 왕조는 건재했고, 어느 누구도 패전 책임을 지지 않았다. 이 아비규환의 와중에 조선 왕조가 붕괴되지 않고 건재한 것은 일종의 불가사의다. 왕조는 무사했지만, 내부로는 골병이 들었다. 조선 지배 엘리트의 정신세계가 붕괴된 것이다.

조선의 양반 지배층은 조선 국왕이 오랑캐 두목에게 머리를 조아린 행위를 어떻게든 정당화하고 합리화해야만 정권이 유지되는 난감한 상황에 처했다.

조선 국왕이 삼전도에서 나라의 아버지君父인 명나라를 공격한 원수

앞에 나가 이마를 땅에 찧는 항복을 한 행위는 명에 대한 충효의 의리를 스스로 짓밟은 꼴이 된다. 그렇다고 이 행위를 "청군의 월등한 무력 때문에 불가피했다"는 상황 논리로 얼버무릴 수도 없었다. 그런 논리를 인정하는 순간, 소작농이나 노비들도 같은 논리를 내세워 더 이상 양반 지주나 주인에게 복종하지 않을 가능성이 있다. 이렇게 되면 성리학적 계급 구조의 바탕 위에 서있는 조선 왕조는 붕괴된다.

어떻게든 위기를 타개하기 위해서는 비록 나라는 망해 없어졌지만 중화 사대의 나라 명을 흠모하고, 그들을 멸망시킨 청에 적대하는 정책이 필요했다.

인조는 타이완을 거점으로 활동하던 정성공 세력, 명 패망 후 남중국 지역에서 준동하던 명나라 부흥세력, 삼번의 난을 일으킨 오삼계 세력, 서몽골 지역 오이라트 부족 연합체인 중가르 등에 사신을 보내 청나라를 협공하자고 제안했다. 심지어 인조는 조선이 일본과 정성공 연합 세력에 참여하여 일본 군대가 조선을 통과할 수 있도록 협조하고 지원병을 제공하겠다고 약속했다(이삼성, 『동아시아의 전쟁과 평화 1』, 2009, 588쪽). 인조의 이런 시도는 청에 발각되어 일장춘몽으로 끝났다.

조선의 양반 지배층은 반청 세력과의 합종연횡 계획이 실패하자 이번에는 북벌론, 즉 청나라를 무력으로 정벌하겠다고 분연히 일어섰다.

인조의 두 아들 소현세자와 봉림대군은 병자호란 때 볼모로 선양에 끌려갔다. 1645년 두 왕자는 볼모 생활에서 풀려나 8년 만에 귀국했다. 소현세자는 청나라와 너무 가깝게 지냈다는 이유로 귀국 즉시 독살당했고, 아우 봉림대군이 후에 효종으로 즉위했다.

인조는 명·청 교체기에 청나라가 베이징을 공략하는 역사의 현장을 보고 온 큰아들 소현세자를 정적으로 취급했다. 15만 명에 불과한 여진족이 어떻게 군사를 정비하고 다민족을 흡수하여 제국을 건설했는지를 현장에서 체험하고, 또 아담 샬과의 교류를 통해 천주교와 서양 문물에 눈을 뜬 아들이 두려웠다.

소현세자는 산해관을 돌파하여 베이징을 차지한 도르곤 등 청나라 최고 지도부와도 끈끈한 인연을 쌓은 인물이었다. 이러한 인물을 독살함으로써 조선이 청나라의 부국강병책과 서구의 과학문명을 받아들일 수 있는 결정적 기회가 사라졌다. 그리고 황당무계한 '환각의 전투'나 다름없는 북벌론이 조선을 망령처럼 지배하기 시작했다.

쇄국으로 치달은 조선

송시열 "주자 성리학의 세계로"

명나라가 멸망한 지 5년 후인 1649년 인조가 죽고 효종이 즉위했다. 효종은 즉위하자마자 자신의 스승이자 노론의 우두머리 송시열과 함께 북벌론을 내세워 정치적 주도권을 잡는 데 성공했다.

조선의 정신세계를 황폐화시킨 숭명반청·소중화·사문난적을 창작해낸 주인공이 송시열이다. 사문난적斯文亂賊이란 '글(유교)을 어지럽히는 도적'이란 뜻이다. 조선의 권력자인 사대부들은 이것을 '경전을 주자와 다르게 해석하는 자'로 바꾸어 정적을 처단하는 무기로 사용했다.

1633년(인조 11) 벼슬 생활을 시작한 송시열은 봉림대군을 가르치는 대군사부에 임명되었다. 1636년 병자호란 때 남한산성에 피신하여 청군에 끝까지 저항을 주장했다. 인조가 항복하고 봉림대군이 소현세자와 함께 인질로 끌려가자 송시열은 관직을 사퇴하고 낙향했다. 1649년 효종이 즉위하여 스승이었던 송시열을 정계에 복귀시켰다.

중국의 지식인들은 인구 100만도 안 되는 여진족에게 나라를 통째로 빼앗기자 처절한 자기반성 끝에 주자 성리학에 대한 반성에서 새 시대의 가치관을 발견하고자 했다. 주자 성리학을 버린 것이다.

반면에 조선 지식인의 대표로 떠오른 송시열은 조선이 청에게 당한 굴욕을, 송나라 두 황제가 금나라에 끌려간 굴욕(정강의 변, 1126)에 비교했다. 북송이 여진족이 세운 금나라에게 무너진 후에도 남송이 중화 문명을 지킬 수 있었던 이유는 주자 성리학의 등장 때문에 가능했다고 해석했다. 그 결과 송시열은 조선도 주자 성리학을 철저하게 실현하는 것, 그리고 명나라가 멸망한 후에도 조선의 정체성은 명나라에 근거를 두어야 난세를 돌파할 수 있다는 결론에 도달했다.

송시열은 문명이 붕괴되고 야만의 지배를 받는 시대에 조선이 해야 할 일은 명나라의 문명을 이어받아 더 이상 야만에 의해 오염되지 않도록 철저히 지켜내는 것이라고 국왕 효종을 설득했다. 주자 성리학이야말로 이상적인 문명의 모습을 담아낸 사상이며, 거기에서 벗어나는 것은 문명에서 이탈하는 것으로 간주했다.

송시열은 살아생전, 일상생활에서도 철저하게 명나라 의복과 의식만을 고집했다. 정계에서 은퇴한 후 은거지로 삼은 곳을 화양동華陽洞, 즉 '중국의 태양이 비추는 곳'이라고 이름 붙였다. 그는 "하늘이 무너지고 땅이 꺼지는 천붕지해의 시대에 조선이 사문난적들과 싸워 아름다운 문장을 지켜내기 위해서는 국경을 닫고, 약속을 끊으며, 이름을 바꾸고, 이치를 밝혀야 한다"고 외쳤다. 정치적·사상적 쇄국을 선언한 것이다. 그리고 남송의 2대 황제 효종이 금나라를 정벌하여 강북의 실지를 회복하는 북벌을 계획한 사실도 머리에 새겼다.

황당무계한 북벌론

당시 청은 인구 1억 5,000만 명, 국력은 조선의 수천 배 규모로 변해 있었다. 이런 세계 강국을 정벌하겠다고 '무뎃포'로 덤빈 나라가 조선이었다.

효종은 표류해 온 네덜란드인 벨테브레이 일행에게 조총 개량과 대포 제작을 의뢰했다. 효종은 선양과 베이징에서 8년여 볼모 생활을 하면서 청나라 군대에 종군한 경험이 있었다. 당시의 체험을 바탕으로 청군을 대상으로 한 전술을 개발했다.

하지만 조선이 북벌을 위해 강화했다는 군사력은 병력이 고작 1만여 명이었다. 병력 1만으로 압록강 건너 베이징으로 쳐들어가 오랑캐 나라의 숨통을 끊고 정벌할 수 있다고 믿을 사람은 아무도 없었다. 게다가 효종 시절 강화했다고 큰소리 친 군대는 적군과 전투를 전문으로 하는 야전 부대가 아니라 왕실을 지키는 호위 부대였다. 선명한 명분을 앞세워 북벌을 외치면서 실제로는 왕실 경호를 위한 병력만 늘린 것이다. 조정 대신들은 효종이 북벌을 앞세워 왕권을 강화하려는 의도를 눈치챘다.

삼전도에서 치욕스런 항복을 한 후 조선의 민심은 자못 불온했다. 20만~50만에 달하는 백성이 포로로 끌려갔으니 그 원성이 어떠했겠는가. "백성과 나라의 안녕을 지켜주지 못한 왕조를 타도하자"라는 선동 한 방이면 민심이 폭발하여 왕조가 와르르 무너질 수도 있었다. 동요하는 민심을 '조선 왕조'라는 깃발 아래 묶어둘 강력한 선동 무기가 필요했다. 효종과 노론 집단의 영수 송시열은 이 점을 주목했다.

효종 시대를 풍미했던 북벌론은 청나라 정벌이 진짜 목적이 아니라 병자호란 패배에 대한 책임 면피용이었다. 호란 이후 닥칠지 모르는 정치·경제적 위기를 통치고, 자신들의 지배력을 유지하기 위한 고도의 프로파간다(선전)였다. 때문에 북벌론은 애초부터 현실성이 완전 결여된 '환각의 전투'였다.

이처럼 비현실적인 북벌론이 한 시대를 풍미할 수 있었던 이유는 청조 출범 초기, 중국에서 정성공의 반란이나 삼번의 난 등이 연속으로 발생하여 조선에 대한 간섭이 느슨해진 덕분이었다. 강희제는 각종 반란을 진압한 다음 확고한 국제 질서를 정착시켰다. 청은 티베트·타이완·중앙아시아를 아우르는 강력한 대제국을 건설했고, 전통적인 중화 질서인 조공-책봉 체제를 그대로 유지했다. 작은 나라는 큰 나라를 섬기고, 큰 나라는 작은 나라를 사랑으로 어루만지는 '사대자소事大字小' 정책을 계승한 것이다.

강희제는 조선은 청의 위협이 될 수 없다고 판단했다. 그 결과 조선에 대한 간섭을 크게 줄이고 자율성을 허용했다. 숨통이 트인 조선의 양반 지배층은 오랑캐 청나라는 머지않은 장래에 멸망할 것이며, 이들이 중원 대륙에서 만주 본거지로 쫓겨가는 과정에서 조선과 또 한 번 전면전을 치를 것이라고 자위했다. 하지만 그것은 순진한 희망 사항일 뿐이었다. 조선의 희망과는 달리 청은 점점 더 강대국이 되어갔다.

북벌 접고 "조선이 중화"

조선의 국가 지도부를 구성하고 있던 주자 성리학자들은 명은 비록 오랑캐에게 멸망해 사라졌으나 조선의 정통성은 명에 있다고 굳게 믿었다. 하지만 오랑캐들이 1680년대 이후 세계사에 길이 남을 강력한 제국을 형성하자 북벌의 대의에 동의했던 조선 지배층은 북벌이 현실 가능성이 전혀 없는 미몽이란 사실을 깨달았다.

약발이 떨어진 북벌 담론이 정치적 파괴력을 상실하자 조선의 양반 지배층은 새로운 어젠다 세팅에 돌입했다. 현실과 이상의 참담한 괴리를 겪은 조선 지배층은 정서적 공허함을 달래기 위해 상상의 날개를 활짝 펼친다. 급기야 이들의 무력감은 정신적 질병으로 발전했다.

그들은 만주족이 세운 청을 '중화의 중심이자 천자의 나라 명을 멸망시킨 강도' '문명의 공적公敵, 더러운 원수의 나라'로 설정했다. 그리고 이미 멸망하여 사라진 명나라에 의리를 지킨다는 배청복명·존명사대 등 비이성적이고 비현실적인 판타지의 세계로 도피했다.

그들은 임진왜란 때 원군을 보내 조선을 위기에서 구해준 명나라의 존재를 선명하게 부각시켰다. 조선은 나라 전체가 충효라는 수직적 지배 구조로 구성되어 있었다. 명은 부모의 나라이니 충의 대상인 동시에 효의 대상이다. 이미 망해 지구상에서 사라진 명나라에 대한 충효 질서를 유지하기 위해 조선은 외부 세계로부터 스스로를 고립시켰다.

조선 지도부는 스스로를 '소중화'로 자리매김했다. 중원이 오랑캐 만주족에게 더럽혀진 현실에서 중화 문물을 간직한 나라는 조선밖에 없다, 중화 문명의 적통이자 계승자는 만주족 오랑캐가 세운 청이 아니라 조선이다, 따라서 이 세상 유일의 문명국이요 중화국이라는 믿음이 소중화 사상의 핵심이다. 조선이 명을 계승하여 '소중화'가 되었으니 이제 청을 타도하는 북벌은 필요 없다는 정신적 위안을 덤으로 챙겼다.

1666년(현종 7년), 성리학자 김수홍은 〈천하고금대총편람도天下古今大摠便覽圖〉라는 세계 지도를 작성했다. 그는 병자호란 때 강화에서 순절한 우의정 김상용의 손자이며, 호조참판을 역임했다. 그가 제작한 지도는 중원(중국) 대륙과 주변 세계를 그린 것이다. 세계의 중심에 중원 대륙이 있고 그 곁에 주변 세계가 배치되어 있다. 주변 세계 가운데 조선이 유일하게 강조되어 있는 반면, 청의 본거지인 만주는 존재하지 않는다. 김수홍이 그린 천하는 중국 중심의 '중화 세계'였다. 그의 현실 인식 속에 오랑캐의 탄생지인 만주는 존재하지 않았다.

조선 지식인은 중원 대륙 '천자의 나라'에 정성스럽게 사대해온 역사를 자랑스러워했다. 한 시절 자신들에게 조공을 바치고 복속했던 만주족이 세운 나라가 중원 대륙을 차지하자 조선 양반 지도부는 멘탈 붕괴 상태가 되었다.

이들은 겉으로는 오랑캐 청나라에게 머리를 숙였지만, 정신적으로는 청을 중화 제국으로 인정하지 않았다. 명을 언급할 때는 중국 혹은 중조中朝·황조皇朝·황명皇明이라 칭했지만, 청에 대해서는 결코 그런 용어를 사용하지 않았다. 명대의 경우 조공을 바치러 가는 것을 '조정에 알현하러 간다'는 뜻에서 '조천朝天'이라 불렀다. 청대에는 '연경에 간다'는 뜻에서 단순히 '연행燕行'으로 격하했다. 청의 사신을 호차胡差(오랑캐 칙사)라 불렀고, 숙종은 강희제를 '북인北人'이라고 호칭했다.

중화 문명의 유일한 계승자인 조선이 언젠가 중원 대륙에 들어설 가상의 중화 국가와 함께 중화 세계를 재건한다는 발상이 등장한 것은 17세기다. 이 비전에는 '적대적 타자'인 청이라는 전제가 있었다. 청은 중국이 아니라 오랑캐이며 문명의 파괴자다. 중국은 어디까지나 중원 대륙의 중화 문명 국가여야 한다. 이러한 현실 인식 하에서 청과 군신 관계를 맺을 수밖에 없는 정치적 현실은 철저히 무시되었다(배우성, 『조선과 중화』, 돌베개, 2014, 93쪽).

조선의 정신세계가 지구상에 존재하지 않는 명에 여전히 기울어 있음을 알게 된 청은 조선과의 관계를 최소화했다. 매년 세 차례 요구하던 연행사도 한 번으로 줄였고, 연행사는 청이 정해준 길을 따라 여행해야 했다. 그 길에서 조금이라도 벗어나면 엄격한 제재가 가해졌다. 연행사가 베이징에 머물 때는 연행사의 일거수일투족이 감시당했고, 조선과 만주 접경 지역에는 300킬로미터가 넘는 벼랑과 울타리를 만들어 사람의 왕래를 막았다. 조선과 청 사이에 배로 왕래하는 것은 아예 금지되었다. 완전무결한 쇄국 정책이 시행된 것이다(함재봉, 『한국사람 만들기 1』, 2017, 216-217쪽).

만동묘·대보단이라는 정신적 괴물

조선의 정신병적 존명의리尊明義理 가치를 현실화한 괴물이 대보단이다.

대보단의 원조는 1703년 충북 괴산군 청천면 화양리에 세워진 만동묘萬東廟다. 임진왜란 때 명나라 군대를 조선에 보내 왜군의 침략을 무찌르고 조선을 구해준 '재조지은再造之恩'의 황제가 신종神宗 만력제다. 만동묘는 만력제를 제사 지내기 위한 사당이다.

조선에서 재조지은의 황제로 추앙한 만력제는 사실 명나라 최악의 군주였다. 만력제는 황실 재정과 국가 재정을 구분하지 못하고 모든 공금을 새로운 궁궐 축조와 사치에 탕진했다. 부패가 극에 달했고, 48년의 재위 기간 중 황제가 재상들을 직접 만나 국사를 논한 것은 단 한 번뿐이었다. 이 과정에서 환관의 전횡과 극심한 당파 싸움이 일어났다.

임진왜란 때 왜군을 물리치는 과정에서 명군의 도움도 컸지만, 각지에서 봉기한 의병들의 게릴라전, 이순신이 이끄는 조선 수군의 활약도 큰 역할을 했다. 임진왜란이 끝나자 선조와 지배층은 논공행상 과정에서 심각한 딜레마에 빠졌다. 의병장 등 전공을 세운 세력을 포상하고 중용하면 이들이 정국의 주도권을 쥐게 된다. 이렇게 되면 전쟁 내내 도망만 다니고, 국경 너머 중국으로 피난을 가려 했던 왕조의 권위가 심각하게 손상될 우려가 있었다.

그런 위험을 사전에 차단하기 위해 조정은 일부 의병장에게 역모 혐의를 씌워 제거하고, 모든 공을 명나라에 돌리는 정치적 꼼수를 실행에 옮겼다. 군대를 파병하여 조선을 구해준 신종 황제의 은공을 갚기 위해 사당을 지어야 한다고 선동한 인물이 노론의 우두머리 송시열이었다.

송시열은 장희빈의 아들인 왕자 윤(훗날 경종)의 세자 책봉을 반대하다가 사약을 받고 죽었다. 그는 죽기 전 "화양동서원에 신종과 명나라의 마지막 황제 의종毅宗(숭정제)의 사당을 세워 제사를 지내달라"는 유언을 남겼다. 송시열의 유언을 받들어 제자들이 건립한 사당이 만동묘다. '만동'은 '만절필동萬折必東', 즉 황하가 만 구비로 꺾여도 끝내는 동쪽으로 흐르는 것처럼 명을 향한 조선의 충정은 변함없다는 뜻이다.

만동묘가 건립된 시기는 명나라가 멸망하여 지구상에서 사라진 지 59년 후였다. 이때는 이미 청나라가 세계 제국으로 부상하여 서양과 활발한 교역을 통해 막대한 부를 축적하고 있었다. 이런 시기에 조선의 지도자란 사람들은 유령이 되어 구천을 떠도는 명나라 황제에게 제사를 올리기 위해 사당을 지은 것이다.

만동묘 건립 소식을 접한 숙종은 이토록 중요한 국정 이슈를 지방 선비 집단이 선점할 경우 국왕의 권위가 위축될 것을 우려했다. 이를 타개하려면 국왕이 직접 사당을 지어야 했다. 숙종은 만동묘가 세워진 다음해인 1704년, 명나라 패망 1주갑(60주년)을 기리기 위해 국가와 왕실 차원에서 왕궁인 창덕궁 후원에 명나라 신종에게 제사를 올리는 대보단을 세웠다. 대보단은 '큰 은혜를 갚기 위해 쌓은 제단'이란 뜻이다. 명은 비록 망했지만 끝까지 사대 의리를 지키는 조선, 성리학과 중화를 추구하는 나라라는 자위적 정서가 대보단 건립으로 표출된 것이다.

숙종 시절 시작된 국가 차원의 대보단 제사는 영조 시절 규모가 확대되어, 신종 외에 명을 건국하고 '조선'이라는 국호를 하사한 명 태조 홍무제 주원장과, 명의 마지막 황제 의종 숭정제를 함께 모시는 제단으로 발전했다.

숙종 이후 왕위에 오른 조선의 모든 국왕은 매년 적어도 네 차례 세자와 문무백관을 거느리고 대보단에 나가 이미 망해 없어진 명나라 세 황제의 기일에 맞춰 거국적으로 제사를 올렸다. 명나라의 세 황제는 자기 나라가 망한 후에도 250여 년, 조선 국왕과 대신으로부터 융숭한 제사를 대접받았다.

대보단 제례를 통해 조선 국왕은 문무백관이 지켜보는 가운데 명나라 황제들을 상대로 군신 의리의 영원성과 절대성을 확실하게 보여주었다. 그 결과 신하에게도 국왕을 향해 동일한 의리를 실천하라는 강력한 압력을 넣는 데 성공했다(계승범, 『정지된 시간』, 2011, 254-255쪽).

정조가 개혁·계몽 군주?

대보단의 강화에 심혈을 기울인 국왕은 '계몽 군주'로 흔히 알려진 정조였다.

정조의 치세는 명나라가 멸망한 지 130년이 지난 시기다. 게다가 쇠락의 기미조차 보이지 않는 청의 질서가 너무 튼튼하여 국내에서는 청이 이미 중화 문명을 이루었다는 새로운 인식이 제기되는 상황이었다. 정조 재임 시기에 청나라로부터 문물을 배워야 한다는 북학론도 대두했다. 또 서학으로 불린 천주교가 퍼져 조선을 지탱해오던 조상 제례가 위협받던 시기다.

이런 시대적 분위기에도 불구하고 정조는 조선의 주자 성리학적 정통이 문명의 정점이라는 사실을 추호도 의심하지 않았다. 그는 송시열을 '송자宋子' '송부자宋夫子'로 호칭하면서 성인으로 추앙했고, 죽어 유령이 된 명나라 세 황제의 기일에 빠짐없이 문무백관을 거느리고 대보단에 가서 친히 제사를 올렸다.

정조는 대보단 의식을 강화함으로써, 현실적으로는 청의 질서 아래 살고 있지만 정신적으로는 명의 질서 하에서 살고자 했다. 정조는 주자학적 유교 질서를 타파하려 한 개혁 군주가 아니라, 주자학적 유교 질서의 강화를 추진한 시대착오적인 군주였다.

정조가 재위 기간 내내 심혈을 기울인 각종 편찬 사업의 목적과 성격도 주자 성리학적 전통과 가치의 복원과 실현이었다. 그의 최대 관심은 미래 비전이 아니라 옛 질서의 회복과 고수였다. 그는 청나라가 주도하는 국제 질서를 바람직한 것으로 보지 않았다. 비록 관념 세계에서나 가능했을지 몰라도 정조는 오매불망 명나라가 주도했던 중화 질서로의 회귀를 꿈꾸었다(계승범, 『정지된 시간』, 2011, 170쪽).

정조는 일부 학자들의 주장처럼 계몽 군주나 개혁 군주가 아니었다. 밀려오는 신사조에 자신과 왕조를 적응시키기 위해 노력하기보다는, 신사조를 사회악으로 규정하고 억제하는 방향으로 나간 앙시앵 레짐(ancien régime)의 군주였다. 이런 정조를 계몽 군주로 추켜세우면서 18세기를 '조선의 르네상스'라고 미화 찬양하는 이유는 무엇일까?

쇄국 논리 제공한 조선 중화주의

명·청이 교체되면서 중국에서는 주자학에 대한 처절한 반성과 비판 끝에 고증학이 새롭게 대두했다. 중국은 도시 경제와 장거리 상업의 발전, '자본주의의 맹아'라 불리는 부농 경영이나 공장제 수공업 전개, 출판업 융성에 따른 정보량의 급격한 확산 현상이 폭발했다.

일본도 주자학의 사변적이고 형이상학적인 세계에서 탈피하여 실천 윤리를 강조하는 양명학·고증학으로 눈을 돌렸다. 일본인들은 주자의 학설을 정리한 퇴계 이황은 존중하지만, 주자학은 조선 고유의 것도 아니고 조선을 통해서만 배울 수 있는 학문도 아니라고 보았다. 게다가 일본에서는 이미 17세기 초부터 네덜란드를 통해 유입된 서양 학문 란가쿠가 크게 성행했다. 일본은 데지마를 거점으로 네덜란드 동인도 회사를 통해 유럽에 칠기와 도자기를 보내고 17세기 이후에는 은을 수출하여 국부를 창출하고 근대화를 위한 준비를 착실하게 진행했다.

이처럼 결정적인 역사의 전환기에 조선의 양반 지도층은 변화를 거부하고 소중화의 인식 체계로 빠져들었다. 조선은 주자학에 편집증적으로 집착했다. 주자학만이 정통이고 나머지는 모두 이단이라며 사문난적으로 몰아 도륙을 냈다.

청에 파견된 조선 사신은 자신들이 오랑캐라고 멸시했던 사람들과 마주 앉아야 했다. 이들은 공식적인 접촉을 제외하고는 오랑캐 관리들과 대화를 기피했다. 중국어 배우는 일은 개인적 차원에선 수치스러운 일로 여겼다.

청나라 시절 중국 관료 사회의 공식 언어는 만주어였다. 황제에게 보고되는 문서는 모두 만주어로 번역되었다. 조선에는 오랑캐 언어인 만주어를 구사하는 사람이 거의 없었다. 굳이 오랑캐의 언어를 배우기 위해 노력도 하지 않았다. 이에 따라 청나라의 정치·경제·사회·국제 관계에 대한 고급 정보 수집은 불가능한 상황이 되었다.

현실 역사에서 오래전에 망해 없어진 나라를 떠받들고, 세계 제국으로 떠오른 청을 거부한 행위는 당대의 선진 문명 유입을 배척하는 결과를 야기했다. 조선 지도층은 300여 년 문을 닫아걸고 해외와 교류 통상을 엄금했다. 소중화의 세계관을 고수하기 위해 스스로 고립을 자초한 것이다.

"패망한 명나라를 숭상하고, 유령이 된 황제들을 떠받드는 제사를 지내서 뭘 어쩌겠다는 것인가?"

이런 질문은 주자학 원리주의에 사로잡혀 있던 양반 선비 집단에게 '도끼 맞을 소리'나 다름없는 망언이었다.

조선은 1876년 일본과 강화도 조약을 체결하여 개항했다. 연이어 서양 국가들과도 수교하여 만국공법에 기초한 새로운 국제 질서에 편입되었다. 중국과의 전통적인 책봉-조공 시스템에서 벗어난 후에도 국왕의 대보단 제례는 예정된 날짜에 어김없이 거행되었다. 대보단 제례가 공식으로 폐지된 것은 1894년 6월이다. 일본군이 서울을 무단 점령한 상태에서 추진된 갑오개혁에 의해 폐지되기까지, 대보단 제사는 무려 190년 동안 조선 왕조 정치 이데올로기의 중심 역할을 했다.

국가를 유지하는 권위의 원천은 무력과 이념(사상·학문·제도)에서 나온다. 하지만 조선은 이 점에서 예외 중의 예외에 속하는 나라였다. 중화 제국 황제의 책봉을 받는 조선은 모든 권위의 원천이 한족 황제로부터 나왔다. 명나라가 멸망한 지 250년이 지난 후에도 조선의 국왕과 정치 엘리트는 명나라라는 중화 세계와 절연하지 못했다. 근대화의 회오리가 몰아치는 현실 세계에서 유령의 옷자락을 부여잡고 "우리는 오랑캐 청나라에게 더럽혀진 국제 현실에 굴하지 않고 문화적 정체성을 간직한 채 꿋꿋이 살아가고 있노라"고 자위한 것이다.

이것이 명·청 교체기에 삼전도 항복의 아수라장 같은 상황을 겪으면서도 왕조가 교체되지 않고 통치 질서를 유지해 온 비결이다. 대보단처럼 외국 황제를 국내 정치적 이유로, 국가 차원에서 제례로 규범화한 사례는 인류 문명사에서 좀처럼 찾아보기 힘든 기형·변태적 현상이었다.

300년 정지된 조선의 역사 시계

대보단 제례가 조선 사회에 끼친 해악은 헤아릴 수 없다. 명나라를 흠모하는 주자학의 화이론적 세계관과 문명관을 고수한 250여 년 동안, 조선은 청을 통해 흘러오는 서양 선진 문물을 거부하는 시대착오를 반복했다. 또 청나라가 새롭게 구축한 국제 질서에의 참여도 완강하게 거부했다. 이런 과정에서 형성된 조선의 자아관·국가관·세계관은 조선 말의 친중 위정척사파에 의해 고스란히 답습되었다.

만주족이 중원 대륙을 차지함으로써 조선은 중화사상과 절연하고 새로운 자아의식을 출범시킬 수 있는 절호의 기회를 맞았다. 하지만 조선은 새로운 자아의식은커녕 죽어 유령이 된 명나라 황제들을 불러내 국가 차원에서 제사 지내고 소중화·존명의리라는 최악의 정신세계에 함몰되었다.

한편에선 자신들의 시대착오를 은폐하기 위해 "자국사의 유구성과 독자성을 중시했다"고 주장했다. 사대를 하고 성리학과 중화를 추구하는 한 자국사의 독자성을 중시할 수는 없는 노릇이다. 그럼에도 불구하고 조선 국왕과 정치 엘리트는 열심히 자위하면서 시대착오적인 정신세계를 1910년 나라가 망할 때까지 줄기차게 유지했다.

조선의 '역사 시계'는 1637년 삼전도의 항복부터 명이 멸망한 1644년 사이에 멈추었다. 그 결과 동시대에 쉬지 않고 문명의 시계를 돌려 국부를 쌓고 국력을 축적한 주변국들에 크게 뒤처졌다. 19세기 말에 이르면 조선과 일본의 경제력 격차는 상상할 수 없을 정도로 크게 벌어졌다. 조선이 19세기 말 개항 시기가 일본보다 30여 년 뒤져 일본의 식민지가 됐다고 보는 것은 역사적 사실과는 크게 다른 착각이다(제12장 참고).

한 가지를 더 추가한다. 현재 한국인의 정서를 사로잡고 있는 친중·반일의 파시즘적 전체주의도 삼전도의 항복에서 그 근원을 추적해 볼 수 있다. 세월이 흐르면서 '청'이라는 적대적 타자는 일본으로 대체되었다. 이러한 적대적 타자에 대한 저항과 거부·반감은 마침내 항일 자주의식과 민족 정서·주체사상과 결합되었다. 그 결과 여차하면 반일 감정·반미 감정에 휘말려 촛불 들고 광화문광장으로 뛰쳐나가 집단 광기를 일으키는 정서적 멘탈리티를 구성했다. 만주족 오랑캐에게 항복한 후 그 복수를 위해 말로만 북벌을 외치고, 망해 사라진 명 황제의 유령에 제사를 지내기 시작한 조선 중기 이후부터 파시즘적 전체주의는 이미 예정되어 있던 것 아니었을까?

제5장

모피와 도자기의 세계사

16세기까지 시베리아는 거의 알려지지 않은 미지의 땅이었다. 시베리아는 눈 덮인 침엽수림과 툰드라의 동토가 지평선 너머로 끝없이 이어진 땅이다.

영국 〈이코노미스트(The Economist)〉와 〈데일리 텔레그래프(The Daily Telegraph)〉의 키예프 특파원을 지낸 저널리스트이자 역사학자 안나 레이드는 『샤먼의 코트(The Shaman's Coat)』라는 책에서 시베리아의 추위를 "숨을 내뱉는 순간 수정 구슬처럼 얼어붙은 숨결이 소나기처럼 땅바닥에 떨어져 내린다"고 묘사했다.

수많은 모험가들을 혹한이 몰아치는 시베리아로 달려나가도록 만든 요인은 동물 가죽, 즉 모피였다. 시베리아에는 모피의 원료가 되는 담비·밍크·붉은여우·수달·너구리 등이 광범위하게 서식하고 있었다.

9세기경 베네치아의 유대 상인이 검은담비 모피 코트를 수입하여 가톨릭 주교들이 입고 다녔다. 이때부터 모피 코트와 모자는 부의 상징물이 되었다. '어둠보다 까맣고 백설보다 부드러운' 담비 모피는 절대적 지위의 상징이었다.

신대륙으로부터 은의 유입과 허세 부리는 신흥 상인 계급의 발흥 덕에 16세기 들어 유럽에서는 모피 수요가 급증했다. 1580년대 파리를 중심으로 비버 가죽 모자가 유행했다. 영국 국왕 찰스 1세는 상류 사회 인사들은 반드시 비버 가죽으로 만든 모자를 써야 한다는 포고령을 발표했다. 이에 따라 영국뿐 아니라 유럽 대륙 전체에서 비버 가죽 붐이 일었다.

모피 코트 한 벌을 만들기 위해서는 다람쥐 수백 마리, 여우 수십 마리의 가죽이 필요하다. 모피를 얻기 위해 동물을 남획하는 바람에 서유럽에서 모피 동물의 씨가 마르자 모험가·개척자들은 시베리아로 눈을 돌렸다.

16세기 후반, 러시아 황제 이반 4세(Ivan IV, 이반 대제)는 거대 모피업자인 스트로가노프(Stroganov)에게 우랄산맥 너머에 있는 타타르 지역까지 영역을 확장하여 '부드러운 황금'이라 불리는 모피를 구해오라는 명을 내렸다. 황제의 명을 받은 스트로가노프는 코사크(Cossack)라는 무력 집단의 지도자 예르마크(Yermak Timofeevich)를 고용하여 지배 지역을 확장하기 시작했다.

러시아의 동방 개척

퍼 러시(Fur Rush)

선사시대 이후 우랄산맥에서 태평양 연안에 이르는 광대한 동토를 사람들은 '시베리아(Siberia)'라 불렀다. 이곳에 30여 소수 민족이 부족 단위로 점점이 흩어져 살고 있었다. 몽골과 튀르크족의 혼혈인 타타르

(Tatar)족, 핀족과 에스토니아인과 혈연관계에 있는 한티(Khanty)족, 러시아와 몽골 접경 지대에 사는 부랴트(Buryat)족, 시베리아 극동에 사는 용맹한 추크치족·야쿠트족·에벤크족·라무트족·오스탸크족·보굴족 등이었다.

예르마크는 1581년 코사크 용병으로 구성된 시베리아 원정대를 이끌고 우랄산맥을 넘었다. 그는 동남부의 타타르족 거점인 시비르를 공격하여 1582년 악전고투 끝에 점령했다. 예르마크의 시비르 점령은 러시아가 유럽에서 아시아로 첫걸음을 내딛은 역사적 사건이었다. 유럽에서 변변한 힘을 쓰지 못했던 약소국 러시아는 예르마크의 시베리아 원정을 계기로 강력한 국가로 부상했다.

예르마크는 한쪽에선 시베리아 원주민을 정복하고 다른 편에선 담비·비버·늑대·여우·산토끼 등을 사냥하여 모피를 획득했다. 페루를 정복한 스페인 정복자들이 황금에 이끌려 미지의 세계에 도전했다면, 러시아인을 혹한의 시베리아로 유혹한 것은 모피였다. 그런 의미에서 예르마크는 잉카 제국을 정복한 피사로(Francisco Pizarro Gonzalez)와 비슷한 평가를 받았다. 1581년 우랄산맥 동쪽으로 원정을 개시한 예르마크는 1584년 전사할 때까지 시베리아의 3분의 1을 정복하여 러시아의 전설적 영웅이 되었다.

러시아는 모피 상인이 코사크 용병을 앞세워 서부와 중부 시베리아를 거쳐 극동의 오호츠크해 연안까지 요새를 구축하며 동진을 거듭했다. 무주공산의 땅에 먼저 들어가 모피 동물을 잡는 사람이 임자였다. 당시 서유럽에서 최고품으로 평가받던 시베리아 검은담비 모피 가격은 사냥꾼 한 명이 검은담비 몇 마리만 잡아도 생애를 편안하게 보낼 수 있을 정도였다.

모피 상인들은 눈에 불을 켜고 하루 평균 100킬로미터 속도로 전진하며 영토를 확장해 나갔다. 모피 덕분에 군대 진격 속도보다 더 빠르게 시베리아가 개발되었다. 북미의 서부 개척이 '골드 러시(Gold Rush)'였다면, 러시아의 시베리아 개척은 '모피 러시(Fur Rush)'였다.

러시아의 시베리아 개척은 유럽인 특유의 '파우스트 정신'의 완벽한 구현이었다. 원주민 정복을 위해 러시아인들은 납치·고문·매질·신체 절단 등 잔혹한 행위를 서슴지 않았다. 그 결과 "코사크가 온다"는 말 한마디에 원주민들은 공포에 떨며 도주하여 마을은 폐허로 변했다.

1622년 2만 3,000여 명에 불과하던 시베리아 거주자는 17세기 후반 30만 명으로 10배 이상 늘었다. 러시아인은 가는 곳마다 원주민에게 비버 가죽을 세금으로 바치도록 했다. 이렇게 획득한 모피를 수출하여 부를 축적했다.

17세기 중엽 시베리아에서 획득한 모피를 해외 수출하여 벌어들인 수익은 러시아 국고 수입의 7~30퍼센트, 금액으로는 12만 5,000~60만 루블에 달했다. 1623년 두 마리의 검은여우 모피 가격이 110루블이었다. 토지 55에이커(약 22만 2,500제곱미터)를 살 수 있는 가격이었다(최문형, 『러시아의 남하와 일본의 한국 침략』, 지식산업사, 2008, 45쪽).

러시아, 태평양에 도달

시베리아는 혹한으로 겨울 내내 인간 활동이 불가능했다. 겨울이면 영하 40~50도의 혹한이 몰아치는 시베리아 툰드라에는 어떠한 교통망도 존재하지 않았다. 러시아 중심부에서 태평양까지 육로로 가려면 2년 정도의 시간이 걸렸다.

여름이라고 활동이 용이한 것은 아니다. 언 땅이 녹으면 툰드라는 진창으로 변한다. 한 가지 다행인 것은 시베리아 대평원에서는 크고 작은 강줄기가 바둑판처럼 얽혀 흘렀다. 큰 강들은 남에서 북으로 흘러 북극해로 들어가는데, 그 사이를 작은 강이 동서로 흐르면서 수로가 연결되어 있었다. 이 수로를 이용하여 여름에는 선박으로, 겨울에는 얼어붙은 강 위로 썰매를 타고 이동했다. 북아메리카 대륙을 개척한 유럽인의 이동 수단은 말이었고, 러시아인의 이동수단은 선박과 썰매였다.

러시아는 1582년 우랄산맥을 넘어 시비르를 함락하고 시베리아 개척을 시작한 지 60여 년 만에 시베리아 전 지역을 거의 차지하고 태평양 연안에 도달했다. 이처럼 빠른 진출은 시베리아 일대의 하천망을 효과적으로 이용한 덕분이다. 특히 아무르강이라는 수로가 없었다면 이처럼 급속한 진출은 불가능했을 것이다.

러시아 측 기록에 따르면 조선 상인들이 아무르강과 자바이칼 지방에 위치한 네르친스크까지 종이·부채·담배·금을 가지고 와서 러시아산 모피와 물물 교환을 했다.

러시아인은 동북방으로 진출하여 예니세이강 상류에 도달, 강변에 예니세이스크 기지를 세웠다. 이곳을 거점으로 남쪽으로 진출하여 1632년 레나강 중류에 야쿠츠크 성을 건설했다. 러시아 세력은 동·북·동남 세 방향으로 확장을 해나갔다.

1648년 러시아는 오호츠크해에 도달하여 태평양을 접할 수 있게 되었다. 1652년 야쿠츠크와 러시아 본국과의 중계 거점으로 이르쿠츠크를 개발했다. 이어 예로페이 파블로비치 하바로프가 아무르강 중류에 위치한 알바진을 점령하고 아찬스크 요새를 건설했다. 이곳이 현재의 하바롭스크다.

중국에서는 헤이룽강이라 부르는 아무르강은 시베리아 남동부에서 발원하여 상류의 실카강과 오논강을 포함하면 길이 4,444킬로미터(세계 8위)의 동아시아 최대 하천이다. 러시아에서는 예르마크가 시베리아에 대한 문빗장을 올렸고, 하바로프는 아무르강에 대한 문빗장을 올린 사람이라고 평가할 정도로 중요한 의미를 부여한다.

조선이 이긴 유일한 전쟁

영국은 해상을 통해 중국으로 접근한 반면, 러시아는 시베리아 개척 과정에서 중국과 조우했다. 러시아가 적극적으로 동남진을 계속하자 청나라는 1654년 조선군의 만주 파병을 요청해 왔다. 이 무렵 조선은 표류해온 네덜란드 동인도 회사 직원 벨테브레이와 하멜 일행으로부터 기술을 전수받아 강력한 조총 부대를 운영하고 있었다.

1654년 효종은 조총수 152명을 닝구타寧古塔에 파견했다. 조청朝淸 연합군은 헤이룽강 일대에서 러시아 코사크 부대와 전투를 벌여 승리했다. 이것이 제1차 나선羅禪(러시아) 정벌이다. 1차 파병에서 조선군은 한 명의 사상자도 없이 원정을 마무리했다.

그로부터 4년 후인 1658년, 이번에도 러시아가 거칠게 밀고 내려오자 청은 또다시 조선에 원군 파병을 요청했다. 효종은 신유申瀏를 지휘관으로 하여 조총수 200명과 하급 장교(초관哨官) 65명 등 265명의 조총 부대를 닝구타에 파병했다.

조청 연합군은 7월 10일 쑹화松花강 어귀에서 코사크 부대와 격돌했다. 이 전투에서 코사크 부대는 원정대장 스테파노프(O. S. Stepanov)를 비롯한 270여 명이 전사하는 등 대패했다. 청군과 연합한 조선 조총 부대는 러시아군 선박 11척 중 10척을 화공火攻으로 격침시키는 등 맹활약하여 승리의 주역이 되었다. 이것이 제2차 나선 정벌이다. 헤이룽강

부근에서 활동하던 러시아군은 거의 섬멸되었고, 이후 러시아군은 청·러 국경인 헤이룽강을 넘지 못했다.

두 차례에 걸친 나선 정벌은 1644년 조청 연합군이 산해관을 넘어 이자성 농민군을 격파하고 베이징을 점령한 데 이어 조선군이 또다시 한반도를 벗어나 실력을 행사한 사건이었다. 만주 일대에서 두 차례 전투를 통해 조선은 러시아와 처음 조우하게 되었다. 『조선왕조실록』에는 러시아를 오로소吳老素 혹은 악라사鄂羅斯로 표기했다.

효종 때 조선 조총 부대의 나선 정벌은 몇 가지 의미를 찾을 수 있다.

첫째, 20여 년 전 남한산성에서 치욕을 겪었던 조선은 청군에 연승한 러시아군을 물리쳤다. 이로써 청군과도 싸워 이길 수 있다는 자신감을 갖게 되었다.

둘째, 소규모 병력으로 큰 성과를 거두었다는 점에서 군사적 의의가 큰 사건이다.

셋째, 병자호란 이후 양성한 조선 조총군과 화력 부대의 위력이 러시아군을 압도할 정도로 강력하다는 사실을 보여주었다.

넷째, 러시아군의 남진을 청군이 아닌 조선군이 좌절시켰다.

러시아 동진 막은 네르친스크 조약

러시아가 조선에 대한 관심을 직접 표출한 해는 1678년이다. 이해에 스파파리라는 러시아인이 사절단 대표로 베이징에 체류하면서 가톨릭 선교사로부터 조선에 대한 이야기를 듣고 이를 토대로 조선 지도를 작성했다. 그는 조선의 지리·역사·경제·문화를 기록한 『아시아의 제1장』이란 책을 저술했다. 스파파리의 저서를 통해 조선에 관한 정보가 최초로 러시아에 알려졌다.

1658년 나선 정벌 이후 러시아는 한동안 아무르강 유역에 나타나지 않았다. 1680년대에는 알바진 요새를 둘러싸고 청과 러시아가 공방전을 벌였다. 러시아의 전진은 1689년 네르친스크에서 제동이 걸렸다. 1689년 9월 6일, 청의 대군이 네르친스크를 포위 압박하는 가운데 러시아 대표 골로빈(F. A. Golovin)과 청국 대표 송고투(색액도索額圖)가 아무르강 유역의 동부 국경을 외싱안링外興安嶺(러시아명 스타노보이)산맥으로 확정한 네르친스크 조약을 체결했다.

네르친스크 조약은 역사상 최초로 동서양 전권 대표가 동등한 자격으로 체결한 최초의 국제 조약이다. 유럽 변경 국가인 러시아와 사대질서의 중심인 중국이 유럽 공법의 호혜 평등 원칙과 절차에 따라 합의한 문건이라는 점에서 동서 교류사에서 큰 분수령이 되었다(김용구, 『러시아의 만주·한반도 정책사, 17~19세기』, 푸른역사, 2018, 55쪽).

조약을 위한 협상은 라틴어로 의사소통을 했으며, 조약문은 한어漢語·러시아어·만주어·몽골어·라틴어로 작성했다(강상규, 『19세기 동아시아의 패러다임 변환과 제국 일본』, 2007, 24쪽). 이 과정에서 두 명의 예수회 신부 페레이라(T. Pereira)와 제르비용(J. F. Gerbillon)이 청나라 측 통역관으로 참석했다.

러시아는 조약을 통해 네르친스크 일대에 대한 지배권 확보와 25만 870제곱킬로미터의 영토를 획득했고, 자유 교역의 권리를 얻었다. 내용만 보면 러시아의 외교적 승리로 보인다. 하지만 청조는 러시아의 동진을 아무르강 선에서 봉쇄하고 러시아의 발길을 북으로 되돌리는 데 성공했다.

네르친스크 조약을 통해 러시아는 시베리아에서 태평양으로 나가는 유일한 수송 동맥인 아무르강 이용을 포기해야 했다. 이후 러시아는 애

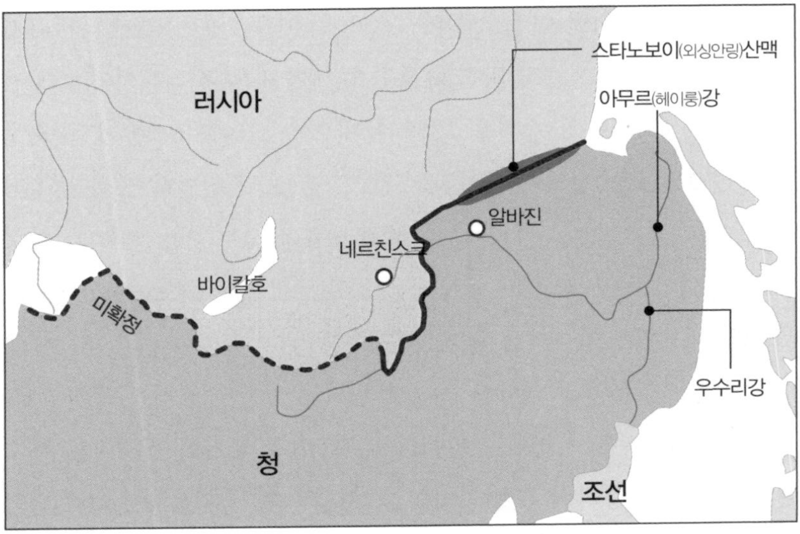

네르친스크 조약으로 확정된 청·러 국경(실선)

로호 사건으로 촉발된 제2차 아편 전쟁 당시 청과 영불 연합군의 종전을 중재했다. 그 대가로 1858년 청러 아이훈愛琿 조약, 1860년에는 청러 베이징 조약을 체결하고, 이 두 조약을 통해 아무르강 항행권을 확보하는 데 성공했다. 네르친스크 조약을 체결한 때로부터 171년 후의 일이다.

청은 네르친스크 조약을 통해 이 지역의 평화를 회복하고 서부 몽골에서 동투르키스탄과 티베트에 걸쳐 포진한 최후의 유목 제국인 중가르를 정복하고 이 새 영토를 신장新疆이라 명명했다. 청이 동투르키스탄에서 중가르인을 전멸시키자 이 땅에 위구르인이 이주해 와 오늘날 신장위구르자치구를 형성했다. 청나라는 러시아가 중가르 세력과 결탁하는 것을 막기 위해 러시아와 네르친스크 조약을 체결한 것이다(김시덕, 『동아시아, 해양과 대륙이 맞서다』, 2016, 165-166쪽).

청 입장에서 볼 때 러시아와의 교역은 별 이득이 없는 행위였다. 그럼에도 네르친스크 조약을 통해 러시아가 중앙아시아의 강력한 종족인 중가르족이 세운 토르구트(Tourgouth)와 연합하여 청을 압박하는 사태를 예방하고자 했다.

캬흐타 조약으로 청·러 상시 교류

러시아는 네르친스크 조약 체결 직후부터 1722년까지 사이에 14회에 걸쳐 대상隊商(caravan)을 청에 파견하고, 베이징에 러시아 정교회 선교사를 파견하여 교회당을 지었다.

청은 러시아 사절을 위해 조선 사신단의 전용 숙소였던 회동관을 제공했다. 이에 따라 조선 사신은 불교 사찰로 숙소를 옮겨야 했다. 러시아 정부가 통상 대표로 베이징에 파견한 로렌드 랑그는 조선의 상업에 대한 정보를 수집하여 본국에 보고했다. 당시 러시아 황제들은 관심이 온통 유럽으로 향해 있어 아시아 문제에 관심을 가질 여력이 없었다. 아시아 쪽으로의 진출 동력은 모피 상인들의 노력 덕분이었다.

1699년 캄차카에 대한 영유권을 선언한 러시아는 청 옹정제 때인 1727년 6월 25일, 청과 캬흐타(Kiakhta) 국경 조약을 체결하여 서쪽 방면 국경선을 확정했다. 이 조약으로 캬흐타에 국제 무역 시장이 개설되

러시아의 대청對淸 수출입 내역

(단위: 은화 루블)

연도	상품 수출	상품 수입	관세
1755	606,084	230,982	193,137
1769	1,074,651	928,984	401,708

출처: 김용구, 『러시아의 만주·한반도 정책사, 17~19세기』, 75쪽

어 청과 러시아 간 무역량이 급격히 늘었다.

캬흐타 조약 체결 후 회동관은 러시아 사절 전용관인 아라사관으로 명칭이 바뀌었다. 이곳에 러시아 정교회 선교단 신부 4명과 유학생 6명이 상주했다. 이때부터 베이징에서 러시아와 조선 사신 사이에도 접촉과 교류가 이루어졌다.

알래스카 차지하고 북아메리카 진출

시베리아에 살던 모피 동물은 인간의 탐욕으로 인해 18세기 초에 거의 자취를 감추었다. 시베리아 일대의 모피 동물이 멸종 상태가 되자 러시아 모피 상인들은 아메리카 대륙으로 눈을 돌렸다(최문형, 『러시아의 남하와 일본의 한국 침략』, 2008, 25쪽).

유럽에서는 오래전부터 아메리카와 아시아 대륙 사이에 황금의 섬 '가마 랜드(Gama Land)'가 존재한다고 믿었다. 러시아의 표트르(Pyotr) 대제는 이 섬으로 가는 뱃길을 찾기 위해 베링(Vitus Jonassen Bering) 대령을 대장으로 하는 탐사대를 파견했다. 덴마크에서 태어나 네덜란드 동인도 회사에서 항해사로 근무하던 베링은 22세 때 러시아 해군에 입대하여 21년간 복무를 마치고 대령으로 예편했다. 표트르 대제는 베링에게 극동 지방 탐사와 신항로 개척 임무를 맡겼다.

1725년 페테르부르크를 출발한 베링은 두 차례에 걸친 캄차카 탐험에서 시베리아 동쪽 끝에서 바다 건너에 미지의 땅이 있음을 확인했다. 1741년에는 알래스카가 바라보이는 카야크섬에 상륙하여 아메리카 대륙을 서쪽에서 발견했다. 알래스카 해안과 알류샨 열도를 최초로 발견한 것이다. 시베리아와 알래스카 사이의 해협은 그의 이름을 따서 베링해협이라 명명되었다.

귀환 도중 폭풍을 만나 베링과 대부분의 탐사대원은 추위와 괴혈병으로 숨졌고, 생존한 대원은 알래스카에서 잡은 해달 모피를 싣고 돌아왔다. 이 항해로 알래스카는 러시아 소유가 되었다. 이때 대원들이 가져온 알래스카 모피가 러시아와 유럽 귀족 사회에서 선풍적인 인기를 끌었다.

러시아 모피 상인은 베링 해협을 건너 알래스카로 진출했다. 이들은 알래스카 해안을 따라 남쪽으로 사냥터를 확대해 나갔다. 이들의 발길이 닿는 곳은 모두 러시아 영토로 편입되었는데, 이들이 개척한 지역은 '러시안 아메리카'라 불렸다.

북아메리카로 진출한 러시아는 태평양 연안을 따라 도시들을 건설했다. 1799년 시트카(Sitka)란 도시에 모피 교역과 러시아의 북미 대륙 진출을 주관하는 러시아·아메리카 회사가 문을 열었다. 이로써 러시아는 유럽~아시아(시베리아)~아메리카 대륙에 이르는 광활한 영토를 보유한, 세계 역사상 유례를 찾아보기 힘든 대제국으로 등장했다(김용구, 『러시아의 만주·한반도 정책사, 17~19세기』, 2018, 21쪽).

상업적 목적을 위해 동물을 사냥하는 '모피 전쟁'은 19세기까지 시베리아에서 가장 중요한 경제 활동이었다. 러시아는 육지의 모피 동물이 사라지자 북태평양 해안에 서식하는 해달과 북방물개 가죽에 눈독을 들였다. 1750년부터 1790년 사이 약 25만 마리의 해달이 포획되어 인간에게 가죽을 제공했다. 그러나 18세기 초 표트르 대제가 본격적인 산업화를 시작하면서 러시아의 모피 무역 규모가 줄어들기 시작했다.

도자기로 일어선 일본

금보다 비싼 '차이나'

도자기陶瓷器(ceramics, chinaware)는 점토를 빚어 원하는 모양을 만든 다음 유약을 발라 높은 온도의 불에서 구워낸 그릇이나 장식물의 총칭이다. 섭씨 1,300도 이하에서 구운 것을 도기陶器(earthenware, pottery), 1,300~1,500도에서 구운 것을 자기瓷器(porcelain)라 한다.

상업적 용도의 도자기 원조는 중국이다. 중국은 푸른 빛깔을 띠는 청자, 하얀색의 백자, 울긋불긋한 채색 자기 등 다양한 도자기를 제작했다. 중국의 도자기 제조 기술이 조선에 전해진 것은 통일신라 시절이다. 해상왕 장보고가 저장성 월주요越州窯의 도공을 초빙하여 청자 제조 비법을 전수받았다. 통일신라의 도공들은 강진과 해남 일대의 가마에서 국산 도자기를 제작하여 일본과 당나라에 수출했다. 이것이 후에 세계 명품으로 발돋움하는 고려 청자의 출발이다.

도자기 제조 기술은 선진 첨단 기술이었다. 도자기는 섭씨 1,300도 이상 고열에서 구워내야 하고, 열기를 잡아두는 가마 기술이 필요했기 때문이다. 중국 청자는 금보다 비쌌다. 조선 시대에 백자 제작이 유행한 것은 조선이 흰색을 사랑하는 백의민족이어서 유독 백자를 집중적으로 구워낸 덕분이 아니다. 사실은 채색 원료인 코발트가 국내에서 생산되지 않아 해외에서 수입해야 했는데 그 값이 금보다 훨씬 비쌌기 때문이다.

임진왜란·정유재란 때 왜군은 조선에서 많은 사람을 포로로 끌고 갔다. 일본 학자들은 그 숫자를 2만~5만 명, 한국 학자들은 6만~10만 명으로 추산한다. 도요토미 히데요시는 조선인 포로 중 일부를 동남아에 노예로 팔아넘겼다.

일본 학자 요네타니 히토시米谷均의 연구에 따르면 일본으로 끌려간 포로 중 조선으로 송환된 자는 6,323명, 한국 학자 이상희는 8,482명으로 밝혔다. 나머지 포로는 일본에 남아 일본인으로 동화되었다. 왜군이 포로로 잡아간 조선 사람들 대부분이 당대 첨단 기술을 보유한 도공이었다. 조선으로 송환된 사람이 1만 명 미만이니, 조선인 포로 수가 6만~10만이었다면 최소 5만~9만 명의 도공이 일본에 남아 도자기 산업에 종사한 것으로 추정된다.

일본을 새 조국으로 택한 조선 도공들

사가번의 번주 나베시마 나오시게鍋島直茂는 임진왜란 때 가토 기요마사의 휘하 장수로 1만 2,000여 병력을 이끌고 현해탄을 건너왔다. 그는 함경도로 진격하여 선조의 아들 임해군과 순화군을 포로로 잡았으나, 함경도 북부의 북관대첩에서 의병장 정문부에게 대패했다.

1597년 정유재란 때 다시 현해탄을 건너온 나베시마는 조선 도공을 대거 포로로 잡아 사가번으로 끌고갔다. 그가 조선 도공을 잡아간 이유는 "일본의 보물을 만들기 위해서"였다. 그러한 '일본의 보물'을 만든 조선 도공 중의 한 명이 이삼평李參平(? ~1656)이다.

계룡산 일대에서 포로로 잡혀 일본으로 건너간 이삼평과 155명의 조선 도공은 가라쓰唐津와 아리타有田에 정착하여 도자기를 구워 팔았다. 이삼평의 도자기 덕분에 사가번은 큰 부자가 되었다. 이것이 아리타야키有田燒의 시작이다. 이삼평은 가네가에金江이라는 일본 이름으로 바꾸고 아리타에 정착해 살았다.

사쓰마의 번주 시마즈 요시히로島津義弘도 철수할 때 포로로 잡아온 조선 도공 심당길과 박평의 등을 통해 사쓰마야키薩摩燒를 일구었다. 박평의의 직계 후손 중에 박수승이란 사람이 있었는데, 그는 1887년 도고東鄕로 성을 바꾸었다. 그의 아들이 박무덕인데, 그는 도쿄제국대학 재학 중 외교관 시험에 합격하여 외교관의 길로 나섰다. 그는 조선인 도공의 핏줄이지만 독일 주재 대사·소련 주재 대사를 거쳐 태평양 전쟁 중에 외무대신을 두 차례 지냈다. 패전 후 A급 전범으로 기소되어 금고 20년형을 선고받고 스가모巢鴨 형무소에서 옥살이를 하던 중 병사했다. 그가 바로 도고 시게노리東鄕茂德다.

경남 사천 출신의 김존해는 일본으로 끌려간 도공 중에서도 특이한 사례에 속한다(신상목, 「일본에서 꽃핀 도자기의 비결」, 〈조선일보〉 2019. 5. 24). 김존해는 규슈 영주 호소카와 다다오키細川忠興에게 스카우트되어 부젠豊前(후쿠오카현)에 자리 잡고 아가노야키上野燒를 일구었다.

김존해는 조선으로 건너와 첨단 도자기 기술을 익힌 다음 정유재란 때 일가친척까지 모두 데리고 다시 일본으로 건너갔다. 다도茶道의 명인이었던 호소카와는 구마모토 지역으로 영지를 옮길 때 김존해를 가신으로 데리고갔다. 호소카와의 직계 후손이 일본 총리를 역임한 호소카와 모리히로細川護熙다.

조선 도공들은 왜 정든 고향을 버리고 물설고 낯선 일본을 새로운 조국으로 선택했을까? 당시 조선은 글 읽는 사람은 크게 우대받고, 상업에 종사하거나 손에 기름때 묻히고 살아가는 기술자와 장인은 천대받는 사농공상士農工商의 신분 사회였다. 조선의 도공은 누려야 할 권리는 없고 허리가 휠 정도의 의무만 짊어진 사회의 최하층 신분이었다.

반면에 장인이나 기술자를 우대하는 일본에서는 특별한 최첨단 기술을 보유한 도공을 극진하게 예우했다. 일본은 국적을 불문하고 실용적 기술로 실리를 창출하는 전문가를 '쇼쿠닌職人'이라 하여 그에 합당한 보상과 영예를 제공했다. 자신의 기술과 예술 세계를 인정해주는 주군을 위해 조선 도공들은 일본을 새로운 조국으로 택했다. 그 결과 조선 도공의 기술과 일본인들의 심미안, 장인을 우대하는 문화가 어우러져 일본은 찬란한 도자기 문화를 꽃피워 전 세계에 명성을 떨쳤다.

일본, 도자기로 세계 제패

1602년 네덜란드 동인도 회사가 출범한 해에 동인도 회사 소속 선박이 아시아에서 돌아오는 포르투갈 상선 산타리나(Santarina)호를 대서양에서 강탈했다. 이 배에서 엄청난 양의 중국산 청화백자가 쏟아져 나왔다. 흰 바탕에 푸른 안료로 문양을 그려 넣은 청화백자는 유럽 상류 사회에서 '블루 앤드 화이트(blue and white)'란 이름으로 유명세를 타기 시작했다. 이것이 유럽 근대 도자사에 결정적인 분수령이 되었다.

1604년에도 네덜란드 동인도 회사는 포르투갈로 가는 카타리나(Catharina)호를 나포하여 무려 16톤의 중국 청화백자를 강탈했다. 단 며칠 만에 도자기는 날개 돋친 듯 팔렸고 유럽 왕실과 귀족 세계에서는 중국 붐이 일었다.

이때부터 서양에서 중국산 청화백자 수요가 폭발했다. 수출량이 늘자 중국 경덕진景德鎭의 3,000개 가마에서 밤낮으로 도자기를 빚어냈다. 네덜란드 동인도 회사가 1602년부터 1682년까지 중국에서 유럽으로 실어 나른 도자기는 1,600만 점에 달했다.

명·청 교체기의 혼란으로 중국 도자기 생산이 침체에 빠졌다. 만주족 정권인 청은 왜구의 침략과 명나라 부흥 세력의 활동을 봉쇄하기 위해 해금령을 내려 외국과의 교역을 금지시켰다. 중국에서 도자기 구입이 어렵게 되자 동아시아 독점 무역권을 보유하고 있던 네덜란드 동인도 회사는 1659년 일본에 중국 청화백자를 모방한 복제품 5만 6,700개를 주문했다. 일본에다가 짝퉁 중국 도자기를 만들어 달라고 요청한 것이다. 이때부터 사가번의 아리타가 국제적으로 각광받기 시작했다.

아리타야키를 재건하여 수출 상품으로 격상시킨 인물은 조선에서 도공을 납치해온 나베시마 나오시게의 아들 나오마사鍋島直正였다. 나베시마는 나가사키 데지마를 거점으로 활동하던 네덜란드 동인도 회사를 통해 도자기를 유럽으로 수출하는 창구를 열었다. 일본은 중국 도자기를 모방한 청화백자로 재미를 보기 시작했다. 이 과정에서 일본에 정착한 조선 도공의 활약이 빛났다. 네덜란드 상인은 일본에서 조선 도공들이 빚어낸 짝퉁 청화백자를 '크라크 포르셀레인(Kraak porselein)'이라고 불렀다.

명이 패망한 1644년, 일본 도자기 역사에 큰 획을 긋는 사건이 발생했다. 히가시지마토쿠에몬東島徳右衛門이라는 아리타 상인이 나가사키에서 중국 상인에게 거금을 주고 '아카에赤繪'라는 붉은 염료 제조 기술을 얻은 것이다. 일본으로 끌려간 조선 도공 이삼평은 아카에 염료를 이용하여 울긋불긋한 색을 내는 화려한 문양의 도자기를 빚어냈다. 지금까지와는 전혀 새로운 채색 도자기 세계를 개막한 것이다.

이삼평이 주역이 되어 생산한 아리타야키는 1651년부터 네덜란드 동인도 회사를 통해 유럽으로 수출되기 시작했다. 1653년 2,200개, 1664년에는 4만 5,000개, 1665년에는 6만 8,682개 등 1682년까지 23년간 유럽에 수출한 도자기는 61만 점이 넘었다(조용준, 『메이지유신이 조선에 묻다』, 2019, 225쪽). 아리타야키와 사쓰마야키는 중국 청화백자 기술과 조선의 가마 기술, 일본의 심미안이 결합되어 히트를 쳤고, 세계적인 명성을 얻었다. 일본은 17세기 말부터 채색 도자기로 종주국인 중국을 제치고 세계 도자기 주도권을 쥐는 데 성공했다.

1867년 파리 만국 박람회가 열렸을 때 사가번과 사쓰마번은 도자기를 출품하여 사가번의 아리타야키가 박람회 대상을 수상했다. 일본 도자기는 유럽에서 대대적으로 히트했고, 덕분에 서양에서 일본 붐이 뜨겁게 일었다. 사가번은 독일 과학자 고트프리트 바그너를 도자기 기술 고문으로 초빙하여 서양인 취향에 맞는 도자기를 연구 개발했다. 덕분에 1873년 빈에서 열린 만국 박람회에서도 아리타야키가 대상을 수상했다.

북학파 이희경李喜經(1745~ ?)은 조선 말기의 실학자로 박지원의 제자였고, 박제가와는 절친 관계였다. 그는 다섯 차례(1782·1786·1790·1794·1799) 사신으로 중국을 다녀왔다. 그는 청조의 선진 문화에 충격을 받고 『설수외사雪岫外史』를 썼다.

이희경은 중국의 발달된 농법과 농기구에서부터 수레·수차·가마·벽돌·도자기 만드는 기술·채소 심는 법·뽕나무 재배법 등을 소개하면서 청의 선진 문명을 받아들여 낙후된 조선을 개혁하자고 주장했다. 또 일본이 중국 강남에서 뇌물로 도자기 장인을 포섭하여 도자기 기술을 배운 사실, 이 방법이 실패하자 더 많은 돈을 들여 중국 도자기 장인을 일본으로 초청하여 기술을 전수받은 사실, 중국의 도자기 비법을 통째로 들여다 세계를 제패한 사실 등을 자세히 소개했다.

그러나 '소중화의 나라' 조선은 중국과 일본의 기술은 '오랑캐의 것'이라면서 경멸하고 거부하며 백자의 세계에 머물러 있었다. 그러는 사이 일본은 조선을 뛰어넘고 중국마저 추월하여 도자기 대권을 차지하는 데 성공했다.

1820년 세계 각국 경제 순위

순위	국가명	GDP(달러)	1인당 실질소득(달러)
1	중국	2,286억	600
2	인도	1,114억	533
3	러시아	376억	
4	영국	362억	
5	프랑스	354억	
6	독일	269억	
7	일본	207억	669
8	이탈리아	225억	
9	미국	125억	1,257
10	스페인	122억	
11	멕시코	50억	
1인당		서유럽 평균 1,202달러, 통계국 평균 667달러	

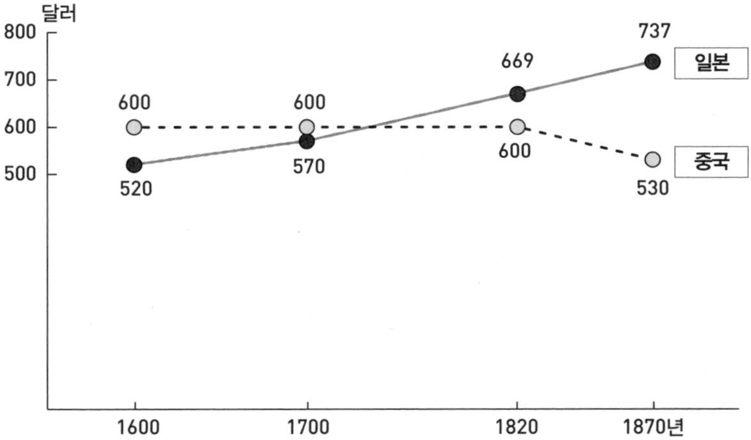

중국과 일본의 1인당 실질소득 추이 비교

1820년 일본 국력 세계 7위

1820년 세계 각국의 경제 순위를 보면 중국이 1위, 일본이 7위의 국력을 보이고 있다. 일본은 이미 1500년대 중반부터 개방을 통해 해외와 활발한 무역을 전개했다. 그 결과 1820년 무렵 세계 7위의 국부를 쌓아 놓고 있었다는 사실을 우리는 알지 못한다. 아니, 알려고 하지도 않는다.

1인당 소득에서도 1820년에 의미심장한 변화가 일어났다. 1인당 소득에서 일본이 중국을 추월한 것이다. 매디슨(Angus Maddison)의 추계에 따르면 1인당 실질소득은 1600년에 중국 600달러, 일본 520달러, 1700년에 중국 600달러, 일본 570달러였다. 하지만 1820년부터 역전되어 일본 669달러, 중국 600달러, 1870년에는 일본 737달러, 중국 530달러로 간격이 벌어지기 시작했다. 중국은 18세기 중엽부터 19세기 중엽까지 한 세기 동안 1인당 소득이 10퍼센트 감소한 반면, 일본은 40퍼센트 정도 증가했다(나카무라 사토루, 「동북아시아 경제의 근세와 근대, 1600~1900 그 공통점과 차이점」, 나카무라 사토루·박섭 편저, 『근대 동아시아 경제의 역사적 구조』, 일조각, 2007, 32-33쪽).

지식 혁명 막은 조선

조선에서 지식 혁명이 일어나지 않은 이유

17~18세기 동·서양 무역이 폭발하면서 유럽과 일본의 국부가 급팽창했고, 이것이 민족 국가 수립과 근대화·산업혁명의 자금원이 되었다.

일본이 서양과의 교역을 통해 막대한 부를 축적할 때 조선은 소중화의 세계에 푹 빠져 육로를 통한 중국과의 조공 무역에 안주했다. 19세기 중반 제국주의 물결이 동아시아로 몰려올 때 일본은 빠르게 적응한 반면, 조선이 뒤처진 이유는 300여 년 축적된 물적·경제적·정신적 기반의 차이가 주된 원인이다.

서양 문물이 조선에 본격적으로 전파되기 시작한 것은 1603년(선조 36) 무렵부터다. 이해에 이광정이 사신으로 중국을 다녀오면서 예수회 선교사 마테오 리치가 제작한 〈곤여만국전도〉를 수입해 왔다. 중국에서 이 지도를 제작한 지 1년 후의 일이다. 이 지도는 세계를 아시아·유럽·아프리카·아메리카·마젤라니카(미지의 남방 대륙) 5개로 나누었으며, 각지의 민족과 산물에 대해 지리지 방식으로 서술했다.

이 세계지도를 통해 조선의 성리학자들이 그동안 세계의 중심으로 떠받들었던 중국이 사실은 중심이 아니라는 사실이 드러났고, 하늘은 둥글고 땅은 반듯하다는 천문지리관이 붕괴되었다. '지구地球'라는 단어는 이런 과정을 통해 정착했다.

1609년에는 유몽인, 1611년에는 이수광이 사신으로 베이징에 다녀와 서양 각국 사정과 천주교·천문학을 국내에 소개했다. 노대환의 "정조와 서학"(2017 장서각아카데미 왕실문화강좌)에 따르면 서양의 천문·역학에 대한 관심이 높아지면서 관련 서적이 사신단을 통해 조선에 수입되기 시작했다. 조정도 필요한 서학 서적을 중국에서 수입했다. 17~18세기 조선에 유입된 서학 서적은 인문·자연과학 분야 서적이 120여 종, 천주교 관련 서적이 60여 종 등 180여 종에 이른다.

1769년 서명응은 청나라 수학자 매각성梅瑴成 등이 서양 수학을 해석하여 편찬한 『수리정온數理精蘊』을 비롯한 500여 권의 천문·역학 서적을 중국에서 구입해 왔다. 『수리정온』은 동양 수학사에서 가장 방대한 수학서로서 증명을 포함하는 평면기하·입체기하·삼각법·대수 등을 도입했다.

하지만 일반인이 중국에서 수입된 서적을 구해 보는 것은 불가능했다. 책값이 워낙 비싸 구입할 엄두를 못 냈기 때문이다. 강희제가 학자를 동원하여 출간한 음률·수학·천문 서적인 『율력연원律曆淵源』은 국내에 수입되어 70~80냥에 판매되었다. 여러 구입 희망자가 나타나 거간꾼이 개입될 경우 가격이 130냥까지 뛴 사례도 있었다.

1냥은 현재 화폐 가치로 5만 원 정도이니 『율력연원』 한 권이 350만~400만 원이었다는 뜻이다. 과연 한 권에 400만 원짜리 서학 관련 서적을 구입해 볼 수 있는 학자가 국내에 몇 명이나 되었겠는가? 결국 이러한 서적은 극히 일부 관리에게만 공유되었을 뿐, 일반에 보급되어 지식 혁명을 일으키지 못했다.

천주교 전래도 200년 늦어

조선은 주자학 이념을 기초로 삼아 국가 체제를 구축했다. 15세기까지는 주자학의 정치적 측면이 중시되었을 뿐 철학적·수양적 측면이 부각되지는 않았다. 16세기 이황(퇴계)·이이(율곡)가 등장하여 주리主理 학파와 주기主氣 학파를 형성하면서 주자학 황금기를 구가했다. 국왕에 대한 성인聖人 교육이 실시되고, 신하된 자의 인간 수양이 강조되었다.

이때부터 주자학은 인간이란 무엇인가, 인간은 어떻게 해야 인간다운 구실을 할 수 있는가를 고민하면서 점차 사변화·철학화·공론화의 길로 치달았다. 급기야 조선은 교조화된 원리주의 주자학이 극성을 부리는 세상으로 돌변했다.

주자학의 종주국인 중국에서는 명 말에 양명학이 등장하면서 주자학이 쇠퇴했다. 일본에서도 현실에 맞지 않는 주자학에서 벗어나기 시작했다. 조선이 소중화의 세계로 침잠한 300여 년 동안 일본과 중국은 세계와 호흡하며 주자학을 버리고 국제 무역을 통해 부를 축적했다.

임진왜란 당시 고니시 유키나가 부대를 따라 조선에 왔던 세스페데스 신부의 활동에도 불구하고 천주교는 조선에 뿌리내리지 못했다. 조선 최초의 천주교도가 탄생한 것은 임진왜란이 끝난 지 200여 년 지난 1783년이다.

이동욱이 연행사 서장관으로 연경에 갈 때 그의 아들 이승훈이 동행했다. 이승훈은 연경에 체류하는 동안 그라몽(Joseph de Grammont) 신부에게 조선인 최초로 영세를 받고 베드로라는 영세명을 받았다. 천주교 신자가 된 이승훈은 귀국길에 수십 종의 천주교 서적과 십자가에 매달린 예수의 모습을 담은 십자고상十字苦像, 묵주, 성스러운 문구를 담은 카드(holy card) 등을 들여왔다.

이승훈은 손아래 동서인 이벽에게 세례를 주었고, 이벽은 친분이 있던 정약종·약용 형제, 권철신 등 양반 학자와 중인들에게 천주교 교리를 전파했다. 사제가 아니면 세례를 줄 수 없다는 사실도 모르고 조선의 초기 천주교도들은 서로에게 세례를 주고, 주기적으로 신자들끼리 모여 천주교 서적을 읽고 토론하며 교리를 익혔다.

역관 김범우는 이벽을 통해 서양 종교를 접했고, 이승훈에게 세례를 받아 도마(토마스)라는 세례명을 얻었다. 양반 이벽의 집에는 하층민이 드나드는 것이 쉽지 않자 적당한 모임 장소가 필요했다. 당시 중인은 청계천 수표교 일대에 모여 살았는데, 김범우의 집은 수표교에서 가까운 명례방(현재의 명동)에 위치한 장례원 앞이었다. 김범우의 집에는 동료 역관을 통해 수입한 천주교 서적이 많이 있어 신자들이 자주 모여 미사를 드리거나 설교를 듣기가 편했다. 1784년부터 김범우의 집을 중심으로 천주교 공동체가 탄생했다. 주로 이승훈이 설교를 담당했다.

조선에 천주교 선교사가 처음 파송된 것은 그로부터 10년 후인 1794년이다. 조선에 처음 나타난 신부는 서양 신부가 아니라 생김새가 조선 사람과 비슷한 중국인 주문모周文謨 신부였다.

선교사의 파송에 앞서 천주교가 뜨겁게 번져 신자가 먼저 생긴 사례는 희귀한 사례다. 그래도 조선에 천주교가 전래된 시기는 중국이나 일본보다 200여 년 뒤늦었다.

신주 불태운 양반 신자들

정조 시절인 1785년 김범우 집에서 이승훈과 정약용 3형제(정약전·약종·약용), 권일신 부자 등 양반 신자와 중인 신자 수십 명이 천주교 교리를 공부하다 적발되었다. 서학 천주교에 비교적 관대했던 조정은 천주교 서적과 예수 형상을 압수하고, 양반은 훈방 조치하고 김범우·최인길 두 역관만 체포했다.

김범우는 배교 요구를 거부하다가 단양으로 유배되었다. 그의 집에서 압수된 천주교 서적은 모두 소각되었다. 김범우는 단양 유배지에서 큰 소리로 기도하고 전도하던 중 고문당한 상처가 악화되어 1786년 사망했다. 1886년 조선과 프랑스 간 수호 통상 조약이 체결된 후 프랑스 선교사들은 조선 최초의 순교자인 김범우의 집터 일대를 사들여 거대한 성당을 지었으니, 그것이 명동성당이다.

주자학을 국시로 삼은 조선은 조상에 대한 제사를 목숨처럼 중시했다. 이러한 제사를 거부하는 천주교는 이단 중의 이단으로 핍박을 받았다. 조선에서 천주교가 탄압당한 최초의 사건이 1791년 발생한 '진산 사건'이다.

호남 진산에 사는 양반 윤지충이 어머니 장례식 때 신주를 불태우다 체포되었다. 정조는 배교를 설득했으나 윤지충이 거부하자 사형에 처했다. 신주 소각 사건은 조선 사회에 큰 충격을 주었다. 특히 양반이 천주교 신자가 되어 신주를 불태우는 등 제사를 거부하고 죽음을 택한 것은 성리학 질서에 대한 근본적인 도전으로 해석되었다.

정조는 즉위 초부터 서양 학문에 큰 관심을 가지고 있었다. 하지만 그는 주자학적 유교 질서의 회복과 강화를 줄기차게 추구한 군주로서 중화 질서와 사대주의에서 한 치도 벗어나지 못했다. 실학과 연결하여 개화·개혁의 뿌리인 것처럼 평가되는 북학파도 정신적 뿌리는 중화사상이었다.

일정 정도 서학을 수용하려 했던 정조는 진산 사건으로 들고일어난 성리학 원리주의자들의 반대에 부딪쳤다. 정조는 천주교가 정치적으로 이용되지 못하도록 단속을 강화했고, 서학 서적 소지자들의 자수를 권유했다.

성리학 원리주의자들이 "홍문관에 소장되어 있는 서학 서적을 소각해야 한다"는 상소를 올리자 정조는 "홍문관 내의 서학 서적은 멀리 큰 거리에까지 내갈 것 없이 홍문관 안에서 즉시 태워버리라"는 어명을 내렸다. 이때 중국에서 수입해 온 베살리우스(Andreas Vesalius)의 해부학을 소개한 테렌츠(Johann Terrenz Schreck)의 해부학 서적 『태서인신개설泰西人身概說』을 비롯한 귀한 서학 서적 상당수가 불타 재로 사라졌다. 조선 국왕과 지도층은 성리학의 고향인 중국보다 엄격한 성리학 원리주의로 사상 무장을 단단히 했다.

나베시마는 제철과 무기 제작에 필요한 금속 장인들을 모으기 위해 사가번에서는 신분제를 완전 철폐했다. 출신 성분에 관계없이 파격적으로 인재를 등용하자 일본 전역에서 고급 기술자가 몰려들었다. 나베시마는 이들을 받아들여 교육 기관에서 신학문을 배우고 익히게 한 다음 산업 분야에 투입했다.

무기의 대량 생산을 위해서는 근대식 고로(용광로)가 필요했다. 1852년 나베시마는 반사로反射爐라는 근대식 용광로를 자체 개발하여 고품질 강철을 생산했다. 반사로 개발을 위해 도자기 굽는 가마의 내열 기술과 근대식 고로 기술이 총동원되었다. 반사로에서 생산된 강철로 25파운드, 30파운드의 근대식 철제 대형포 60문을 제작하여 자신들이 방어를 맡고 있는 나가사키 수비대에 배치했다.

1853년 구로후네黑船 페리 함대의 등장으로 일본 사회가 발칵 뒤집혔을 때, 나베시마는 즉각 네덜란드에 증기선 군함을 주문했다. 이 배가 네덜란드에서 건조되는 동안, 나베시마는 정련방에서 서양 기술을 도입하여 증기 엔진을 만들고, 그 엔진을 장착한 일본 최초의 증기선 류후마루凌風丸를 제작했다. 당시 사가번의 군사력은 세계 최강인 프로이센에 필적할 정도였다고 시바 료타로는 평한다.

나베시마는 철광의 원활한 공급을 위해 자신의 여동생 고기光姬를 일본 유수의 철광 생산지인 마쓰에松江번의 마쓰다이라松平 가문에 시집보냈다.

나베시마는 한국과도 인연을 맺게 된다. 고종의 일곱째 아들 영친왕 이은은 1907년 황태자로 책봉되었고, 일본 유학을 떠나게 된다. 이때 영친왕은 민영돈의 딸 민갑완과 혼인을 약속한 관계였다. 영친왕은 일본 유학 과정에서 '일한융화'라는 명분으로 일본 황족 나시모토노미야

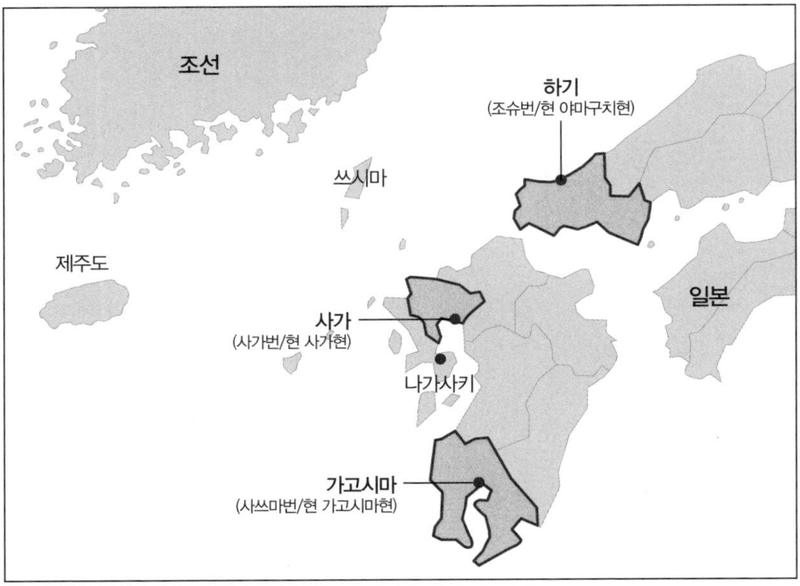

조슈·사가·사쓰마번

마사코梨本宮方子, 즉 이방자와 결혼을 하게 된다. 이방자 여사의 어머니가 마지막 사가 번주 나베시마 나오마사의 딸 나베시마 이즈코鍋島伊都子다. 이방자 여사의 아버지는 메이지 천황의 조카로서 태평양 전쟁이 끝난 후 전범으로 기소되어 수감되었던 나시모토노미야 모리마사梨本宮守正다.

사가번이야말로 일본 근대화의 선두 주자였다. 도쿠가와 막부를 무너뜨리고 왕정 복고를 통해 메이지유신을 성공시킨 가장 강력한 배경이 사가번의 최신 무기와 함선이었다. 규슈의 일개 번에 불과했던 사가번의 막강한 총과 대포, 군함의 구입 자금은 아리타 도자기에서 나왔다. 그 도자기 산업을 일으킨 원조는 임진왜란 때 포로로 끌려간 조선 도공이었다. 이쯤 되면 일본인들을 비난하고 욕하고 질타하기 전에 우리가 반성할 점은 없는지?

또 한 명의 개혁가 시마즈 나리아키라

나베시마가 반사로를 제작하여 강철 생산을 시작했을 때, 이웃한 사쓰마번의 번주 시마즈 나리아키라島津齊彬는 정신이 번쩍 들었다. 그 역시 '난벽의 영주'라 불리던 개명한 지도자였다. 시마즈는 "사가번도 했으니 우리도 할 수 있지 않겠는가"라면서, 제철 기술을 연구할 것을 지시했다.

시마즈는 사가번의 화술방·정련방을 벤치마킹하여 자기 사저의 뜰에 슈세이칸集成館이란 근대식 산업 기지를 설치했다. 슈세이칸은 아편 전쟁, 구로후네의 등장 등 충격적인 사건이 벌어지자 다음 표적은 일본이 될 것이라는 위기감에서 추진한 근대 산업 단지 겸 연구개발 사업이다.

시마즈는 "외국 세력이 틀림없이 일본에 쳐들어올 것"이라고 외치면서, 도자기를 유럽에 수출하여 벌어들인 자금을 아낌없이 슈세이칸에 쏟아부어 대포를 주조하고 탄약을 만드는 공장, 조선소와 유리 공장·방적 공장 등 근대적 공업 단지를 건설했다. 이곳에 근무하는 종업원이 1,200명이나 되었다(이도형, 『망국과 흥국』, 2012, 55-56쪽).

슈세이칸에 필요한 기계와 부품의 수입은 나가사키에 진출한 스코틀랜드 상인 토머스 글로버(Thomas Blake Glover)와 홈 링거(Holme Ringer) 등이 개설한 회사가 유럽에서 구매하여 공급했다. 글로버는 사쓰마와 사가번의 근대화 과정뿐만 아니라 뒷날 사쓰마·조슈번이 손잡고 막부에 대항하는 전쟁을 일으킬 때도 배후 세력으로 등장한다.

글로버 상회가 일본에서 이러한 일들을 진행할 수 있었던 이유는 이 회사가 영국 자본이 중국 광저우에 설립한 자딘 매시선(Jardine Matheson,

중국명 이화양행)의 자회사였기 때문이다. 자딘 매시선은 영국 의회를 움직여 아편 전쟁을 일으켰고, 아편을 팔아 번 돈을 영국으로 송금하기 위해 홍콩상하이은행(HSBC)을 설립했다.

자딘 매시선은 유대계 금융 재벌인 로스차일드(Rothschild) 계열의 영국 회사로, 일본에 진출한 최초의 외국계 회사다. 이 회사는 메이지유신에 깊이 개입하여 '메이지유신의 흑막'이라 불리기도 한다. 글로버는 "도쿠가와 막부에 대한 반역자 가운데 가장 반역적인 사람은 바로 나 자신"이라고 말할 정도였다(조용준, 『메이지유신이 조선에 묻다』, 2019, 317쪽).

자딘 매시선 상회에 근무하다 나가사키로 와서 상회를 연 글로버는 나베시마 가문과 합작으로 일본 최초의 탄광인 다카시마 탄광을 운영했고, 조폐소 기계 도입, 미쓰비시 재벌의 고문, 기린맥주 창업자로 활약했다. 사가번과 사쓰마번은 글로버와 손잡고 근대화에 필요한 기계·기술·무기·군함을 사들였다.

근대화를 위해서는 무엇보다 인재가 급선무였다. 시마즈는 사가번의 나베시마 나오마사와 마찬가지로 사쓰마의 발전을 위해 도움이 되는 인물이라면 신분 따위는 무시하고 파격적으로 발탁했다. 하급 무사 계급의 사이고 다카모리西鄕隆盛·오쿠보 도시미치大久保利通 같은 인재를 발굴한 것은 전적으로 시마즈의 용인술 덕분이다.

일본 막부가 미국과 수호 조약을 체결하고 문호를 개방한 1854년, 시마즈 나리아키라는 미국에 표류했다가 귀국한 나카하마 만지로를 초청하여 근대식 대포 16문이 탑재된 370톤짜리 서양 군함 쇼헤이마루昇平丸를 건조하여 막부에 헌납했다. 이때 시마즈는 일장기를 일본 배에 걸어야 한다고 막부에 제안했다. 막부가 이 제안을 수용하여 이후 일장기가 일본의 국기가 되었다.

1868년 메이지 시대가 개막될 무렵 나베시마 나오마사·시마즈 나리아키라 같은 개명한 리더들의 헌신적인 노력 덕분에 일본의 군사력은 서구 열강 세력의 중상위권에 속할 정도로 발전해 있었다.

조선 도공이 가져다준 선물

나베시마와 시마즈는 서양으로부터 수많은 기계와 기술을 수입하기 위해 막대한 자금을 투입했다. 사가번과 사쓰마번의 수입원은 도자기 수출이었다. 당시 사가번은 연간 5만 6,700개의 아리타야키 도자기를 서양으로 수출했다. 네덜란드 동인도 회사가 나가사키에서 아리타야키를 구입한 양은 1650년부터 1757년까지 123만 3,418개였다(조용준, 『메이지유신이 조선에 묻다』, 2019). 일본이 유럽에 수출한 도자기 대금을 현재 가치로 환산하면 200억 엔(약 2,080억 원)에 달한다. 도자기 수출로 번 돈으로 서양에서 무기와 기계를 수입하여 군사력을 강화하고 근대화를 추진한 것이다.

아리타야키의 고향인 아리타산 정상에는 도조陶祖 이삼평의 기념비가 서있다. 비석의 앞면에는 "일본의 보물을 만들다", 뒷면에는 이삼평을 '대은인大恩人'으로 칭송하는 글이 새겨져 있다. 그리고 이 사실을 잊어서는 안 된다는 뜻에서 아리타 역사서에는 "이 대포도 군함도 아리타 자기가 가져다준 것임을 기억하라"고 쓰여 있다.

비슷한 시기, 조선의 도공은 도자기의 서양 수출은 고사하고 양반들의 애완용 도자기를 빚는 수준에서 벗어나지 못했다. 1795년 8월 6일, 경기도 광주의 사옹원 분원에서 국왕 정조에게 "기묘하게 기교를 부려 제작한 것들이 있다"고 보고했다. 정조는 "쓸데없고 긴요하지 않은 것은 일체 만들지 못하도록 엄금하라"는 어명을 내렸다. 이로써 조선의 도자기 산업은 초토화되었다. 그 결과 19세기 들어 조선 자기는 품질이 극도로 저하되어 일본 도공들은 조선 자기를 필리핀 일대에서 만든 그릇으로 착각할 정도였다.

1900년 러시아 정부는 대한제국을 샅샅이 조사 연구한 후 『한국지』라는 방대한 보고서를 내놓았다. 이 보고서에 대한제국의 도자기 산업에 대해 다음과 같이 설명하고 있다.

> 한국인들은 제조업 몇 분야에서 이웃 나라인 일본인들의 스승이었다. 그러나 이후 한국인들 자신은 이 제조 기술을 완성하는 일을 중지했을 뿐 아니라 과거 수준을 유지할 능력조차 갖지 못하게 되었다. (……) 현재의 조잡한 한국 자기 제품을 보면 일본인들이 한국인들에게 그 기술을 전수받았다고는 상상할 수 없다. (최선·김병린 옮김, 『국역 한국지』, 한국정신문화연구원, 1984, 493-500쪽)

만약 아리타야키의 이삼평이나, 사쓰마야키를 만든 심당길(심수관의 14대조) 같은 도공이 임진왜란 때 일본으로 포로가 되어 끌려가지 않았다면 그들의 이름이 역사에 남을 일은 절대로 없었을 것이다. 그것이 조선의 사농공상 신분 계급과 무본억말務本抑末 정책이 가져온 비극이었다.

제6장

영국의 동아시아 야욕

스페인의 무적 함대를 격파한 영국도 네덜란드에 이어 해외 개척에 나섰다. 버지니아(Virginia)를 시초로 북아메리카 동부 해안 여러 곳에 식민지를 건설하고 이 지역을 '뉴잉글랜드'라 불렀다.

영국은 네덜란드가 이미 진출한 동아시아로 눈길을 돌렸다. 1600년에 동인도 회사를 세운 영국은 인도 서해안 구자라트주 남동부의 수라트에 상업 기지인 상관을 설치하고, 무굴 제국 황제와 교섭하여 상업 허가를 받았다. 이어 마두라스와 뭄바이, 1633년에는 콜카타(캘커타)에 기지를 건설하고 인도를 침략해 들어갔다. 영국 동인도 회사는 무굴 제국의 통치력이 미약한 마두라스·뭄바이·벵골 세 지역을 중심으로 상업 활동을 전개했다.

인도 찍고 중국으로

영국, 프랑스 물리치고 인도 독차지

1708년 동인도 회사를 개편하여 인도 무역 독점뿐만 아니라 정치적 지배까지 넘보는 계획을 추진하던 영국은 뒤늦게 인도에 진출한 프랑스와 충돌하게 된다. 프랑스도 1664년 동인도 회사를 설립하여 인도와 동남아시아에 진출하면서 영국과 대립했다. 1757년 영국은 인도 지배권을 놓고 플라시 전투에서 프랑스를 물리치고 주도권을 차지하게 된다.

1816년 영국은 인도 전체에 대한 지배 체제를 확립했고, 1824년 인도차이나반도의 싱가포르와 버마(미얀마) 일부를 점령했다. 이때부터 영국은 지구 표면의 3분의 1을 직접 통치하는 세계 최강의 패권국으로 부상했다.

영국은 인류 역사에 헤아릴 수 없을 만큼 엄청난 영향을 끼친 나라다. 근대 민주주의 정치 제도를 비롯하여 영어·양복·축구와 골프·대학·철도와 지하철·우산·럼주와 위스키·기관총·신문 등, 근대 문물의 대부분은 영국이 만든 것이다(도현신, 『영국이 만든 세계』, 모시는 사람들, 2014, 6-7쪽).

화이 질서의 바깥에서 요란스러운 식민지 쟁탈전을 벌이던 서양 세력이 산업혁명의 결과물인 철제 증기선 군함과 대포로 무장하고 동아시아로 몰려오면서 중국 중심의 책봉-조공 체계로 이루어진 전통적 질서가 요동을 치기 시작했다. 프랑스는 1689년부터 중국에 상선을 보내기 시작했고, 18세기 초에는 오스트리아·벨기에·덴마크·스웨덴 등도 중국과 교역을 시작했다. 미국은 영국으로부터 독립한 후인 1784년부터 중국과 교역을 시작하여 19세기 초에는 중국과의 교역량에서 영국에 이어 2위의 무역 국가에 올랐다.

중국 차茶와 도자기에 넋 잃은 서양

인도가 유럽인이 갈망하는 향신료의 생산지라면, 중국의 대표 상품은 차茶와 도자기였다.

초기에는 중국산 차가 네덜란드 동인도 회사를 통해 유럽으로 수입되었다. 중국에서 수입된 차는 영국의 상류 사회 중심으로 퍼져나갔다. 이후 광저우를 중심으로 한 캔톤 무역 체제가 확립되면서 영국 동인도 회사가 중국과의 차 무역에 뛰어들었다. 이때부터 차 문화가 영국 중산층으로 확산되면서 영국에서 중국 차 소비량이 크게 늘었다.

17세기 말 연간 200파운드(약 90킬로그램)에 불과했던 영국의 중국 차 수입량은 18세기 초에는 40만 파운드(약 181톤), 19세기 초에는 무려 2,800만 파운드(12,700톤)으로 폭증했다. 당시 영국 국민은 평균 소득의 5퍼센트를 차에 소비했다고 한다.

문제는, 중국 차의 수입량은 폭발적으로 늘어나는 반면 영국이 중국으로 수출하는 주력 상품인 면직물 수출량은 보잘것없었다는 점이다. 당시 영국은 인도와 중국에 산업혁명의 결과물인 면직물 수출을 위해 노력했다. 중국은 오래전부터 직물 산업이 고도로 발달하여 영국 공장에서 대량으로 제조된 직물은 품질이나 색상·디자인 면에서 중국 제품에 비해 경쟁력이 없었다.

영국 정부는 해외 팽창에 따른 군사비 수요가 크게 늘자 중국으로부터 수입되는 차에 100퍼센트 이상의 고율 관세를 부과했다. 이 조치로 영국 내에서 원성이 자자해진 것은 물론, 북아메리카 식민지에서 고율 관세에 항의하는 보스턴 차 사건(Boston Tea Party)이 미국 독립전쟁으로

까지 발전했다. 1773년 12월 보스턴에서 발생한 차 사건 때 북아메리카 주민이 보스턴 항에 정박해 있던 영국 선박에 올라가 바다에 던져버린 홍차는 모두 중국산이었다.

1776년 7월 4일 북아메리카 13개주 식민지가 토머스 제퍼슨이 기초한 「독립선언서」를 발표하여 아메리카합중국을 선언했고, 영국은 알토란 같은 북아메리카 식민지를 잃게 된다.

차 수입 관세 부과로 북미 식민지 상실이라는 참담한 실패를 경험한 영국 의회는 1784년, 차에 부과하던 119퍼센트의 관세를 단숨에 2.5퍼센트로 낮추는 법안을 통과시켰다. 파격적인 차 관세 인하 목적은 북미 식민지 상실로 인한 손해를 중국과의 무역 확대를 통해 만회하기 위해서였다. 이때부터 영국은 적극적으로 중국과의 차 무역을 확대하기 시작했다.

때마침 카리브해 식민지에서 생산된 설탕이 유럽에 널리 퍼지면서 설탕을 넣어 달달한 맛을 내는 중국 차는 영국의 서민층에게도 급속도로 퍼져 나갔다. 요즘으로 치면 스타벅스 커피가 국내 방방곡곡으로 퍼져 나간 것과 비슷한 양상이다.

매카트니 사절단

1775년부터 1795년까지 20년 동안 영국 동인도 회사가 중국에 수출한 총액은 3,150만 냥, 수입 총액은 5,660만 냥으로 2,510만 냥의 대중국 무역 적자를 기록했다.

당시 중국과의 국제 무역 대금은 은화에 의한 현금 결제였다. 영국 동인도 회사가 차를 중국에서 수입하면서 대금 결제를 위해 매년 350만 파운드의 은화가 중국으로 빠져나갔다. 영국은 산업혁명이 가속화되면서 대량의 국내 투자 자금이 요구되었다.

면방직 및 해외 수출 산업에 종사하는 영국의 신흥 자본가들은 해마다 막대한 은화가 중국으로 빠져나가는 모습을 보면서 "동인도 회사의 이익을 위해 영국을 희생시키는 행위"라고 비난했다. 자유 무역을 선호한 영국은 산업혁명으로 대량 생산한 면제품을 소비하기 위한 해외 시장 개척이 급선무였다. 따라서 어떤 형태로든 중국과의 무역 역조를 개선해야 하는 절박한 상황에 직면했다.

영국 국왕 조지 3세는 1792년 9월 21일 주 러시아 공사·아일랜드 사무대신·인도 성장省長을 역임한 노련한 정치가 조지 매카트니를 수석전권으로 하는 95명의 건륭제 생일 축하 사절단을 중국에 파견하기로 결정했다.

매카트니 사절단의 중국 파견은 산업혁명으로 영국 정계의 파워 집단으로 등장한 신흥 자본가들의 목소리가 반영된 결과였다. 매카트니 사절단의 파견 경비는 동인도 회사가 전액 부담했다. 매카트니는 영국 국왕의 친서를 휴대했지만, 실제로는 동인도 회사가 파견한 사절단 대표였다. 영국 국왕은 매카트니에게 청나라와 조약을 체결하여 광저우 이외 여러 항구를 개방하고, 중국 차와 견사(명주) 생산지, 모직물 소비지에 가까운 한두 지역을 할양받아 영국인 거주권과 치외법권(extraterritorial rights)을 인정받으라는 훈령을 내렸다.

매카트니 사절단은 함포 64문이 탑재된 군함 라이온호에 승선하여 1792년 9월 26일 포츠머스를 출발, 대서양과 아프리카 최남단 희망봉, 인도양을 지나 광저우~저우산舟山~산둥성을 경유하여 1793년 7월 24일 보하이渤海만에 나타났다. 영국의 동인도 회사 대표는 사전에 사절단 파견을 양광(광둥·광시廣西) 총독에게 통보했다. 1790년 건륭제의

80회 탄신 기념일에 영국이 축하 사절을 파견하지 못한 데 대한 유감의 뜻과 함께, 이번 사절단이 휴대한 1만 5,000파운드에 달하는 예물 명세서를 첨부했다.

청 조정은 영국 사절이 건륭제 생일을 축하하러 온 것에 만족을 표시했다. 청 조정은 현재의 베이징·톈진·허베이河北·허난·산둥 지역인 즈리直隸의 총독에게 직접 톈진天津의 외항인 다구大沽에 나가 영국 사절단을 영접하라고 지시했다. 사절단의 중국 체류 비용도 청 조정이 부담했다.

청 조정은 영국 사절단을 대등한 국가의 외교 사절이 아니라, 해외에서 조공을 바치러 오는 조공 사절로 해석했다. 그래서 매카트니가 타고 온 배의 마스트에 '조공사朝貢使'라는 깃발을 게양할 것을 명했다. 매카트니는 본국 정부의 훈령을 이행하기 위해 이 요구를 수용했다.

매카트니는 건륭제에게 바칠 600상자의 선물과 조지 3세의 친서를 보석함에 넣어가지고 상륙했다. 선물 내역은 기계·완구·천문 관측기와 영국에서 생산한 공업 제품 등이었다. 이처럼 주도면밀한 준비는 영국 정부가 이 사절단 파견을 대단히 중시했음을 보여주는 증거다.

영국과 무역 거부한 건륭제

매카트니가 베이징에 도착했을 때 건륭제는 피서를 위해 허베이성의 러허熱河(열하)에 머물고 있었다. 매카트니가 러허까지 찾아가 황제와의 면담을 요청했다. 청 조정은 책봉국 조공 사절이 중국 황제에게 의례적으로 행하는 최고 예우의 삼궤구고두례를 요구했다. 그러나 영국은 청과 책봉-조공 관계를 맺은 국가가 아니었기 때문에 모욕적인 의례를 행해야 할 이유가 없었다.

매카트니가 이 요구를 거절하자 현실 감각이 뛰어난 건륭제는 타협안을 제시했다. 바다 건너 먼 나라에서 찾아온 외교 사절에게 영국 국왕에 대한 가장 존경스러운 예의 표시를 하는 방식을 허락했다. 매카트니는 건륭제에게 '모자를 벗고 오른쪽 다리를 뒤로 하여 한 번 머리를 숙이는' 경례를 하고 황제를 알현했다. 이미 조선과 태국·베트남에서 온 사절은 아홉 번 절을 하고 난 후였다.

1793년 9월 14일과 17일 건륭제를 알현한 매카트니는 황제에게 영국과 무역 조약 체결을 요구했다. 건륭제는 일언지하에 이를 거절했다. 거절 이유는 "우리는 땅이 넓고 물산은 풍부하여 이 땅에서 생산되지 않는 것이 없다. 때문에 외국 산물에 의지할 필요가 없다. 단지 우리가 생산하는 차·자기·생사는 서양 각국과 너희 나라의 필수품이기 때문에 은혜를 베풀어 판매하는 것이다"라는 것이었다.

이때의 접촉을 통해 청조의 관리들은 영국이 결코 공손한 상대가 아니며, 사절단이 중국을 방문한 것도 선의가 아니라는 사실을 알게 되었다.

속으로 병든 제국

청 몰락 낌새 챈 매카트니

매카트니가 중국을 방문한 건륭제 치세는 중국 역사상 최고의 황금기였다. 강희·옹정·건륭 3대 134년에 걸친 시기를 중국에서는 '강건성세康乾盛世'라 칭할 정도였다.

세 황제 모두 근면하고 높은 지식과 고도의 통치력을 갖고 있었다. 이들은 매일 이른 새벽부터 관료를 만나 대화하고, 고전을 학습했으며, 정력적으로 제국을 통치했다. 건륭제는 친히 대군을 이끌고 몽골의 중가

청 역대 황제

대	묘호(廟號)	이름	연호	재위 기간
1	태조(太祖)	아이신기오로 누르하치	천명(天命)	1616~1626
2	태종(太宗)	아이신기오로 홍타이지	숭덕(崇德)	1626~1643
3	세조(世祖)	애신각라 복림	순치(順治)	1643~1661
4	성조(聖祖)	애신각라 현엽	강희(康熙)	1661~1722
5	세종(世宗)	애신각라 윤진	옹정(雍正)	1722~1735
6	고종(高宗)	애신각라 홍력	건륭(乾隆)	1735~1795
7	인종(仁宗)	애신각라 옹염	가경(嘉慶)	1795~1820
8	선종(宣宗)	애신각라 민녕	도광(道光)	1820~1850
9	문종(文宗)	애신각라 혁저	함풍(咸豊)	1850~1861
10	목종(穆宗)	애신각라 재순	동치(同治)	1861~1875
11	덕종(德宗)	애신각라 재첨	광서(光緖)	1875~1908
12	공종(恭宗)	애신각라 부의	선통(宣統)	1908~1912

르와 타이완·베트남·버마·네팔 등을 10차례 원정하여 모두 승리했다. 건륭제는 친정親征을 통해 영토를 160만 제곱킬로미터나 확장하여 오늘날 중국 국경의 대부분을 확정했다.

건륭제는 서양 선교사들의 도움을 받아 베이징 교외에 황제의 여름 별장인 원명원圓明園을 서양식으로 지었다. 서양 선교사들에게 자유로운 선교 활동을 허용하고, 이들을 관직에 등용했다. 선교사를 우대한 이유는 이들이 가진 과학적 지식을 중용하기 위해서다.

건륭제 시절 중국에 파송됐던 선교사들 덕분에 중국이라는 존재가 서양에 본격적으로 알려지기 시작했다. 그 결과 서양 여러 나라로부터 무역 요구가 제기되었다. 건륭제는 서양의 무역 요구를 일부 수용했다. 이때부터 중국의 도자기·비단·차 등이 유럽으로 자유롭게 수출되면서 중국은 대량의 은을 확보하게 되었다.

중남미를 정복한 스페인 정복자들이 페루·볼리비아·멕시코 등지에서 생산한 은은 유럽으로 건너갔다가 무역 대금 결제를 위해 중국으로 흘러갔다. 1780년(건륭 45) 무렵 청나라 국고에는 450톤의 은이 확보되어 있었다. 중국 역사상 가장 광대한 영토와 부유한 국고를 확보하고, 중국의 영향력이 아시아 일대는 물론 유럽에까지 뻗치던 최고 절정기였다.

이러한 세계 제국 청을 상대로 북벌을 하겠다고 무식하게 들이댄 나라가 조선이었다. 조선이 대보단을 짓고 소중화라는 정신 착란 비슷한 '정신 승리법'에 도취되어 있을 때 매카트니가 영국 사절단을 이끌고 중국을 찾아온 것이다.

청 황제로부터 조약 체결을 거부당하면서, 광저우 이외의 항구를 더 개방하여 캔톤 무역 체제를 개혁하고 중국과 대등한 외교 관계를 맺고자 했던 영국의 계획은 물거품이 되었다. 대신 매카트니는 청 조정의 배려로 베이징에서 광저우까지 5개월간 운하를 이용하여 여행하면서 중국의 정치·사회·군사 상황을 자세히 살피고 분석했다.

그는 화려함의 극치를 달리는 중국 문명의 영화榮華 속에서 몰락의 조짐을 발견하고, 1794년 1월 7일 다음과 같은 일기를 남겼다.

> 중화 제국은 유능하고 방심하지 않는 선장이 계속 출현하여 과거 150년간 그럭저럭 무사히 항해하여 왔다. 커다란 덩치와 외관만으로 행세하며 근린 제국을 어떻게든 두려움에 굴복시켜온, 낡

고 처참하게 상처입은 전투함과 같다. 그러나 일단 무능한 인간이 갑판에 서서 지휘하게 된다면, 반드시 전함의 규율이 흐트러지고 안전 또한 상실하게 된다. 전함은 곧 침몰하지 않고 얼마 동안은 난파선으로 표류할지도 모른다. 그러나 결국 바닷가 벼랑에 부딪혀 산산조각이 날 것이다.

청 내부 모순의 폭발

청은 소수 민족인 만주족이 거대한 중국 대륙을 석권하고 세운 왕조다. 극소수의 이민족이 절대다수의 한족을 지배하기 위해 청은 독특한 통치 제도를 고안해냈다. 청조의 정치 체제는 황제 1인에게 권력이 집중된 중앙 집권적 전제 군주제다. 모든 국가 정책은 황제가 결정하고, 중앙 최고 기관인 내각이나 군기처는 황제를 보좌했다.

이런 정치 체제 하에서는 덕망과 능력을 겸비한 황제가 등장하여 통치를 담당할 경우 효율성이 극대화된다. 그 반대의 경우가 되면 국가 운영에 치명적인 결함이 발생한다. 청조의 황제 1인 통치 제도는 134년에 걸친 강건성세 기간 화려한 꽃을 피웠다.

세월이 흐르면 효율적으로 운영되던 제도도 서서히 운영상의 비효율성을 드러내는 것이 일반적인 현상이다. 중앙 집권적 전제 군주제에서 가장 심각한 문제는 유능하지 못한 인물이 황제에 오르는 경우다. 이렇게 되면 통치 시스템에 결정적 하자가 생기기 시작한다. 황제가 무능하면 가장 먼저 관리들의 부패가 심각해진다.

더 심각한 것은 청조 통치를 무력으로 뒷받침하는 핵심 중추인 팔기군이 세월의 흐름과 더불어 낙후되어갔다는 점이다. 세월이 흐르면서 용맹함의 상징이었던 만주팔기는 오랜 정착 생활과 문존무비文尊武卑의 유교 영향으로 쇠락하고 문민화되어 이름뿐인 팔기로 전락했다.

매카트니는 베테랑 외교관다운 예리한 관찰력으로 전성기를 구가하던 청 제국을 심층 분석했다. 그 결과 곳곳에서 누수 현상이 발생하여 조만간 거함이 난파할 가능성이 농후하다는 점을 발견했다. 그는 차·도자기·비단으로 서양의 금은보화를 진공청소기처럼 흡인하는 청 제국이 전성기 시절 곳곳에 쌓여 있던 모순이 터져 나오면서 종이 호랑이로 전락하고 있다는 사실을 꿰뚫어보았다.

그중에서 가장 심각한 문제는 건륭제의 정치적 수완으로 화합을 이루었던 만주족 지배 계층과 한족 피지배 계층 사이의 갈등이 첨예화하고있는 점이었다. 중국 어느 왕조를 막론하고 심각한 골칫거리였던 상층부 관료의 부패도 문제였다. 청 제국에서는 부패의 장본인이 바로 황제의 총애를 받고 있는 화신和珅이라는 고관대작이었다. 이것이 문제를 복잡하고 심각하게 만들었다.

건륭제는 1775년 황궁 경비대의 청년 장교 화신에게 매료되었다. 그의 능력을 높이 평가한 건륭제는 화신을 조세 담당 대신大臣, 베이징 수비대 사령관 등 강력한 권한을 가진 자리에 계속 임명했다. 건륭제는 애지중지하는 열째 딸을 화신의 아들과 혼인시켰다.

황실과 외척 관계를 맺은 화신은 권력에 도취되어 부정부패의 늪에 빠져들었다. 24년 동안 군기대신으로 재임하면서 백련교도의 난, 베트남과의 전쟁 등 건륭제 말기에 벌인 여러 군사 작전의 경비를 부풀려 착복했다. 인사권을 독점하고 국가 세입을 착복하여 천문학적인 재산을 축적했다.

건륭제는 1796년 재위 60년을 계기로 아들인 가경제에게 황제 지위를 물려주고 태상황제로 물러났다. 1799년 가경제는 건륭제가 총애한 화신을 체포하고 그의 재산을 압수했다. 화신은 저택이 109채였는데 그중 26채의 가격이 2억 2,000만 냥, 토지를 비롯한 각종 재산이 8억 냥에 달했다. 당시 청조의 1년 국고 수입이 은 8,000만 냥이었는데 화신의 재산은 국고 세입의 10년치에 해당하는 엄청난 규모였다(임계순, 『청사』, 2001, 320쪽).

잇따른 농민 반란에 속수무책

건륭제 재위 기간에 팔기군은 중가리아 지역, 쓰촨四川성 진사강金沙江 지방, 네팔의 구르카스에 두 차례씩 출전했고, 투르키스탄·타이완·버마·베트남에 한 번씩 출전했다. 이를 10대 전쟁이라 하는데, 이 전쟁에서 청군 주력인 팔기군은 변방의 적들에게 압도적 승리를 거두지 못했다.

청조 후반에 정부 재정이 악화되면서 팔기군은 제대로 훈련을 할 수 없었고, 무기도 낙후되어 무용지물이나 다름없는 잡군으로 전락했다(임계순, 『청사』, 2001, 324쪽). 19세기 중엽 외세의 침략과 내란이 일어났을 때 팔기군은 거의 무용지물이었다.

청조는 과거시험을 통해 능력 본위로 관리를 임용했다. 1830년대 무과武科 합격자를 포함하여 생원부터 진사시 합격자가 100만 명에 달했으나 실제 관직은 2만 7,000개에 불과했다. 그 결과 과거에 합격하고 등용되지 못한 대기자에게 관리들이 돈을 받고 관직을 파는 매관매직이 성행했다. 돈을 주고 관직을 산 사람들은 투자금 회수를 위해 농민을 수탈하고, 상인에게 과다한 세금을 부과하여 민란의 원인을 제공하게 된다.

청조는 전체 중국인의 1퍼센트도 안 되는 만주족이 팔기라는 군사력에 의존하여 세운 왕조였다. 인구의 99퍼센트를 차지한 한족에게는 뿌리 깊은 반만反滿 감정이 잠재해 있었다. 청 조정은 통치권 유지를 위해 강경책과 회유책을 번갈아 사용했지만 악순환이 반복되면서 통치 기반이 크게 흔들렸다. 어떤 사건이 발생하든 그 귀결점은 지배층인 만주족의 무능과 부패였다.

매카트니가 놀라운 통찰력으로 분석한 청조의 말기 증후군은 건륭제 말년부터 적나라하게 터져 나왔다.

1787~88년 타이완에서 비밀 결사 천지회天地會가 봉기했다. 반청복명反淸復明 운동을 일으켜 청조를 뒤흔든 천지회는 후에 중국의 폭력 조직인 삼합회三合會로 발전한다.

1795년부터 12년간 구이저우貴州성 일대의 먀오족苗族(묘족)이 반청 운동을 전개했다. 반란 진압을 위해 청조는 1,090만 냥의 군사비를 지출했다.

1796년 가경제가 즉위하자 후난湖南·후베이湖北·쓰촨·산시陝西성 등 중부 내륙 산간 지대에서 난리가 났다. 불교의 미륵 사상과 민간 신앙이 혼합된 백련교도白蓮教徒들이 '가경 백련교도의 반란'을 일으켜 10년간 반란이 계속됐다.

백련교도나 먀오족의 난은 조직적으로 훈련받은 정규 군대가 아니라 무기·전술·전법에 무지한 농민이 일으킨 것이다. 팔기군은 농민 반란조차 진압하지 못하고 쩔쩔맸다. 청조는 팔기군이 지리멸렬하자 지방 의용군인 향용鄕勇을 동원하여 농민 봉기를 진압했다.

가경 백련교도의 반란은 실패했으나 그 후유증으로 청 제국의 통치 기반이 뿌리째 흔들렸다. 위풍당당했던 청 제국의 배후에 숨겨져 있던 허약 체질이 적나라하게 드러난 것이다. 거듭된 내란 진압에 2억 냥의 전비가 투입되면서 1814년 청조의 국고는 바닥이 드러났다.

암허스트 사절단도 헛물

매카트니 사절단이 성과를 달성하지 못하고 귀국한 후 영국은 1793년부터 1815년까지 나폴레옹 전쟁에 전력투구하느라 정신을 차릴 여유가 없었다. 1815년 워털루 전투에서 웰링턴 장군이 지휘한 영국·네덜란드·벨기에·프로이센 연합군이 나폴레옹 군대를 격파했다. 이로써 나폴레옹 시대가 끝나고, 프랑스와의 23년 전쟁도 끝났다. 영국은 한숨 돌리고 중국과의 교역 문제를 고민할 여유를 갖게 되었다.

영국은 1816년, 암허스트 경(Sir Jeffrey William Pitt Amherst)을 대표로 하는 사절단을 구성하여 중국에 파견했다. 8월 29일 중국에 도착한 암허스트 일행은 가경제 알현을 요청했다. 청 조정은 전통적인 관례대로 엄격한 의례를 요구했으나 암허스트는 이를 거부했다. 전임 건륭제와 달리 융통성이 부족했던 가경제는 관리들에게 "서양 오랑캐들에게 예절을 잘 가르치라"면서 면담을 거절했다. 암허스트는 황제를 만나지도 못하고 문전박대 당했다. 그에 대한 복수를 엉뚱한 곳에 했다. 암허스트는 11월 군함 알세스트(Alceste)호와 리라(Lyra)호를 몰고 광저우에 도착, 주강珠江에 진입하여 후먼 요새를 포격했다.

암허스트가 상륙하여 중국과 협상을 하는 동안 두 함선은 본국으로부터 조선 서해안을 탐사하라는 훈령을 받고 10일간 백령도와 서해안 일대를 탐사했다. 두 척의 군함이 마량진 해안가에 정박하자 당시 마량진 첨사였던 조대복과 비인현감 이승렬이 영국 군함에 승선하여 내항 목적을 물었다.

이때 알세스트호의 장교가 성경 2권과 화첩 한 권을 선물로 주었다. 지방 관리들은 서양인들에게 받은 책을 조정에 올려 보냈는데, 누구도 영어로 쓰여 있는 내용을 이해하는 사람이 없었다. 비변사의 여러 관리들이 돌려 본 후 몇 장씩 뜯어다 집안사람들에게 나눠주었다고 한다.

대중 무역 역조 심화

18세기 후반부터 영국에서 산업혁명이 본격화되면서 대외 무역에 근본적인 변화가 일어났다. 산업혁명은 공업 생산에 필요한 원료의 장기적·안정적 확보, 생산품 판매를 위한 독점적 시장의 확보라는 두 가지 문제를 야기했다. 이를 해결하기 위해 산업 국가는 어느 누구에게도 간섭받지 않는 배타적 권리를 가진 식민지 획득이 필요했다. 영국뿐만 아니라 산업혁명의 세례를 받은 서구 열강들은 영국과 사정이 동일했다. 그 결과 자국이 배타적 권리를 행사하기 위해 아프리카·아시아·중동·중남미 지역에서 식민지 획득 경쟁이 벌어졌다. 제국주의 물결이 세계를 휩쓸기 시작한 것이다.

이들이 비유럽 지역에 진출할 때는 늘 신부나 선교사·탐험가·모험가·상인·폭력 집단이 선봉대 역할을 한다. 이들 세력이 비문명국들을 무력으로 겁박하여 강제로 체결한 사적私的인 합의들을 유럽 공권력이 추인한 것을 조약이라 불렀다. 힘의 논리에 의해 강요된 '합의'들을 "조약은 준수되어야 한다"는 국제법 원칙에 입각하여 이행을 촉구하고, 이에 반발하면 서양 공법의 원칙에 따라 국가가 나서서 보복을 했다.

영국이 기대한 자국산 면직물은 중국 시장에서 고전을 면치 못하고, 중국 차와 비단 수입량은 폭증했다. 대청對淸 무역 역조는 날이 갈수록 심각해졌다. 두 차례 사절을 파견했지만 영국은 목표 달성에 실패했다. 이런 국가적 수치를 인내하는 것은 제국주의 패권국에 어울리지 않는 태도였다. 영국은 무력 사용을 준비하면서 적당한 사건이 발생하기를 기다렸다.

산업혁명을 통해 등장한 신흥 자본가들의 눈으로 볼 때 동인도 회사처럼 동방 무역에 대한 독점권을 확보한 기업은 구시대의 질서를 상징하는 존재였다. 신흥 자본가들은 무역 독점권 폐지 등 자유 무역 운동을 주장했다.

신흥 자본가들은 중국 시장을 완전 개방하여 이익을 추구하기 위해서는 '캔톤 체제'의 폐지가 시급하다는 결론을 도출했다. 이를 무력으로 해결하기 위해 이들은 영국 정부를 압박하기 시작했다.

산업혁명의 급격한 진행으로 자국 내의 자금 수요가 폭발적으로 늘자 신흥 자본가들은 중국 차와 도자기 등 해외 수입품의 대금 결제를 위해 은을 해외로 반출하는 것에 대해 제동을 걸어야 한다는 강력한 여론을 형성했다. 궁지에 몰린 영국 동인도 회사는 은을 대체할 다른 결제 수단을 찾아 나선 와중에 인도산 아편에 주목했다.

아편에 눈 돌린 영국

아편 흡음 풍습은 네덜란드 지배하에 있던 자바섬에서 시작되었다. 이것이 네덜란드가 지배하던 타이완을 통해 중국 푸젠과 광둥성으로 전파되었다. 17세기 중엽부터 1세기 동안 인도 중부에서 생산된 아편을 중국에 판매한 원조는 포르투갈 상인이었다.

심각한 대중 무역 적자에 시달리던 영국은 포르투갈 상인이 판로를 개척해 놓은 아편 무역에 주목했다. 포르투갈 상인의 아편 공급으로 인해 중국 남부 해안 지역을 중심으로 아편 수요가 크게 늘고 있었다. 영국은 1773년 아편 거래를 공인하고 인도 벵골 지역에서 아편 생산을 확대했다.

영국 동인도 회사는 아편 생산 및 수출 시스템을 체계화하여 1780년부터 조직적으로 중국을 상대로 아편 무역을 개시했다. 이후 1917년에 이르기까지 영국의 인도 총독부가 아편 생산을 주도했다. 미국의 중국학자 존 페어뱅크(John King Fairbank)는 국가 기관이 직접 추진한 아편 무역을 "근대에서 가장 오래 지속된 국제 범죄의 하나"라며 "아편은 영국의 중국 침략의 생명선"이라고 비판했다.

아편 1상자의 무게는 약 140파운드(약 63킬로그램)인데, 실제 중량은 아편의 종류나 계절에 따라 약간 차이가 났다. 1상자는 아편 중독자 100명이 1년간 흡음할 수 있는 양이었다. 강희제 초기 아편 수입량은 연간 200상자로 보잘것없지만 1767년 1,000상자를 넘었고, 1790년에는 4,000상자로 폭증했다. 사태가 심각해지자 중국은 1796년 아편 수입 금지령을 내렸다.

영국 동인도 회사도 아편 무역이 떳떳하지 못한 행위라고 판단하여 전매권만 장악하고, 실제 무역은 '지역 상인'이라 불린 민간인 주도하에 밀무역으로 진행했다. 청 조정이 수입을 금지한 밀무역이기에 수입 관세도 부과되지 않았다. 아편이 하역되는 광저우 선착장에 근무하는 중국 관헌에게 제공하는 뇌물이 관세를 대신했다. 인도에서 대량 생산된 아편은 영국 민간 무역상을 통해 조직적이고 체계적으로 중국에 밀수되었다.

1818년 인도 파트나(Patna)에서 값이 싸면서도 강력한 효과를 나타내는 파트나 아편이 개발되면서 중국 아편 시장이 폭발했다. 18세기 말 벵골 아편의 중국 유입량은 연간 4,000상자였으나, 1835년에는 3만 5,000상자, 1839년에는 4만 상자(약 400만 명분)로 해를 거듭할수록 폭발적으로 늘었다(주경철, 『문명과 바다』, 산처럼, 2009, 267-269쪽).

중국 내 아편 중독자도 기하급수적으로 늘었다. 광저우에 거주하던 영국 의사 다우닝(T. Downing)은 1836년 중국에 수입된 아편 양으로 계산할 때 중국 내에 1,250만 명의 흡연자가 있다고 추산했다.

아편 대금 결제를 위해 은화가 이제는 격류처럼 영국으로 빠져나갔다. 아편 수입을 위해 1823년 이전에는 연간 수백만 냥의 은이 국외로 유출되었는데, 1823~31년에는 매년 1,700만~1,800만 냥, 1831~1834년에는 매년 2,000만 냥, 1834년 이후에는 매년 3,000만 냥으로 유출량이 늘었다(임계순, 『청사』, 2001, 352-353쪽). 1808년부터 1856년까지 48년간 중국에서 아편 대금으로 해외에 유출된 은은 총 3억 8,400만 냥(달러)에 달했다.

아편 매개 영-인도-청 삼각 무역

아편이 획기적인 수출 상품으로 주목받은 이유는 세 가지다. 첫째, 아편은 원가에 비해 판매가가 대단히 비싸 폭리를 취할 수 있는 상품이다. 둘째, 아편은 중독성이 강해 한번 습관이 되면 좀처럼 끊을 수 없으며, 갈수록 흡연량이 늘어난다. 중국처럼 3억 명이 넘는 인구 대국에서 아편이 유행할 경우 어마어마한 시장이 형성되는 것은 시간문제다. 셋째, 부피가 크지 않아 운반비가 적게 든다.

수요가 늘면서 아편 가격도 올라 상자당 평균 600~700달러 하던 것이 2,000달러로 폭등했다. 중국에서 영국으로 빠져나가는 은화도 급속하게 늘었다. 벵골 아편의 중국 밀수출은 영국에 거대한 이익을 제공하는 '황금알을 낳는 거위'였다.

벵골 지역의 아편 전매권을 쥐고 있는 영국 동인도 회사는 민간 무역업자(지역 상인)가 중국에서 벌어들인 은화를 자기 회사에 기탁하고 그에 상당하는 금액을 인도나 영국에서 영국 화폐로 환불받도록 제도화

비에도 노비 소유자의 집이나 그 주변에 살면서 주인의 집안 노동이나 농사에 종사하는 '신역身役 노비'와, 독립된 가계를 꾸리고 주인에게 매년 정해진 액수의 물품을 상납하는 의무를 진 '납공納貢 노비'의 두 종류가 있었다.

조선 15세기 통계에 따르면 노비는 전체 인구의 40퍼센트 정도였다. 고려 시대 노비의 인구 비중은 3~4퍼센트 수준이었는데, 왕조가 조선으로 바뀌면서 급팽창했다(이영훈, 「한국사에 있어서 노비제의 추이와 성격」, 역사학회 편, 『노비·농노·노예: 예속민의 비교사』, 일조각, 1998, 364-366쪽). 조선 전기의 인구를 400만~600만 명으로 추산하는데, 위의 통계를 토대로 할 경우 이 무렵 조선의 노비 숫자는 최저 160만 명에서 최대 360만 명이라는 계산이 성립한다.

왕실의 친인척과 관리들이 모여 살던 서울의 인구 구성은 양반이 16퍼센트, 양인良人 30퍼센트, 노비가 53퍼센트였다(이영화, 『조선시대, 조선사람들』, 가람기획, 1998, 314-316쪽). 세종의 여덟째 아들 영응대군 집에는 노비 1만 명, 광해군의 형 임해군은 서울에 300명, 시골에 수천 명의 노비를 소유하고 있었다(문소영, 『못난 조선』, 2018, 152쪽). 조선 초기 관리 성현은 "우리나라 사람 가운데 노비가 절반을 차지한다"고 비판할 정도였다.

동족을 노비로, 대대손손 세습까지

안빈낙도와 청빈을 인생 모토로 삼은 조선 성리학의 거두 퇴계 이황은 집안에 노비가 367명이었다. 이황은 이들 노비로부터 받아야 할 공물이 늦으면 "통렬히 징계하여 하나하나 받으라"고 명령했다. 그의 소유 토지는 경상도에 355필지 2,915두락, 노비들이 운영하는 전답 116두락이었다. 이황이 소유한 땅 면적을 평수로 환산하면 58만 3,000평이다(박종인, 『대한민국 징비록』, 2019, 246-247쪽).

아시아에 파송되어 활동한 예수회 신부들의 기록에 따르면 조선 해안을 노략질한 왜구들은 조선 사람을 포로로 잡아갔다. 이들은 대부분 동서 국제 무역선이 출발하는 오키나와의 나하那覇항에 노예로 팔려 갔다. 이들은 오키나와에서 인도를 왕래하는 국제 무역선 노잡이로 일하다가 나이가 들어 노를 저을 힘이 없으면 무역선이 기항하는 곳에 정착했다고 한다. 미국의 노예는 아프리카에서 노예 무역선으로 실려온 아프리카 흑인이었다. 이처럼 대부분의 나라는 정복 전쟁을 통해 획득한 적군 포로나 적국 백성들을 잡아다 노예로 부린다. 때문에 노예의 절대 다수는 외국인이다.

조선은 정복 전쟁은커녕 걸핏하면 주변국으로부터 침략을 당한 나라다. 외국을 침략할 기회가 없었다고 해서 조선이 노비가 필요 없는 사회는 아니었다. 양반 체제 유지를 위해 노비는 반드시 필요했다. 다른 나라처럼 대외 침략 전쟁을 통해 포로를 획득하는 방법이 불가능하자 조선은 노예 획득을 위해 지극히 변태적인 방법을 동원했다. 백성 중에 힘없고 불쌍한 계층을 노예로 만들어 부려먹은 것이다. 동족을 노예로 이용한 사례는 전 세계에서 가장 계급 차별이 심했던 인도와 조선 왕조 외에는 찾아보기 힘들다.

중국·일본의 경우 범죄자를 노예로 만드는 제도가 있었다. 하지만 노예 신분은 당대에 그쳤고, 그 자식에게까지 노예 신분이 세습되지는 않았다. 조선의 노비 제도가 참혹하고 고약했던 것은 노비 신분을 대대손손 세습시켰다는 점에 있다. 그것도 부모 중 어느 한쪽이 노비일 경우 그 사이에 태어난 자식은 자동으로 노비가 되어 주인의 재산에 편입되었다. 이것이 악명 높았던 노비 세전법世傳法이다.

『반계수록磻溪隨錄』의 저자 유형원은 "중국에 노비가 있으나 모두 범죄를 저질러 노비가 된 자이거나, 스스로 몸을 팔아 남에게 고용된 자뿐이다. 그 족계에 의해 대대로 노비로 삼는 법은 없었다. 죄도 없는 후손들까지 노비로 삼는 법은 옛날에도 없었다. 죄를 지어 노비가 된 자라도 후사에게까지 형벌을 주는 것은 부당하다"고 주장했다. 실학의 태두인 이익도 "우리나라의 노비법은 천하에 없었던 것으로, 한번 노비가 되면 백세百世 괴로움을 받게 된다"면서 노비 세습제 폐지를 주장했다.

노비 숫자는 세종 때 급증

노비는 말·소처럼 매매되었다. 『경국대전』에는 16~50세의 노비 가격은 저화 4,000장, 그 밖의 노비는 저화 3,000장으로 가격을 규정하고 있다. 당시 말 한 필이 저화 4,000장에 거래되었다. 노비 한 명이 말 한 필과 같은 재산 가치를 지녔음을 알 수 있다.

노비 제도를 둘러싸고 국가 통치를 담당하는 국왕과, 노비를 다수 소유하고 있는 양반 세도가는 생각이 약간 달랐다.

노비는 주인인 양반을 위해 평생 동안 희생·봉사·충성을 바쳐야 하는 존재이므로 납세와 병역의 의무에서 면제되었다. 때문에 노비 숫자가 늘면 국가 세수는 그만큼 줄어든다. 태종 시대만 해도 납세와 병역 의무자를 적정 수준으로 유지하기 위해 노비와 양인의 결혼을 금지하거나, 이미 이루어진 결혼은 강제 이혼시키거나, 그들이 낳은 자녀를 양인 신분으로 돌려 노비 계층의 증가를 억제했다.

노동 생산성이 형편없던 조선 초기, 노비는 토지보다 더 중요한 재산이었다. 노비를 대거 소유한 양반은 노비가 많을수록 재산이 불어난다.

노비 상속이나 매매로 재산을 증식하고, 노비의 노동을 착취하여 부를 축적할 수 있기 때문이다. 때문에 양반들은 수단 방법 가리지 않고 노비 숫자가 늘어나는 제도의 시행을 원했다.

이러한 양반들의 요구를 법으로 제도화한 국왕이 세종이다. 세종은 노비와 양인의 결혼을 허용하고, 이들 사이에 낳은 자녀는 모두 노비로 만드는 '종천법從賤法', 일명 '일천즉천법一賤則賤法'을 시행했다. 부모 중 한 쪽이 노비일 경우 그 자식은 자동적으로 노비로 삼아 착취하는 무시무시한 악법이 제정된 것이다.

이때부터 조선에서 노비 인구가 폭발적으로 늘기 시작했다. 노비는 곧 현금화할 수 있는 재산이니, 노비가 늘어날수록 이를 소유한 양반들의 재산도 덩달아 늘었다.

하지만 인구의 40퍼센트에 달할 정도로 노비 계층이 폭증하면서 새로운 문제가 제기되었다. 납세 의무를 진 양민, 즉 중산층의 축소와 세수 감소라는 치명적 결과가 야기된 것이다. 이를 해결하기 위해 여러 차례 노비 제도 개혁안이 제기되었으나 노비 소유주인 양반 층의 완강한 반대로 번번이 실패했다.

강고하게 이어져오던 노비제의 한 축이 무너진 것은 정묘·병자호란을 겪으면서부터다. 삼전도에서 여진족이 세운 청에 항복한 치욕을 복수한다는 명분을 앞세워 효종은 1636년 허울뿐인 북벌을 준비했다. 이때 군사 확충을 위해 노비를 해방시켜 군대에 입대시켰다. 조선에서 노비제 약화의 숨통을 튼 것은 조선 지배층의 인권 의식이 향상되어서가 아니라 이처럼 현실적인 이유 때문이었다.

1669년에는 남자 노비와 양인 여성이 출산한 자식은 양인 신분으로 돌리는 종량법從良法이 제정되었다. 하지만 노비 소유자인 양반의 거센 반발로 제대로 시행되지 못했다. 이 법이 제대로 시행된 것은 영조 시절이다.

가혹하기 그지없던 노비들에 대한 인권을 대대적으로 강화한 국왕은 영조였다. 영조는 노비를 상대로 가혹 행위를 금지하는 제도를 도입하고, 노비가 양인과 혼인하여 출산한 자녀는 모두 양인이 되도록 법을 고쳤다. 노비 신분의 세습은 어머니가 비婢일 경우로 한정되었다(종모법從母法).

1894년에야 노비 제도 공식 폐지

영조의 노비 제도 개혁으로 인해 강고하게 이어져오던 조선의 노비 제도가 흔들리기 시작했다. 몰락한 양반은 사노비를 유지하기 힘들었고, 정부의 여러 부처도 재정 압박으로 관청 소속 공노비를 거느리지 못하는 상황이 되었다.

1801년 조정은 내수사內需司(궁중에서 쓰는 미곡·포목·잡화·노비 등을 관리하는 부서)를 위시한 각 궁방과 각사各司의 노비 대장을 불태웠다. 재정난으로 유지하기 힘들어진 관노비 문서를 폐기한 것이다. 이 조치로 내수사 노비(내노비內奴婢) 등 3만 6,974명과 각 아문 소속 노비(시노비寺奴婢) 2만 9,093명이 면천되어 양민 신분이 되었다(한우근, 『동학과 농민봉기』, 일조각, 1997, 41쪽).

이때의 노비 대장 폐기는 중앙 관청 소속 노비에 한정되었을 뿐, 지방 관청 소속 노비는 그대로 유지되었다. 또 형벌에 의해 노비가 재생산되었으며, 일반 사노비 제도는 변함없이 유지되었다. 조선 왕조 신분 질서의 일부만 해체된 것이다.

사노비 제도가 크게 개선된 것은 1886년이다. 이해에 왕명에 따라 사노비 신분의 세습을 금하고, 그 사역은 당대에 한정했다. 이때부터 노비 신분은 구활救活 노비, 자매自賣 노비, 세전世傳 노비 세 가지로 구분되었다.

구활 노비는 양반이나 경제적 여유가 있는 사람이 죽어가는 사람을 구해줬을 경우, 도움을 받은 사람이 쌍방 합의하에 도움 준 사람의 노비가 되는 것이다. 자매 노비는 양인이 자기 자신이나 가족을 노비로 판 경우다. 세전 노비는 종전처럼 부모의 노비 신분을 자손이 대대로 물려받은 경우다. 이 중 구활 노비와 자매 노비의 소생은 매매를 엄금하여 세습을 단절시켰다. 세전 노비의 경우, 그들의 소생이 의지할 곳이 없어 노비를 자원할 경우 주인이 새로 노비 값을 지급해야만 노비로 부릴 수 있도록 제도를 고쳤다. 또 양인이 부채로 인해 노비 신분으로 전락하는 것은 금지되었다.

1886년(고종 23) 3월 고종은 공·사노비 모두 세습제를 폐지하고, 노비 소생에 대한 매매와 자원자 외에 부채를 빌미로 양인을 노비로 만드는 것을 금지했다. 노비제가 법적으로 완전 철폐된 것은 청일전쟁을 위해 서울을 점령한 일본군의 압력을 받아 시행했다고 두고두고 비난을 받고있는 1894년 제1차 갑오개혁 때의 일이다.

제7장

제1차 아편 전쟁

영 제국은 당시 세계에서 가장 부자 나라였던 중국에서 아편 대금으로 유출된 은으로 착실하게 부를 축적했다. 19세기 들어 영국의 아편 무역은 세입의 15~20퍼센트를 차지할 정도로 번창했다. 반면에 중국에서는 지난 125년간 차와 도자기를 유럽에 수출하여 벌어들인 것보다 더 많은 은이 30년 동안 아편 거래로 빠져나갔다. 그 결과 재정은 파탄 직전 상태가 되었다.

1820년대까지 아편 무역은 중국 남부 주강 하구가 주무대였다. 1830년대에 아편 중독자가 중국 전역으로 확대되면서 아편을 실은 서양 선박은 랴오둥반도까지 북상하여 밀매했다. 아편의 전 중국 확산으로 인해 광둥 한 개 항구만 외국에 개방한 '캔톤 체제'에 금이 가기 시작했다.

아편 대금으로 막대한 은화가 영국으로 빠져나가면서 시중의 은 보유량이 급격히 줄어들자 은화와 동전 교환 환율이 급등했다. 1651년 은화 1냥은 동전 1,000문文과 교환되었으나, 1836년에는 1,600~2,000문으로 동전 가치가 폭락하면서 중국의 서민 경제가 큰 타격을 받기 시작했다(김기혁, 『근대 한·중·일 관계사』, 2010, 27쪽).

1858년까지 중국 국내법으로 금지 품목이었던 아편 무역이 오래도록 지속된 이유는 '이윤이 생기는 곳이라면 지옥이라도 달려가는' 투철한 상인 정신 때문이다. 존 페어뱅크에 따르면 아편을 제공하는 영국·미국 상인, 이들에게 기꺼이 협력하는 중국 상인과 관료들의 공모 시스템이 작동하여 아편 무역이 지속되었다.

정치 문제로 비화한 아편 밀무역

청, 아편 밀수 금지

1808년부터 1854년 사이에 은의 가치가 2.5배 폭등했다. 은 가격 상승은 백성들 세금이 그만큼 늘어나는 결과를 야기했다. 세금 부담을 견디다 못한 농민들은 농토를 버리고 유민이 되었다. 이들은 여기저기 떠돌다 백련교나 천지회 등 반정부 단체에 휩쓸려 폭동을 일으키는 주역이 됐다. 이제 아편 밀수는 중국인의 건강과 보건상의 문제가 아니라 청조의 근간을 뒤흔드는 정치적 문제로 불길이 옮겨붙었다.

1834년 영국 의회는 동인도 회사에 부여했던 아시아 무역 독점권을 폐지했다. 이때부터 영국과 미국의 수많은 상인이 너도나도 '황금알을 낳는' 아편 무역에 뛰어들었다. 그 결과 중국을 향한 아편 공급량이 급격히 늘었다. 아편 밀수를 단속해야 할 중국 관원이 아편 밀수 조직으로부터 뇌물을 받고 눈감아주는 바람에 밀수량은 해가 갈수록 늘었다.

청조는 이미 1796년부터 여러 차례 아편 수입 금지령을 내렸으나 별 효과가 없자 고민에 빠졌다. 조정 일각에서는 아편을 약재로 분류하여 수입을 합법화하고 대신 관세를 부과하자는 의견이 제기됐다. 관리들이 밀수업자에게 받는 뇌물을 국가 세수로 전환시키자는 현실적인 아이디어였다. 다른 쪽에서는 아편 수입 금지만으로는 효과가 없으니 근원을 제거해야 한다면서 강력한 처방을 내놓았다. 아편 흡음을 금지하되, 흡음자에게 1년의 기한을 주어 아편을 끊도록 유도하고, 기한이 지나도 계속 피우면 사형에 처한다는 무시무시한 의견이었다.

1836~38년 청 조정에서 아편 논쟁이 벌어지고 있을 때 영국과 미국의 아편 무역업자는 아편 무역이 허용될 것으로 판단하여 물량을 대규모로 비축했다. 이 와중에 개혁파 관료인 호광湖廣(후베이와 후난) 총독 임칙서林則徐(린쩌쉬)가 도광제道光帝에게 "아편을 방치할 경우 백성이 전멸하고 나라가 멸망할 것"이라는 상소를 올렸다. 귀가 번쩍 뜨인 도광제는 1839년 3월 임칙서를 흠차대신(특명전권공사)으로 임명하고 "아편 밀수선이 드나드는 광둥으로 가서 아편 밀무역을 금지시키라"고 명령했다.

임칙서, 바텔 국제법 이론으로 대응

임칙서는 앞뒤가 꽉 막힌 수구 골통 관리가 아니었다. 그는 임지에 도착하여 외국 상품 금지에 관한 상대국의 처리 방식을 이해하기 위해 스위스 법학자 바텔(Emmerich de Vattel)의 『국제법(Le droit des gens)』을 면밀히 연구했다. 그는 바텔의 『국제법』에서 외국인과의 분쟁 해결과 대외무역을 관리하는 국가의 권리에 관한 부분을 번역하여 이를 참고 자료로 삼았다.

임칙서는 바텔의 이론을 토대로 1839년 아편을 수출입 금지품(contraband)으로 선언하고 아편 수입상들에게 두 가지를 명했다.

첫째, 현재 보유하고 있는 아편을 모두 제출하라. 둘째, 앞으로 영원히 아편을 중국에 반입하지 않겠다는 서약서를 제출하라.

동시에 빅토리아 영국 여왕에게 대중국 아편 밀무역을 중지시켜 줄 것을 요청하는 서한을 발송했다. 이 모든 행동이 도덕적으로나 법적으로 정당하다는 확신을 갖게 해준 근거는 바텔의 『국제법』 책이었다.

임칙서는 청렴 강직하고 애국적이며 개명한 사상을 가진 유능한 관리였다. 하지만 아편 밀무역이 영국 경제와 해외 식민지 경영에서 얼마나 중요한 위치를 차지하고 있는 '보물'인지를 이해하는 안목은 좀 부족했던 것 같다.

그는 5월 중순까지 두 달 동안 아편 무역에 연루된 1,600명의 중국인을 체포하고 1만 5,800킬로그램의 아편과 4만 3,000개의 아편 파이프를 압수했다. 외국의 아편 무역상에게 고용된 모든 중국인들에게 아편 사업에서 손을 뗄 것을 명하고, 광둥의 외국인 350명이 근무하는 작업장을 봉쇄했다. 아편에 대해 강력한 통제를 가하자 극심한 품귀 현상이 발생하여 한 상자 500달러에 거래되던 아편 가격이 3,000달러까지 폭등했다.

당시 영국의 아편 무역 관리 책임자는 왕실이 파견한 감독관 찰스 엘리엇(Charles Elliot)이었다. 엘리엇은 임칙서의 아편 밀무역 금지 조치가 아편 무역상에 대한 도전이 아니라 영국 국가와 왕실에 대한 정면 도전이라고 해석했다.

엘리엇은 후일 청 조정과의 보상 교섭에 대비하여 철저한 대비를 했다. 우선 영국 정부가 대금을 지불할 것을 약속하고 상인으로부터 공식적으로 아편을 인수했다. 이런 방식으로 모은 아편 총 2만 238상자, 금액으로 240만 파운드에 달하는 아편을 임칙서에게 넘겼다. 엘리엇이 넘겨준 아편은 벵골 지역 연간 생산량의 절반이나 되는 엄청난 양이었다.

광저우 주재 미국 영사 스노(P. W. Snow)도 엘리엇과 결탁하여 미국의 기창양행旗昌洋行이 보유하고 있던 아편 1,540상자를 엘리엇에게 양도했다. 미국 상인 새뮤얼 러셀이 1818년 광저우에 설립한 기창양행은 중국에서 가장 오래되고 규모도 제일 큰 아편 상점이다. 당시 영국은 벵골 지역에서 재배한 아편을 취급한 반면, 미국 상사는 터키산 아편을 취급했다. 엘리엇은 미국 회사의 아편도 임칙서에게 제출했다.

광저우에서 추방된 영국 아편 상인은 마카오에 집결해 있었다. 임칙서는 이들에게 앞으로 아편 밀무역에 종사하지 않겠다는 서약서 제출을 강요했다. 엘리엇은 아편은 인도했지만 서약서 제출은 완강하게 거부했다.

임칙서는 거대한 구덩이를 파게 한 다음 압수한 아편을 집어넣고 군중들 앞에서 불태웠다. 이어 아편 상인을 마카오에서 추방했다. 영국은 마카오에서 쫓겨난 상인들을 바위투성이의 버려진 섬 홍콩으로 이동시켰다.

영국 내 주전 세력들

영국 왕실이 파견한 아편 무역 감독관은 유사시 영국 육·해군에 도움을 요청할 수 있는 권한이 있었다. 엘리엇은 본국 정부에 "군대를 파견하여 무력으로 문제를 해결해 달라"고 요청하는 보고서를 보냈다.

아편 무역으로 재미를 보고 있던 영국 정부는 엘리엇의 보고서에 큰 충격을 받았다. 마른하늘에 날벼락이 떨어진 셈이다. 영국 수상 윌리엄 멜버른은 중국을 공격하기 위한 원정군을 편성하고 파병 관련 법안을 의회에 제출했다.

파병 법안을 싸고 의회에서 격론이 벌어졌다. 훗날 수상에 오르는 보수당의 윌리엄 글래드스턴(William Ewart Gladstone)은 "아편 밀무역을 편들기 위해 전쟁을 벌이는 것은 도덕적이지도 정의롭지도 못하며, 이번 전쟁처럼 영원토록 불명예를 남기게 될 전쟁을 나는 지금까지 들어본 적도 읽은 적도 없다"면서 격렬하게 반대했다.

당시 영국에서 중국과의 전쟁을 부추긴 두 세력이 있었다(호승, 박종일 옮김, 『아편전쟁에서 5·4운동까지』, 인간사랑, 2013, 59쪽 참조). 하나는 임칙서에게 쫓겨난 스코츠 윌리엄 자딘(Scots William Jardine)·제임스 매시선(James Matheson) 같은 아편 밀수업자였다. 두 사람은 중국 남부 지역에서 아편 밀수를 하여 한몫 챙긴 다음 정계에 진출하여 하원의원에 당선되었다. 매시선은 국부 창출에 기여한 공로로 귀족 작위까지 받았다.

또 하나의 세력은 중국 무역과 깊은 연관을 맺고 있는 공업·상업·해운업·금융업 분야의 자본가들이었다. 18세기 중반 시작된 산업혁명으로 영국에서 급속하게 성장한 면방직 자본가들을 비롯하여 해운·금융 분야 자본가들이 의회에서 강력한 정치 세력을 형성하고 있었다. 이들은 대량 생산된 영국 공업 제품을 중국에 내다 팔기 위해 수단 방법을 가리지 말아야 한다는 강경론을 형성했다.

중국 시장을 개방시키려는 영국 신흥 자본가들의 의자와 열망은 대단히 뜨거웠다. 당시 영국은 산업혁명의 급속한 진전으로 인한 과잉 생산 때문에 위기를 맞고 있었다. 신시장 개척은 신흥 자본가들에겐 생존이 걸린 문제였다. 인구 4억으로 불어난 중국은 무한한 매력을 가진 황금 시장이었다.

영국의 신흥 자본가들은 청조의 대외 무역 통제 정책이 영국 상품이 중국에서 고전하는 장애 요인이라고 판단했다. 자딘과 매시선 등은 이러한 장애를 무력을 동원하여 제거하는 것이 영국 정부의 건전한 책무라고 주장했다.

종이 호랑이

영 함대, 광저우항 봉쇄

중국 원정군 파견 동의안은 1840년 4월 7일, 9표 차로 간신히 영국 하원을 통과했다. 5월 12일에는 상원을 통과했다. 원정군은 이미 의회 심의가 시작되기 전 중국을 향해 출항한 상태였다. 영국 의회는 중국에 선전 포고를 하지는 않았으나 "만족할 만한 조치와 배상을 받아내야 한다"고 결정했다. 영국 의회는 이를 위해 중국 원정군에게 전쟁 수행에 필요한 모든 권한을 부여했다.

원정군 지휘관에는 영국 희망봉 함대 사령관 조지 엘리엇(George Eliot)이 임명되었다. 중국에 파견된 감독관 찰스 엘리엇의 형이다. 1840년 6월 광저우 앞바다에 집결한 영국 원정군은 대포 540문을 탑재한 전함 16척, 수송선 28척, 동인도 회사 소속의 무장 기선 4척, 보병 3개 연대, 인도 지원병 1개 연대, 포병 2개 중대, 공병 2개 중대로 구성되었다.

영국 원정 함대는 광저우항을 해상 봉쇄하고 모든 선박의 광저우 입항을 금지시켰다. 영국 함대는 곧바로 북상하여 곳곳에서 중국 포대와 목제 함선들을 격파했다. 7월 7일 저우산열도의 딩하이定海를 점령하고 닝보와 양쯔강 하구를 봉쇄했다. 다시 북상하여 보하이만에 나타난 영국 함대는 8월 11일부터 톈진에서 가까운 다구에서 청 조정이 파견한 즈리 총독 기선琦善(치산)과 협상에 돌입했다.

중세와 근대의 싸움

영국은 워털루에서 유럽 최고의 정예로 소문난 나폴레옹의 대육군(La Grande Armée)을 무너뜨렸다. 그 직후부터 강력한 폭발력으로 적에게 치명적인 타격을 가하는 신형 대포 개발에 전력투구했다. 산업혁명의 기술적 진보로 기존보다 수십 배나 강력한 성능을 가진 대포를 철제 선체에 증기 기관으로 추진되는 대형 선박에 대량으로 탑재했다.

한 시절 전 세계를 집어삼킬 기세였던 청의 군사력은 영국 함대의 위세에 고양이 앞의 쥐 신세가 되어 있었다. 중세적 군대인 팔기군은 산업혁명의 세례를 받은 영국의 근대식 증기선 군함과 함포의 적수가 되지 못했다.

1839년 취역한 동인도 회사 소속의 무장 기선 네메시스(Nemesis)호는 당시의 최첨단 조선 기술이 총집약된 공포의 함선이었다. 네메시스는 그리스 신화의 복수의 여신, 즉 선악 구분 없이 모든 것에 대해 응징하는 신이다. 네메시스호는 철제 선체에 길이 56미터, 폭 8.8미터, 660톤급으로 증기 기관으로 추진되었다. 선체가 강철로 되어 있어 총알이 관통하지 못하고, 함포를 더 많이 탑재할 수 있다.

증기선은 바람을 이용해 항해하는 범선보다 빠르게 이동할 수 있고, 바람의 영향을 받지 않는 결정적 이점이 있다. 게다가 선체 옆구리에 달린 수차를 돌려 항해하던 방식에서 프로펠러 기술이 등장하면서 에너지 효율이 급격히 높아졌다. 보다 빠른 속도로 항해가 가능해진 것이다. 만약 범선으로 영국에서 출발해 중국까지 오려면 몇 년이 걸렸을 것이다. 함내에는 요새의 성벽에 구멍을 낼 수 있는 32파운드 선회포를 비롯하여 6파운드포 5문, 캐논포 10문, 로켓 발사대 등 120문의 함포를 3단으로 탑재하여 종래와 차원이 다른 화력을 보유하고 있었다.

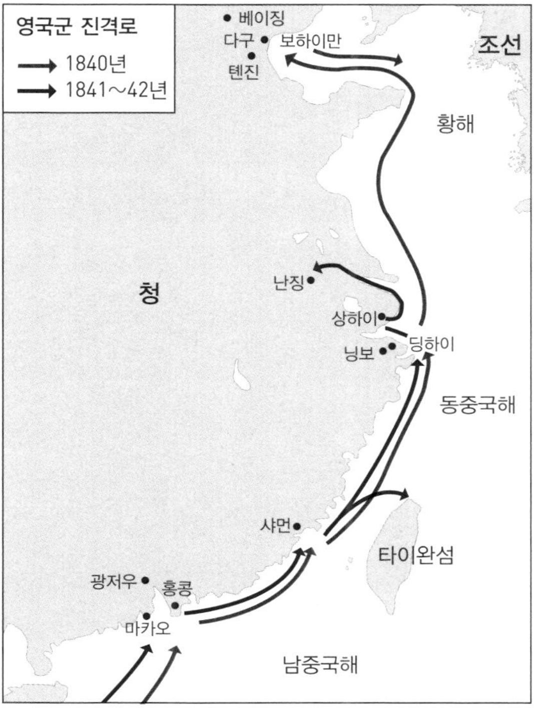

제1차 아편 전쟁(1840~42) 당시 영국군 진격로

네메시스호를 비롯한 영국 원정 함대 군함들은 중국의 목제 범선이 흉내 낼 수 없는 속도·선회 능력·방탄력·화력을 자랑했다. 빈약한 무장과 풍력에 의존하는 중국 목제 선박들은 영국 함대의 제물이었다. 영국 군함은 함포 사격으로 중국의 성곽을 비롯해 보이는 것은 닥치는 대로 초토화시켰다. 로켓포의 위력에 놀란 중국 배들은 도망가기 바빴다.

영국 원정 함대가 청의 수도 근처를 압박해 오자 청 조정은 '부드러운 말로 적을 물러가도록 권유'하는 방식으로 위기를 타개하기로 했다. 굴복과 투항을 선택한 것이다. 원정 함대 사령관 조지 엘리엇은 즈리 총독 기선에게 영국 외무장관 파머스턴(Henry J. Palmerstone)의 각서를 청 황제에게 전달할 것을 요청했다.

각서에는 거칠고 무례한 용어로 "폐기한 아편을 시가대로 보상하고, 하나 또는 몇 개의 섬을 할양할 것, 영국의 출병 비용 전액을 중국이 부담할 것" 등이 적혀 있었다. 그리고 아편 무역을 금지한 임칙서의 행동을 격렬하게 비난했다.

즈리 총독 기선은 영국 함대가 톈진에서 철수하여 광둥으로 돌아가면 광둥에서 협상을 매듭짓겠다고 설득했다. 영국 함대는 기선의 말을 믿고 광둥으로 철수했다. 도광제는 말 한마디로 영국 함대를 회항시킨 기선의 협상 능력에 감동하여 그를 양광 총독에 임명했다. 임칙서는 "나라를 그르치고 백성을 병들게 한" 죄로 파면당해 카자흐스탄과의 국경 지역, 현재의 신장성 서북부 톈산산맥의 중앙부에 위치한 이리伊犁(Kuldja)로 유배를 갔다.

전쟁의 선물 『해국도지』

파면되어 유배를 떠나게 된 임칙서는 그동안 수집한 서구 제국 관련 자료를 친구인 위원魏源(웨이위안)에게 맡겼다. 위원은 후에 이 자료들을 이용하여 『해국도지海國圖志』라는 세계지리 서적을 간행했다. 이 책은 세계 주요 국가의 지리와 역사, 정치 체제와 종교, 상공업, 군사 사항 등 서구에 대한 지식과 정보를 망라한 백과사전이다. 1844년 50권으로 출간되었고, 후에 증보되어 1847년에는 60권본, 1852년에는 100권본이 완성되었다. 100권본 구성은 다음과 같다.

제1~2권 주해편籌海篇: 해안 방위에 관한 저자의 견해

제3~70권: 세계 각지의 지리 및 역사 해설

제71~73권: 종교·역법, 중국과 서양 기년표紀年表

제74~76권 국지총론國地總論

제77~80권 주해총론籌海總論

제81~83권 이정비채夷情備采: 서양 사정에 관한 글

제84~95권: 서양의 각종 무기 제조법

제96~100권: 지구 천문에 관한 설명

『해국도지』에서 위원은 서양 '오랑캐'의 장기로 첫째 전함, 둘째 무기火器, 셋째 병사들의 훈련 방식 등 세 가지를 들었다. 그는 중국도 서양 제도를 모방하여 철제 증기선을 건조하고 근대식 무기를 제작해야 한다고 주장했다.

서문에 해당하는 「주해편」은 저자의 독창적인 창작으로, 서양의 침략을 방어하는 전술을 제안하고 있다. 저자는 서양 군함의 위력이 강력하기 때문에 먼바다外洋에서보다는 해구海口에서 방어하는 것이 유리하고, 해구보다는 내하內河를 방어하는 것이 유리하다면서 내하 방어 전술을 주장했다.

조선, 아편 전쟁 알았지만

『해국도지』는 초판 50권이 발간된 다음해인 1845년 3월, 조선의 연행사신 권대긍이 귀국길에 수입해 와서 조선 지식인들에게도 큰 영향을 주었다.

위원이 『해국도지』에서 제안한 내하 방어 전술을 조선에서 실천하려한 인물이 개화의 선봉장 박규수다. 『해국도지』를 읽고 큰 감명을 받은 박규수는 평안감사 시절인 1866년 미국의 제너럴 셔먼호가 대동강을 거슬러 올라오자 『해국도지』의 내하 방어 전술에 의거하여 화공火攻으로 셔먼호를 격침시켰다.

이 무렵 외국 사정을 중국에 소개한 또 한 명은 서계여徐繼畬(쉬지위)다. 그는 손수 수집한 외국 지도와 참고 서적을 연구하여 1850년 10권 분량의 『영환지략瀛環志略』을 출간했다. 이 책에는 각 대륙과 국가의 정밀한 지도, 각국의 지리적 위치·면적·인구·문화·역사·문물·교육·군사·정치 제도·풍속·언어·간략한 외모적 특징까지 언급하고 있다. 『영환지략』도 출간 직후 역관 오경석이 청에서 구해와 친구인 유대치에게 전하여 조선에 개화 사상의 불씨를 일으키는 역할을 했다.

『해국도지』와 『영환지략』은 서양 사정을 조선에 전파하는 중요한 역할을 했다. 하지만 저자 위원이나 서계여의 개인적인 호불호好不好에 따라 특정 국가에 대한 이미지가 차별적으로 서술되어 있었다. 예를 들면 제1차 아편 전쟁 상대국인 영국에 대해서는 비판적으로 서술한 반면, 미국에 대해서는 호의적으로 서술했다. 『해국도지』 제59권에는 제국주의 국가 미국을 '용맹하고武 지혜롭고智 공정하며公 두루 화목하고周 풍요롭고富 의로운誼' 나라로 소개하고 있다.

셔먼호 사건으로 미국이 강화도를 공격한 신미양요 때인 1871년 6월 7일, 영의정 김병학은 『해국도지』의 이 구절을 인용하여 고종에게 미국이 우호적인 나라라고 설명했다. 이처럼 친미적 서술 내용이 여과되지 않고 조선에 전해지면서 조선에서 미국에 대한 우호적인 흐름을 만들어냈다. 독자적인 안목으로 서양을 관찰하지 못하고 중국의 창을 통해 서양에 대한 인식을 형성한 결과다.

한반도는 사대 질서 밖에 위치해 있던 일본과 교린 질서의 충돌, 사대 질서와 공법 질서 간의 충돌, 서유럽 문명권과 슬라브 문명권의 폭력 충돌이 일어나는 현장이었다. 세계 정치의 변경 지역에서 발생한 문명 충돌의 결과로 파생되는 국제 정치의 파행성은 오늘날까지 면면히 이어지고 있다. 이런 현상을 외교학자 김용구는 '오지 사고 방식'이라고 명명했다(김용구, 『세계관 충돌과 한말 외교사, 1866~1882』, 2001, 427-428쪽).

개화·개방의 소용돌이가 몰아치는 시대에 조선은 서양 문명을 직수입하지 못하고 이처럼 중국과 일본을 통해 대외 인식을 형성했다. 그 결과 조선 지도부는 스스로를 변방에 소속시킴으로써 오지奧地적 사고(hinterland thinking) 혹은 변경邊境적 사고(border thinking)의 틀에 스스로를 가뒀다(김용구, 『약탈제국주의와 한반도』, 원, 2013, 18쪽).

국제 정치를 오지 사고 방식으로 바라보는 현상의 근본적인 문제점은 주체성이 결여되어 있다는 점이다. 이러한 오지 사고 방식은 실리보다는 형식이나 허례에 치중하고, 외래의 것에 대한 증오와 저항을 배양한다. 이러한 문제가 개항부터 현재까지 지속되고 있는 것이 우리의 모습이다.

한편, 영국과 청 사이 전쟁 발발을 조선도 알고 있었다. 1839년 사신단의 서장관으로 베이징에 다녀온 이정리는 1840년 귀국하여 「문견별단」이란 귀국 보고서를 국왕에게 제출했다. 이 보고서에는 아편 전쟁의 발발과 진행 과정, 동아시아 진출을 노리는 서양 세력 중 강력한 군사력을 갖춘 영국을 주목해야 한다고 기록했다. 그러나 조정의 어느 누구도 아편 전쟁에 관심을 기울이지 않았다.

난징 조약

아시아 개항의 나쁜 선례

영국 원정 함대는 양쯔강을 거슬러 올라가 중국 경제의 대동맥인 대운하와 양쯔강의 교차점인 전장鎭江을 공격했다. 1842년 6월 14일, 영국군은 수비하던 만주팔기 1,600여 명을 전멸시키고 전장을 점령했다. 영국군은 곳곳에서 중국인을 학살하고 약탈했다. 닝보에서 백은白銀 17만 냥을 탈취했고, 퇴각할 때 수많은 부녀자를 잡아갔다. 자푸乍浦에서는 영국군에게 살해당한 중국인 시체를 강에 버려 물이 흐르지 못할 정도였다(왕소방, 한인희 옮김, 『중국외교사 1840~1911』, 지영사, 1997, 57쪽).

영국 함대가 대운하를 봉쇄하자 강남에서 베이징으로 향하는 식량 등 물자 수송이 마비되었다. 영국군은 8월 14일까지 항복하지 않으면 난징을 점령하겠다고 최후통첩했다. 최후통첩 기한 마지막 날인 1842년 8월 14일, 난징성 성문에 백기가 내걸렸다.

양국 간에 강화 교섭이 시작되어 1942년 8월 29일 난징 앞바다에 정박 중인 영국 군함 콘월스(Cornwalls)호 함상에서 근대 동서 국제관계사 최초의 조약인 난징 조약, 일명 장닝江寧 조약이 조인되었다. 양국은 조약을 보완하기 위한 협상을 계속했다.

1843년 6월 26일 청에 유화적 입장이었던 찰스 엘리엇이 해임되고, 새 전권대사 헨리 포팅거(Henry Pottinger)와 청조 흠차대신 기영耆英(지잉) 사이에 「과경세過境稅 성명」이 체결되었다. 7월 22일에는 「오구五口 통상장정: 해관세칙」이 타결되었고, 10월 8일 '후먼虎門 조약'으로 알려진 「오구통상부점 선후조관五口通商附粘善後條款」이 체결되었다.

일련의 합의를 통틀어 난징 조약이라 부른다. 전문全文 13개조로 구성된 난징 조약은 영국이 중국과 체결한 최초의 조약이다. 이 조약은 중국이 서양 자본주의의 반半식민지가 되었음을 알리는 불리한 내용으로 도배질되어 있다.

난징 조약은 최초의 불평등 조약이자 중국 반半식민지화의 상징이다. 영국은 난징 조약을 통해 청조로부터 홍콩 강점, 배상금 획득 및 5개 항구 개항 등 중요한 권익을 획득했다(왕소방, 『중국외교사 1840~1911』, 1997, 60-62쪽).

난징 조약 주요 내용은 다음과 같다.

① 홍콩 할양: 중국은 홍콩섬을 영국에 할양했다. 50년 전 매카트니가 청 조정에 요청했던 섬의 할양을 전쟁이란 강압적 수단으로 달성한 것이다. 홍콩은 항만 수심이 깊고 넓어 선박 출입이 용이했다. 또 통상 항구인 광저우와 인접해 있고, 포르투갈인들에게 선수를 빼앗긴 마카오를 견제할 수 있는 위치였다.

② 배상금: 청은 영국에게 아편 손해 배상금 600만 냥, 전비 배상금 1,200만 냥, 행상行商들의 채무 300만 냥 등 모두 2,100만 냥을 배상했다.

③ 5개 항구 개방: 이미 개방된 광저우 이외에 샤먼·푸저우·닝보·상하이 등 5개 항구(오구五口)를 추가 개방하고, 영국인들이 개항장에 거주하면서 무역할 수 있도록 허락했다. 후먼 조약을 통해 개항장에서 영국인에게 건물과 토지 임대를 허가함에 따라 외국인들이 5개 개항장에 조계租界를 설치했다. 5개 항구는 서구 열강들의 중국 침략의 교두보가 되었다.

④ 협정 관세: 영국 상인들은 일반 화물의 관세를 5퍼센트로 규정,

관세가 전보다 58~72퍼센트 줄어들었다. 또 이를 올리거나 내리려면 외국의 동의를 얻도록 했다. 수출세도 똑같은 제한을 받았다. 이에 따라 중국은 외국에 원자재를 값싸게 제공하는 공급지로 전락했다.

⑤ 영사 재판권: 중국인과 영국인 사이의 민사 소송은 먼저 영국 영사의 조정을 받아야 하며, 그 후 영국 영사와 중국 관리가 공동 재판권을 갖는다고 규정했다. 형사 사건은 더욱 분명하게 "영국인이 범죄를 저지르면 영국 법률에 따라 처리한다"고 규정했다. 치외법권을 인정한 영사 재판권으로 인해 중국은 사법에 의한 외국인 단속 권리를 상실했다.

⑥ 군함 정박권: 영국은 다섯 곳의 개항장에 언제든 관선官船(군함) 1척을 정박할 수 있는 권리를 획득했다. 이 규정에 의해 중국 영토 내에 외국 무장 병력이 주둔하기 시작했다.

⑦ 일방적이고 무조건적인 최혜국 대우: 후먼 조약 제8조는 "장차 대황제는 새로운 은혜를 베풀어 각국에게도 영국인들이 균점하는 일체의 것을 허락하고 평등하게 대우한다"고 규정했다. 일방적이고 무조건적인 최혜국 대우 조항(Most Favoured Nation Clause)은 이후 각국과 중국이 체결하는 조약에까지 효력을 갖게 되었다. 이때부터 외국의 한 국가가 중국에서 특권을 얻을 경우 다른 나라도 똑같은 특혜를 얻을 수 있게 되었다. 영국이 난징 조약에서 이 조항을 넣은 이유가 있다. 중국 시장이 워낙 거대하여 영국 혼자서 상대하기에는 힘에 부쳤다. 서구 열강들과 공동으로 중국에 침투·지배하기 위한 조치였다.

⑧ 아편 금지 정책 전면 부정: 난징 조약에는 아편과 관련하여 어

떤 제한 규정도 없었다. 이는 아편 밀수에 대해 청 조정이 간섭하지 않겠다는 의사 표시였다. 영국 외무장관 에버딘(Aberdeen)은 청 조정의 아편 무역 양해에 대해 "적지 않게 만족했다"고 답했다.

영국이 난징 조약을 통해 얻은 이권은 영국 정부가 자국 협상 대표에게 반드시 관철하도록 훈령한 내용보다 더 만족스러운 수준이었다. 당초 영국은 밀고당기는 협상이 장기화될 것으로 예상했으나, 청조가 예상 외로 타협적으로 나옴에 따라 예상보다 더 많은 결실을 얻어내는 데 성공했다(이삼성, 『동아시아의 전쟁과 평화 2』, 2017, 293쪽). 제1차 아편 전쟁이 종료된 1842년, 『영국사』의 저자 T. B. 매콜리는 "우리는 전 세계에 제품을 공급하고, 세계 무역을 거의 독점하게 될 것"이라고 선언했다.

영국은 난징 조약을 통해 중국 남단의 홍콩섬을 조차하여 동아시아 교역을 위한 교두보를 확보하는 데 성공했다. 이때부터 서구 열강들의 중국 분할 및 아시아 개항이 시작되었다. 열강들은 협상 과정에서 영국과 동일한 조건(협정 관세·영사 재판권·최혜국 대우 등)을 요구했다. 동아시아 국가들이 이 요구를 수용하지 않으면 대포와 군함을 동원하는 '포함 외교'가 일상적인 외교 절차로 등장했다. 난징 조약이 아시아 개항의 가이드라인이 된 것이다.

'내부의 적'이 더 두려웠던 청조

대체 청 조정은 왜 이처럼 허무하게 이권을 넘겨준 것일까?

아편 전쟁에서 청나라 팔기군은 영국 원정군에게 무력하게 연전연패했다. 이런 결과를 단순히 양국 간 군사력의 차이로 설명하기는 어렵다.

영국은 전쟁 전에 다양한 정보 라인을 통해 청조의 장단점을 세세하게 파악하여 기민하게 대응했다. 반면에 청조는 영국의 군사력이나 전략에 대한 정보에 깜깜했다. 영국군은 파병 병력이 1만여 명에 불과하고 군수 물자 수송도 영국에서 중국까지 4개월이 걸리는 등 악조건 하에서 전쟁을 치렀다. 게다가 아편 밀수를 정당화하기 위한 전쟁이므로 명분도 약했다. 약간의 준비와 의지만 있었다면 청은 효과적인 응전이 가능했을 수도 있다.

아무리 '해가 지지 않는 나라'에서 온 막강 전력의 영국군이라 해도 아편 전쟁 초기에 투입된 영국 병력은 고작해야 5,000명 선이었다. 전쟁 후기에는 영국이 병력을 보강하여 군함 25척, 증기선 14척, 함포 700여 문, 보병 1만 여 명 수준으로 증강했다.

하지만 청조는 당시 인구가 4억 명이었다. 영국군을 내륙 깊숙한 곳으로 끌어들여 게릴라전이나 지구전·소모전을 벌이면서 보급로를 차단했다면 제아무리 근대 무기로 무장한 영국군도 견디기 어려웠을 것이다.

불행인지 다행인지 그런 일은 일어나지 않았다. 대신 아편 전쟁을 통해 청조의 태생적 한계, 근본적 모순이 적나라하게 표출되기 시작했다. 청은 극소수의 만주족이 절대다수의 한족을 통치하는 시스템이다. 강희·옹정·건륭처럼 뛰어난 황제들의 '강건성세'였다면 한족도 이민족 통치를 수용하는 데 이견이 없었을 것이다. 그러나 청은 전성기를 지나 급전직하하고 있었다. 아편 유입 대가로 은이 해외로 대량 유출되면서 민생 파탄이 심각하게 진행되었다.

한족 입장에서 볼 때 침략자인 영국군이나 지배자인 청조나 자신들을 지배하려는 외세에 불과했다. 때문에 청나라 군대를 공격하는 영국군에 협조하는 한족이 적지 않았다. 침략해온 외국군에 한족이 협력하는 현상은 이후 청이 서구 열강들과 격돌하는 과정에서 반복되었다. 만주족으로 구성된 청나라 황실은 영국이라는 '외부의 적'은 물론, 그보다 훨씬 두려운 '내부의 적'에 둘러싸여 고립된 섬이나 마찬가지였다.

영국군과의 전투에 동원된 청나라 팔기군과 지방 의용군을 끌어 모아 구성한 향용은 훈련이 부족하고 군기도 엉망이었다. 이들은 가는 곳마다 주민을 등쳐먹고 괴롭히는 도적떼나 다름없었다. 청조는 영국과의 전쟁을 오래 끌면 농민 봉기나 민중 반란을 촉발시켜 만주족 지배체제가 붕괴될 가능성을 우려했다. 따라서 어떤 양보를 해서라도 영국과의 전쟁을 속전속결로 마무리 짓는 것이 유리하다고 판단했다.

전쟁이 터지자 중국 내부에서 반청 운동이 회오리쳤다. 아편 전쟁은 영국과 청나라 간의 전쟁이었지만 청조 입장에서 볼 때는 회교도 반란이나 백련교도의 난이나 다를 바 없는 '지방 소요'에 불과했다. 청조는 외세와의 갈등은 대수롭지 않게 본 반면, 내부 반란을 더 심각한 사태로 해석했다. 내부 모순이 외부 모순을 압도한 것이다.

이 와중에 영국군과 전투가 장기화될 경우 외세의 침략과 반청 운동이 결합하여 미증유의 에너지로 폭발할 가능성이 제기되었다. 청조는 비싼 대가를 치르더라도 영국군의 조기 철군을 이끌어내 반청 운동을 잠재우는 것이 시급했다. 이것이 제1차 아편 전쟁(1840~1842)으로 기록된 수치스러운 전쟁의 전모다.

1840~42년의 제1차 아편 전쟁은 임칙서가 아편 밀무역을 금지시킴으로써 촉발되었다. 하지만 그것이 전쟁의 진짜 원인이었을까?

사실은 임칙서가 역사 무대에 등장하지 않았더라도 영국은 어떤 구실을 만들어서라도 전쟁을 도발했을 개연성이 대단히 높다. 전쟁 발발의 진정한 원인 제공자는 임칙서가 아니라 영국의 신흥 자본가, 영국 정부였다는 뜻이다.

"중국 황제가 오랑캐에 시혜"

유교적 체면을 중시하는 중국은 영국의 승리를 인정할 만한 여유로운 정신세계가 존재하지 않았다. 천하 질서의 종주국이었던 청에게 서양과의 굴욕적인 조약 체결은 도무지 체면이 서지 않는 행위였다. 때문에 청조는 자위적 구실을 찾아냈다. 흉노족 등 변경 오랑캐를 회유하던 전통적인 기미책羈縻策의 일환으로 조약을 체결했노라고 자위한 것이다.

기미책은 중국의 여러 왕조가 변방 오랑캐를 다루기 위해 사용한 정책이다. 즉, 변변치 못한 오랑캐와 일정한 외교 관계를 유지하면서 견제하되, 정복하거나 지배하는 것과 같은 적극적인 대응은 피하는 방법이다. 일정한 관계를 유지하기 위해 황제의 딸을 오랑캐 적장에게 시집보내거나 현금 혹은 식량 제공, 선물 공세가 동원되었다. 심각한 불평등 독소 조항을 포함하고 있는 굴욕적 난징 조약을 체결한 청조 지도부와 지식층은 이조차 중국적 대외 질서 관계의 틀 안에서 자기들 편한 식으로 해석하여 정신적 위안을 삼았다.

난징 조약의 조항 중에는 청의 주권을 심각하게 침해하는 내용이 많았다. '편무적 최혜국 대우' 조항은 불평등 조약의 전형이다. 이것은 열강 중 한 나라에 특권을 허용할 경우 청과 조약을 체결하는 다른 열강 모두에게 동일한 특권을 제공한다는 조항이다. 중국은 이 조항도 중화제국의 덕치德治 이념인 일시동인一視同仁으로 정당화했다. 즉, "황제의 은혜와 배려는 한곳에 쏠리지 않고 교화 대상인 모든 오랑캐를 동등하게 취급한다"고 해석한 것이다.

보스턴의 존 머레이 포브스(John Murray Forbes)는 광저우에서 아편 장사로 벌어들인 돈으로 미국에서 철도에 투자하여 북미 대륙 최대의 철도 사업가로 대성했다. 훗날 링컨의 후원자로 노예 해방 운동을 지원했고, 벨 전화회사에 투자하기도 했다.

미국 랜드 지방의 방직 공업은 중국 아편 무역을 통해 벌어들인 이윤으로 이루어졌다. 마약 거래로 축적된 자본이 미국의 산업혁명을 일으키는 자금원 역할을 한 것이다.

1840년 아편 전쟁이 시작되자 미국 정부는 커니(L. Kearny)가 이끄는 동인도 함대를 중국에 파견하여 영국을 도왔다. 1842년 중국이 영국과 난징 조약을 체결하자 타일러(J. Tyler) 미국 대통령은 "미국도 정식 대표단을 중국에 파견하여 새로운 상무 관계를 맺어야 한다"고 주장했다.

1843년 5월 타일러 대통령은 케일럽 쿠싱(Caleb Cushing)을 전권대사, 국무장관 아들인 웹스터(F. Webster)를 비서로 하는 사절단을 중국에 파견했다. 쿠싱은 오랫동안 중국에서 아편 밀수업을 한 존 쿠싱의 동생이다. 쿠싱은 1844년 2월 영국 방식과 비슷하게 포함 3척을 끌고 마카오에 도착하여 함포로 위협했다.

쿠싱은 "중국이 사절의 접수를 거절하는 것은 우리에 대한 모욕이자 전쟁을 일으킬 정당한 이유"라고 협박했다. 1844년 7월 청조는 흠차대신 기영을 파견하여 마카오 근처의 왕샤望廈촌에서 미국과 왕샤 조약을 체결했다. 이로써 미국은 총 한 방 쏘지 않고 중국에서 영국과 동일한 특권을 인정받았다.

미국은 영국이 아편 전쟁을 통해 얻은 특권 외에 몇 가지를 더 획득했다. 그 내용은 다음과 같다(왕소방, 『중국외교사 1840~1911』, 1997, 67-69쪽).

① 영사 재판권 확대: 난징 조약은 영사 재판권을 중국과 영국 국민 간의 민사 소송과 영국인의 형사 사건에만 적용하도록 되어 있었다. 왕샤 조약은 영사 재판권을 중국인과 미국인 사이, 미국인과 다른 외국인 간에 발생한 소송 사건까지 확대했다. 그 결과 중국의 사법 주권은 더욱 위축되었다.

② 중국의 관세 자주권 상실: 왕샤 조약은 난징 조약 제10조보다 더 분명하게 협정 관세 원칙을 인정했고, 서양 화물의 판매에 더욱 유리한 조건을 제공하도록 규정했다. 이로써 청조는 관세 자주권을 상실했다.

③ 중국 영해권 침범: 난징 조약은 중국이 개방한 5개 항구에 영국의 함정 1척씩을 정박시킬 수 있도록 규정했으나 왕샤 조약은 정박하는 선박의 수와 지점에 규정과 제한을 없애 외국 군함의 중국 영해 침범을 확대시켰다.

④ 토지 임대와 건물 건축 규정 확대: 왕샤 조약 제17조는 "아메리카합중국 국민은 다섯 곳의 항구에서 장기 혹은 일시 거주할 수 있으며, 민간 가옥을 빌리거나, 직접 건물 지을 곳을 임대할 수 있다. 또 병원·교회당·묘지 설치를 허가한다"고 규정했다. 이 조항으로 미국은 중국에 조계를 설치하고 토지 구매 등 특권을 누릴 수 있게 되었다.

이처럼 왕샤 조약은 난징 조약보다 더 가혹한 불평등 조약이었다. 이 조약은 이후 청나라와 프랑스 간의 황푸 조약 등의 모델이 되었다.

왕샤 조약 한 달 후인 1844년 8월, 프랑스 특사 드 라그르네(de Lagrené)가 군함 7척을 이끌고 마카오에 도착하여 회담을 요구했다. 청과 프랑스는 10월 24일 황푸에 정박한 프랑스 군함 선상에서 황푸 조약을 체결했다. 프랑스는 청으로부터 미국과 동일한 특권은 물론, 천주교 포교의 자유까지 얻어냈다. 그 결과 청조가 이전에 몰수한 천주교 교회당을 돌려받았다.

1847년에는 스웨덴과 노르웨이도 왕샤 조약과 거의 동일한 통상 조약을 체결했다.

중국의 다섯 항구가 개방되자 일본도 기민하게 대응했다. 새로 개항된 항구들을 활용하여 일본 특산품을 판매하기 위해 아라오 세이荒尾精는 상하이에 '일청 무역연구소'를 설립했다. 그는 이 연구소를 중심으로 중국 관련 정보를 수집하고, 통상에 종사할 인재를 양성했다. 이 연구소에서 배출된 생도들은 후에 청일전쟁이 발발하자 청의 군사 정보를 수집하는 군사 탐정으로 활용되었다(나미키 요리히사·이오우에 히로마사, 김명수 옮김, 『아편전쟁과 중화제국의 위기』, 논형, 2017, 153쪽).

아편 전쟁에서 패한 청은 아편 밀수에 무방비로 손을 놓았다. 그 결과 아편 수입량은 1842년 3만 3,000상자에서 1850년 5만 3,000상자로 늘었다. 1858년에는 아편 무역이 합법화되었는데, 이해의 수입량은 7만 8,000상자에 이르렀다(호승, 『아편전쟁에서 5·4운동까지』, 2013, 90쪽).

영국은 아편 전쟁에서 승리한 후 동인도 및 중국해 일대에서 해군력을 대대적으로 증강했다. 영국은 1848년 동인도 및 중국해에 25척, 1875년에는 중국에만 22척의 해군력을 배치했다.

아편 전쟁의 세계사적 의의

이로써 광저우항을 중심으로 외국과 교역하던 청나라 특유의 '캔톤 체제'는 소멸되고, 중국의 전통적 외교 방식인 조공-책봉 시스템도 한 기둥이 무너졌다. 중국은 비록 불평등한 내용이었지만 외국과의 근대적 조약을 체결하여 영국을 중심으로 하는 세계 경제 구조에 편입되기 시작했다.

아편 전쟁은 영국의 불법적인 아편 무역을 둘러싸고 벌어진 수치스러운 전쟁이었지만 동아시아와 유럽 간에 벌어진 문화적·사상적 대결이라는 역사적 의의가 있다. 근본적으로는 다음과 같은 성격을 내포하고 있었다(김기혁, 『근대 한·중·일 관계사』, 2010, 72-73쪽).

> 첫째, 화이 사상에 기초한 중국 중심의 세계 질서와 서구 주도의 만국 평등 사상에 입각한 국제 질서 간의 대결이었다.
>
> 둘째, 의례儀禮 외교를 주로 하는 청의 조공 제도와 통상을 주로 하는 서구식 외교 제도 간의 충돌이었다.
>
> 셋째, 대외 무역과 관련한 충돌이었다. 청은 해외 무역을 인류의 통치자인 중국 황제가 이민족에게 일시동인의 정신으로 베푸는 은전으로 생각했다. 반면에 영국은 국제 사회의 호혜와 부강 발전을 도모하는 수단이며, 국제법에 의해 보장되어야 하는 모든 문명 국가의 권리라고 주장했다.
>
> 넷째, 중국 관인들의 전통적인 관존민비 사상 및 상업 천시 풍습과 영국 중류 계급의 자유주의·자본주의 사상 간의 대결이었다.

난징 조약으로 문호가 개방된 항구 중에서 서양 상인의 주목을 받은 항구는 양쯔강 하류와 황해가 만나는 지점에 위치한 상하이였다. 열강은 상하이에서 치외법권적 거류지인 조계를 획득하기 시작했다.

서구 열강들이 동아시아 진출 과정에서 치외법권을 강조한 이유가 있다. 그것은 단순한 정치적 특권이 아니라, 그 권한을 가진 나라의 시민들이 치외법권이 허락된 나라에서 전개하는 경제적 착취 활동을 뒷받침하는 법적 체계였다(이삼성, 『동아시아의 전쟁과 평화 2』, 2017, 553쪽).

상하이에 진출한 외국인들은 조계에 법원·경찰·감옥·행정 관리 기구·징세 기관을 설치했다. 상하이 도심부 거의 모든 지역이 외국인 조계로 바뀌었다. 조계의 통치권은 서구 열강들이 행사했다. 외국인이 중국 내에 소규모 도시 국가를 건설한 셈이다.

상하이에서는 개항 직후 자딘 매시선, 덴트 상회(Lancelot Dent) 등 영국·미국의 상사 11개가 영업을 개시했다. 10년 후에는 외국 상사 수가 120개로 늘었다. 외국 상사의 주요 취급 상품은 아편·면제품·타월·비누 등이었고, 수출품은 중국 차와 생사였다.

거문도, 역사 무대에 등장

영국은 난징 조약을 체결한 후 추가 개항하게 될 중국의 해안과 5개 항구에 접근하기 위해 동아시아 일대의 수로 탐사 작업을 벌였다. 측량 전문가인 에드워드 벨처(Sir Edward Belcher) 해군 대위가 지휘관으로 선정되었다. 그는 아프리카 해안과 남북 아메리카의 태평양 연안을 측량했으며, 태평양을 횡단하여 귀국한 탐사 및 측량 분야 전문가였다.

벨처 대위는 본국 정부의 훈령에 따라 군함 사마랑(H. M. S. Samarang)호를 지휘하여 중국 해안 일대의 탐사 작업을 실시했다. 그 후 1845년 6월부터 7월까지 37일간 벨처는 조선의 남해안 일대를 탐사했다.

이 과정에서 벨처는 1845년 6월 25일 오전 6시 제주도 동쪽의 우도에 상륙했다. 그는 새로 발견한 섬을 영국 해군성 수로국장 이름을 따서 뷰포트섬으로 명명했다. 사마랑호는 7월 14일까지 제주도를 탐사하여 해도를 작성했으며, 한라산을 자국 해군본부 제1위원의 이름을 따서 오클랜드산(Mount Auckland)으로 명명했다.

제주도 탐사를 마친 사마랑호는 북쪽으로 뱃머리를 돌려 7월 16일 삼도三島라 불리는 섬에 상륙하여 탐사에 나섰다. 이 섬이 40년 후 영국 해군이 점령하게 될 거문도다.

세 섬의 가운데 위치한 아늑한 만이 천연 항구로서 손색 없음을 발견한 벨처 함장은 이곳을 당시 영국 해군부 장관 해밀턴을 기리기 위해 해밀턴항(Port Hamilton)이라고 명명했다. 벨처 함장은 나흘간 이 섬에 머물며 측량을 하고 해도를 작성했다. 벨처 함장은 거문도를 탐사한 후 "이 섬은 문명의 아주 작은 흔적도 지니지 않은 곳"이라고 기록했다.

영국은 중국과 해상 무역 확대를 위해 동아시아 지역 탐사를 계속했다. 1855년 영국 측량선 사라센(Sarasen)호가 또다시 거문도 해역에 나타나 측량을 실시했다. 영국 해군은 이때의 항해와 측량을 통해 거문도가 동아시아의 해상 교통로를 봉쇄할 수 있는 전략적 거점이라는 가치를 발견했다. 거문도를 '동아시아의 지브롤터'로 점찍은 것이다.

영국 해군의 예측은 30년 후 정확하게 적중했다. 러시아도 이 지역으로의 진출을 노리고 있었는데, 영국 함대가 선점하자 러시아가 바짝 긴장했다. 국제 정세에 무지몽매했던 조선 조정과 고종은 1884년 독일 외무부의 지령을 받은 묄렌도르프의 간계에 빠져 러시아와 수교했다. 이때 맺은 조러 수교조약에 의해 러시아는 자국 군함이 조선의 항구에 자유롭게 드나들 수 있는 권리를 획득했다.

조선과 러시아의 수교는 '한반도 현상 유지'라는 정책을 유지하려는 영국의 전략을 정면에서 뒤엎는 중대 사건이었다. 게다가 조선과 러시아가 비밀리에 밀약(제1차 조러 밀약)을 추진하자 영국은 즉각 함대를 파견하여 1885년 4월부터 1887년까지 2년여 거문도를 점령하게 된다.

영국 함대가 기습적으로 거문도를 점령하자 청이 기민하게 움직였다. 영국이 자기네 속방인 조선 영토를 점령한 데 항의하기 위해 정여창丁汝昌(딩루창) 제독이 군함을 이끌고 거문도를 방문했다. 정여창은 놀랍게도 이 섬에 문명의 중요한 척도 중 하나인 '글에 능한 사람들'이 많다는 사실에 신선한 충격을 받았다. 그는 삼도, 혹은 해밀턴 항이라 불리던 이 섬에 '글을 아는 사람이 많은 섬'이라는 의미에서 거문도巨文島라는 이름을 붙여주었다.

제8장

제2차 아편 전쟁

패권국 영국과, 영국의 패권에 도전장을 내민 러시아와의 대결이 동아시아에서 본격화되는 것은 크림 전쟁(1853~1856) 이후의 일이다.

1850년 청의 제8대 황제이자 근검절약하는 황제로 유명했던 도광제가 69세로 사망하고 도광제의 넷째 아들 함풍제咸豊帝(재위 1850~1861)가 즉위했다. 함풍제 재위 시기는 태평천국의 출현, 제2차 아편 전쟁 등 서구 열강들의 침략으로 청조가 수립된 이래 최대의 위기에 직면한 때다.

한 시절 중국 대륙을 휩쓸었던 팔기군과 치안을 담당하던 녹영군綠營軍은 이 무렵 이빨 빠진 고양이 신세가 되어 아무 역할을 하지 못하고, 지방의 리더 격인 신사紳士들이 민병대를 조직하여 태평천국의 난 등 농민 봉기를 진압했다. 제2차 아편 전쟁으로 영불 연합군은 베이징을 함락하고 약탈을 자행했다.

청나라는 초기 유능한 황제가 연속 등장하여 강건성세를 이룬 왕조로 유명하다. 하지만 말기에 즉위한 함풍제·동치제同治帝·광서제光緒帝·선통제宣統帝는 소년 시절, 심지어 젖먹이 때 즉위하여 섭정 체제로 운영되었다. 이른바 '소년 왕(child kings)' 시대였다.

태평천국의 난

말기병 앓는 청조

국운이 기울면 자연재해도 함께 찾아오는 모양이다. 아편 전쟁의 와중인 1841년부터 3년 연속 황허가 범람하여 사망자가 100만 명을 헤아렸다. 1848년에는 광둥·광시성에 큰 가뭄이 들었고, 1849년에는 후베이·안후이安徽·장쑤江蘇·저장 지역에 100년 만의 수해가 발생하여 수많은 사람들이 죽어나갔다.

극심한 자연재해에 살길이 막막해진 농민들이 곳곳에서 반란을 일으켰다. 태평천국의 난(1850~1864), 염군의 봉기(1853~1868), 윈난雲南성 북서 지방에서 회교도 봉기(1855~1873)가 이어졌다.

어느 사회, 어느 왕조를 막론하고 전성기의 화려한 번영의 뒤안길에는 수많은 모순들이 싹튼다. 농민 봉기가 마른 들판의 불길처럼 번진 것은 말기적 현상에 처한 청조의 내부 모순이 한꺼번에 폭발했기 때문이다.

이 무렵 자연재해가 빈발한 이유는 장기간의 평화와 안정이 인구의 급팽창을 불러온 탓이다. 1800년대 중국 인구는 유럽 총 인구의 두 배인 3억 명, 함풍제 시절인 1851년에는 4억 3,200만 명이었다.

건륭제 말 중국의 인구가 약 3억 명이었을 때 경지 면적은 9억 무畝 정도였다. 1무는 약 30평(99.174제곱미터)이니 270억 평에 해당한다. 도광제 시기에 인구가 4억 명을 넘어섰지만 경작지는 그대로여서 1인당 경지 면적이 25퍼센트나 줄었다.

푸젠성은 1753~1887년간 인구가 5.3배 증가했으나 경작지는 전혀 늘지 않았다. 그 결과 1인당 경작지는 2.89무(280제곱미터)에서 0.54무

(54제곱미터)로 크게 줄었다. 안후이성도 1753~1851년간 인구가 15.4배 증가했으나 경작지는 그대로였다. 그 결과 1인당 경작지는 14.35무(1,420제곱미터)에서 0.91무(90제곱미터)로 심각하게 감소했다(임계순, 『청사』, 2001, 329쪽). 중국에서 생계를 유지할 수 있는 1인당 최소한의 토지는 4무畝, 약 400제곱미터로 추산되었다. 청조 후기에 얼마나 많은 인구가 굶주렸는지 가늠할 수 있을 것이다.

역대 중국 황제들은 통치의 성패를 황허의 치수에 걸었다. 하지만 청조 말기에는 가뭄과 홍수가 반복되었다. 학자들은 그 원인이 중국의 인구 증가와 직결된 문제라고 지적한다. 대체 인구 증가와 자연재해는 어떤 영향이 있는 것일까?

인구가 폭발적으로 늘어나면 개간을 하여 농사지을 땅을 계속 늘려야 한다. 경작지를 확보하기 위해 산림을 채벌하여 농경지로 바꾸는 작업이 중국 대륙 전역에서 지속적으로 벌어졌다. 그 결과 18세기 말에는 비가 조금만 많이 내려도 토양이 물에 씻겨 내려가면서 하천의 하상이 높아졌다. 이는 토지 황폐화와 잦은 하천 범람으로 이어졌다.

청의 7대 황제 가경제는 황허 치수에 전력을 기울여 1821년부터 1841년까지 황허의 범람을 막는 데 성공했다. 하지만 치수에 막대한 예산을 투입한 결과 재정 적자가 심각해졌다. 황허 범람은 막았지만 재정 적자를 메우기 위해 각종 명목의 세금을 백성들에게 뜯어냈다.

청나라 후기로 갈수록 백성들의 소득은 계속 줄었다. 먹고살기가 막막해진 백성은 가렴주구를 일삼는 관리들에게 저항했다. 1856~1865년 사이 9년 동안 농민 봉기가 2,322차례나 발생했다. 미증유의 천하 대란이 폭발할 거의 모든 여건이 갖춰진 셈이다.

서구 열강들이 중국에 진출하여 이권을 탈취해가지 않았더라도 청조는 내부 모순으로 붕괴되었을 가능성이 높다. 열강들은 청나라 통치력이 약화되는 것은 반겼지만, 왕조 자체가 붕괴하여 대륙 전체가 혼란의 소용돌이에 빠지는 극단적 상황은 원치 않았다. 자신들의 이권 유지를 위해 열강들은 청조의 숨통이 끊어지지 않도록 음으로 양으로 지원했다. 일찍 붕괴할 수도 있었던 청조의 수명이 열강들의 지원 덕분에 50여 년 더 연장되었다고 보는 것이 합리적인 시각이다.

아편 전쟁이 발발한 1840년부터 청조는 외세로부터 파상적인 침략을 당했다. 이때부터 청일전쟁에서 일본에 패하는 1895년까지 55년간 청조는 놀라운 인내심으로 외세에 유화책을 구사했다. 왜 그들은 외세의 침략에 결연히 맞서 싸우지 않았을까?

존 페어뱅크는 그 이유를 "자신들의 왕조를 유지하기 위해서"라고 분석했다. 왕조 유지를 위해 청 황실은 자신들을 침략한 외세로부터 무기와 병력을 지원받는 것을 고맙게 여겼다. 외세가 제공한 무기와 병력으로 청조는 태평천국의 반란, 중앙아시아 회교도 반란을 평정한다.

사상 최대의 민란

청조 말에 중국을 뒤흔든 폭동 반란 중에서도 가장 규모가 크고 강력했던 사건은 태평천국의 난이었다. 주동자는 홍수전洪秀全(홍슈취안)과 풍운산馮雲山(펑윈산), 진원지는 중국 남부 광저우였다.

홍수전은 1847년 봄 광저우에서 침례교 선교사인 로버츠(I. J. Roberts)에게 성경 교리를 배웠다. 그는 과거에 응시했으나 낙방한 후 꿈에 옥황상제와 예수 그리스도를 만나 계시를 받았다고 주장했다. 기독교와 중국 전통 사상을 융합한 상제교上帝教, 후에 태평천국이라 불리는 시한폭탄은 이런 과정을 거쳐 탄생했다.

아버지 야훼와 '큰형님' 그리스도를 믿고 홍수전을 '그리스도의 동생'으로 신봉하는 세력은 1850년 중국을 그리스도 국가로 만들기 위해 봉기했다. 초기에는 세력이 1만여 명에 불과했던 이 집단은 경제 사정 악화로 궁지에 몰린 하층민과 소수민족이 대거 가담하면서 대륙을 휩쓰는 미증유의 대반란으로 발전했다.

태평천국 반란 세력은 중국에서 가장 비옥하고 상업적으로도 번성한 양쯔강 일대를 메뚜기 떼처럼 초토화시켰다. 초기의 태평천국군은 기독교적 금욕주의, 엄격한 윤리관과 군율로 백성들의 지지를 얻었다. 태평천국군은 유교를 우상 숭배로 규정하고 점령 지역의 사당·향교·묘지들을 파괴하고 가난한 농민을 선동하여 지주와 부농을 공격했다.

세력이 50만으로 불어난 태평천국군은 반외세, 반만주족 구호를 앞세우고 북상하여 1853년 난징을 공격했다. 난징의 만주족은 다 합쳐야 4만, 팔기군 병력은 5,000명에 불과했다. 한 시절 만주족의 상징이었던 팔기군은 죽창·쇠스랑·곡괭이로 무장한 태평천국 농민군에게 전멸당했다. 반란군은 만주족이라면 남녀노소 가릴 것 없이 불에 태우거나 강물에 빠뜨려 죽였다.

난징을 점령한 태평천국군은 이곳에 태평천국의 수도 '천경天京'을 세웠다. 중국 대륙의 절반을 장악한 태평천국은 이후 14년에 걸쳐 청조와 맞섰다. 1853년 말 태평천국군의 일부가 톈진 부근까지 진출하여 중국 전체 18개 성省 가운데 16개 성을 자신들의 영향력 아래 두었고, 600여 도시를 공략했다.

태평천국 세력이 14년이나 청조와 대결할 수 있었던 원동력은 이들의 독특한 공동체 사상과 금욕적인 생활 태도였다. 이들은 "밭이 있으면 같이 갈고, 밥이 있으면 같이 먹고, 옷이 있으면 같이 입고, 돈이 있으면 같이 쓴다"는 슬로건으로 어려움에 처한 백성들을 끌어모았다. 또 아편을 엄금하여 판매자와 흡음자 모두를 참수했다.

이들은 독특한 토지 제도와 경제 정책을 시행했는데, 이 과정에서 심각한 반발이 터져나왔다. 태평천국의 토지 제도는 천조전무天朝田畝다. 토지를 경작자에게 나눠준다는 원칙하에 모든 토지는 생산량에 따라 9등분으로 나누었고, 생산물은 농가의 가족 수에 따라 균등하게 분배했다. 매년 수확한 곡식은 그해에 소비할 양만 남겨두고 나머지를 모두 국고에 저장했다.

경제 정책은 성고聖庫 제도였다. 1인당 5냥이 넘는 재산은 모두 성고에 보관하여 공동 재산으로 하고, 필요에 따라 나눠주는 제도였다. 두 제도 모두 원시 공산 사회에서나 가능한 공동 생산, 공동 분배에 뿌리를 두고 있었다.

이 제도는 지주-소작제로 유지되어 온 청나라의 기존 질서에 대한 심각한 도전이었다. 태평천국의 급진적인 경제 정책은 한족 지주들의 이익을 크게 침해하는 것이었다. 때문에 지주들은 반청反淸을 주장하는 태평천국보다 유교적 봉건 질서를 지켜주는 청조가 자신들의 재산 보호에 더 적합하다고 판단해, 돈을 내서 자위군을 조직하여 태평천국군과 맞서 싸웠다.

증국번과 이홍장

청의 정규군에는 만주팔기 외에 명나라 군대를 계승한 녹영군 또는 녹기綠旗가 있었다. 녹영군은 무장도 구시대적이고 군기도 문란하여 농민이 주력인 태평천국군에게도 밀렸다. 정규군이 반란군에게 형편없이 밀리자 청조는 각 지역의 향토 방위를 위해 향용이라는 무장 자위 조직을 만들었다.

청 조정은 청의 엘리트 기관인 한림원翰林院 출신인 증국번曾國藩(쩡궈판)에게 자원병을 조직하여 태평천국의 난을 진압하라고 명했다. 증국번은 고향인 후난성에서 한족 자위 집단인 상군湘軍을 조직했다.

1860년 청 조정은 상군 지휘관 증국번을 양강兩江 총독과 흠차대신에 임명하여 장쑤·저장·장시江西·안후이 4성의 군사 관련 업무를 맡겼다. 청나라 중부 지방에서 태평천국을 몰아내달라는 부탁이었다.

증국번은 안후이성에서 군대를 조직하기 위해 이홍장李鴻章(리훙장)을 발탁했다. 이홍장은 1861년 고향인 안후이성 허페이合肥현 일대에서 청년을 모아 회군淮軍을 조직했다. 좌종당左宗棠(쭤쭝탕)도 고향에서 초군楚軍이라는 향토군을 조직했다.

증국번의 상군과 좌종당의 초군, 이홍장의 회군은 조선의 의병과 비슷하게 지역 유지들이 마을 청년들을 모으고 군자금을 대서 일으킨 군

청조 말의 군대

구분	명칭	특징	비고
정규군	만주팔기	만주족 군대	
	녹영군(녹기)	명의 군대 계승	
사병 조직	상군(湘軍)	증국번(曾國藩)의 사병	용영(勇營)이라 불리는 신군대. 후에 병력 30만 명 이상으로 확대
	회군(淮軍)	이홍장(李鴻章)의 사병	
	초군(楚軍)	좌종당(左宗棠)의 사병	
	예군(豫軍)	후난성에서 조직	
	동군(東軍)	산둥성에서 조직	
	천군(川軍)	쓰촨성에서 조직	

대였다. 때문에 사병私兵이나 다름없었다. 자연히 조정의 명령보다는 돈을 대는 부대 지휘관의 명을 잘 따랐다. 이들이 충성을 바치는 대상은 황제가 아니라 부대 지휘관이었다(임계순, 『청사』, 2001, 450-451쪽).

이홍장이 조직한 회군은 서양식 총포로 무장하고 외국인 교관의 훈련을 받아 전투력이 막강했다. 군사력을 앞세운 이홍장의 활약은 눈부실 정도였다. 화이베이淮北 지역에서 염군이 봉기했을 때 이홍장의 회군과 좌종당의 초군이 반란을 진압했다. 이후 회군의 방어 지역이 계속 확대되어 청조 정권 유지의 핵심 군사력으로 부상했다. 이들이 조직한 향토군인 상군·회군·초군은 용영勇營이라 불리는 신군대로 탈바꿈했다. 용영은 1860년대 후반 30만 명 이상으로 군사 규모가 확대되었다.

서구 열강들은 태평천국의 난이 발생하자 한동안 사태를 관망했다. 그런데 태평천국군이 자신들의 이권이 걸려 있는 상하이를 압박하자 기민하게 움직였다. 영국은 자신들의 이권 보호를 위해 청조를 지원하기로 했다. 영국은 청조에 총과 대포를 팔고, 미국인이나 영국인이 지휘하는 용병과 전함을 청조 군대와 연합군으로 편성하여 토벌에 나섰다.

1860년 태평천국군의 공세로 상하이 방어선이 붕괴 위기에 처하자 상하이의 거상 양방楊坊은 미국인 선원 워드(Frederik T. Ward)를 용병으로 고용하여 상하이 방어전을 맡겼다. 워드는 양창대洋槍隊라 불리는 서양식 소총 부대를 조직하여 상하이를 수호했다. 이후 워드는 중국인 4,500명을 고용하여 상하이 방위 전투에서 태평천국군을 격파하여 상승군常勝軍(Ever Victorious Army)이라는 이름을 얻었다.

워드가 전사한 후 1863년 영국군 현역 장교인 찰스 고든(Charles George Gordon) 소령이 상승군 지휘관을 맡았다. 앞서 1860년 영불 연합군의 원명원 약탈 사건 때 대위였던 고든은 태평천국군을 격파하고 강남의 각 성을 탈환했다. 고든은 후에 수단 총독을 지내고, 하르툼 전투(1884~85)에서 전사하여 영 제국에서 가장 유명한 전쟁 영웅이 된다.

상승군이 성공하자 각지에서 이와 비슷한 용병 부대인 상첩군常捷軍(프랑스 민병대)·상안군常安軍·정승군定勝軍 등이 조직되었다. 청은 태평천국군을 진압하는 과정에서 서구 세력의 도움을 얻기 위해 많은 이권을 제공해야 했다.

미래 비전 없었던 태평천국

태평천국은 여러 가지 이유가 복합되어 궁지에 몰린 가운데 1864년 6월 1일 홍수전이 자살하는 등 혼란에 빠졌다. 1864년 7월 19일 증국번의 상군이 태평천국의 수도인 천경을 탈환하면서 태평천국군은 종말을 맞았다.

청조는 반란군을 몰아내고 난징을 되찾아준 상군을 크게 신뢰했다. 하지만, 사냥이 끝나면 사냥개를 삶는 것이 권력의 법칙이다. 증국번이 승승장구하자 주변에서 "만주족 정권에 도전하려는 것 아닌가" 하는 견제 여론이 제기되었다. 위기의식을 느낀 증국번은 상군을 해산하고 야인으로 돌아갔다. 해산된 상군 병력 대부분이 이홍장의 회군 산하로 편입되면서 이홍장이 명실상부한 실력자로 부상했다. 이홍장의 권력의 원천인 사병 집단 회군은 후에 북양北洋 육·해군으로 재편된다.

14년 동안 계속된 태평천국의 전란으로 무려 2,000만 명이 사망하고 국토는 황폐해져 청조 멸망의 중요한 원인이 되었다. 학자들은 승승장구하던 태평천국이 실패한 이유를 다음과 같이 분석한다(임계순, 『청사』, 2001, 384-387쪽).

첫째, 태평천국 지도부의 내분이 일어나고, 기존 왕조 체제를 모방하여 세습 제도를 채택하는 등 부패한 청조와 비슷한 모습을 보이면서 백성의 신뢰를 잃었다.

둘째, 태평천국의 구호가 그럴듯하여 빈곤과 압정에 고통받는 중국 민중들을 결집할 수 있었으나 정책들이 현실성이 없어 신기루가 되었다. 천조전무 제도에 의한 토지 분배, 성고 제도도 불발되었다. 1854년 여름과 가을 사이 태평천국이 청조의 법에 따라 세금을 징수하는 등 청조와 똑같은 길을 걸으면서 민중들의 지지가 사라졌다.

셋째, 국가 운영과 행정을 담당할 인재가 없고 타 조직의 인재를 수용하지도 못했다. 그 결과 정복한 지역을 제대로 통치하지 못했다.

넷째, 태평천국 지도자들은 외국인을 무시하고 대외 무역의 중요성도 인식하지 못했다. 홍수전은 국제 정세에 어둡고, 외교에 대해 아는 것이 없었다.

영·러 그레이트 게임의 동아시아 확산

러시아 남진 저지한 크림 전쟁

잠시 눈을 세계로 돌려본다.

중국 남부 지역에서 제1차 아편 전쟁이 종료되고 중부 일대에서 태평천국의 난이 소용돌이치고 있을 때 러시아는 오스만 튀르크가 장악하고 있던 흑해와 발칸반도 일대로 남진을 시도했다. 크림반도를 통해 흑해로 나간 다음, 보스포루스 해협~마르마라해~다르다넬스 해협을 통

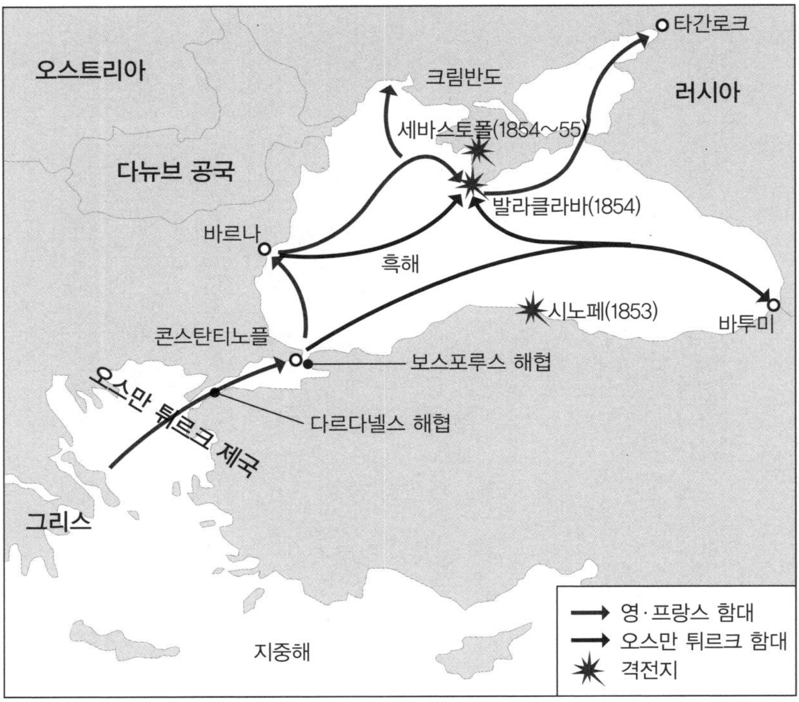

크림 전쟁 개요

과하여 지중해로 진출하는 전략을 구상한 것이다.

러시아가 흑해로 진출하기 위해서는 이 지역의 전통적 강호이자 맹주인 오스만 튀르크와의 충돌이 불가피했다. 이 무렵 오스만 튀르크는 쇠퇴기에 접어들고 있었다. 러시아 황제 니콜라이 1세는 터키를 "빈사 상태의 병자"라면서 영국에게 노쇠한 대제국을 분할하여 나눠 갖자고 제안했지만 영국은 이 제안을 거절했다.

영국은 오스만 튀르크가 무너질 경우 러시아 세력이 거침없이 지중해를 향해 쏟아져나올 것을 우려했다. 러시아가 지중해로 진출하면 영국의 지중해 패권에 강력한 도전이 된다. 이런 상황은 패권국이 받아들일 수 없는 폭거였다.

영국은 러시아의 남진을 저지하기 위해 프랑스와 샤르데냐·피에몬테 왕국과 연합군을 결성하여 오스만 튀르크를 지원하기로 결정했다. 1854년 1월 4일 영불 연합 함대가 흑해로 진입하자 러시아가 2월 21일 영국과 프랑스에 선전 포고를 하여 크림 전쟁이 발발했다. 오스만 튀르크는 러시아에 선전 포고했으나 연전연패하여 위기에 몰렸다.

크림 전쟁은 참여 세력 모두에게 악몽과 같은 기억만 안겨준 끔찍한 전쟁이었다.

극동으로 눈 돌린 러시아

1854년 영불 연합군은 악전고투 끝에 러시아 흑해 함대의 거점인 크림반도의 세바스토폴에 상륙했다. 하지만 러시아의 강력한 반격에 밀려 교착 상태에 빠졌다.

세바스토폴을 둘러싼 공방전은 349일간 계속됐다. 거의 1년 동안 시체와 피의 진창 위에서 격렬한 공방전이 반복되었다. 지옥을 방불케 하는 끔찍한 전투에서 극적인 승리를 거둔 것은 영불 연합군이었다.

세바스토폴에서 공방전이 계속되는 동안 영불 연합군은 돌파구를 마련하기 위해 지구 반대편 극동 지역의 캄차카반도 남단에 위치한 페트로파블롭스크(Petropavlovsk)로 눈을 돌렸다. 이 도시는 동시베리아 총독으로 부임한 무라비요프가 1849년 캄차카반도 남동부에 건설한 요새였다. 영국과 프랑스가 이곳을 주목한 이유는 러시아 태평양 함대가 주둔하고 있었기 때문이다. 러시아가 태평양 연안에 건설한, 당시로는 가장 쓸모 있는 해군 기지가 페트로파블롭스크였다(최문형, 『한국을 둘러싼 제국주의 열강의 각축』, 지식산업사, 2006, 20쪽).

영국과 프랑스는 페트로파블롭스크에 주둔한 러시아 함대가 자신들의 태평양 무역을 차단할 가능성을 우려하여 이 항구 도시를 점령하여 파괴하기로 결정했다. 흑해에서 벌어진 영국과 러시아의 대결이 동아시아로 불길이 옮겨 붙은 것이다.

1854년 8월 30일 영국의 프라이스(David Price) 소장이 이끄는 영불 연합 함대가 페트로파블롭스크항에 포격을 가하면서 전투가 개시되었다. 영불 연합군은 사흘 동안 맹포격을 가한 후 상륙했다. 이 와중에 프라이스 사령관이 기함 프레지던트호에서 권총 자살을 하면서 혼란에 빠졌다. 영불 연합군의 사기가 저하되어 맥이 빠진 기회를 놓치지 않고 러시아군이 반격을 가해 영불 연합군은 큰 피해를 입고 퇴각했다.

1855년 5월에도 브루스(Henry William Bruce) 영국 태평양 함대 사령관이 지휘하는 12척의 영불 연합 함대가 또다시 페트로파블롭스크 앞바다에 나타났다. 하지만 항구는 텅 비어 있었다. 무라비요프가 사전에 러시아 함대를 아무르강으로 피신시켰기 때문이다. 영불 연합군은 사할린 일부와 쿠릴 열도의 섬들을 한동안 점령했으나, 무라비요프가 지휘하는 러시아군이 격렬한 전투를 벌여 영불 연합군을 격퇴했다.

방어전을 지휘한 무라비요프는 영웅이 되었고, 영불 연합 함대는 조롱의 대상으로 전락했다. 러시아는 페트로파블롭스크 기지를 강화하고, 네벨스코이가 아무르강 하구에 건설한 니콜라옙스크 기지를 보강했다.

영불 연합군이 극동 지역의 페트로파블롭스크를 공격하면서 영·러 그레이트 게임은 흑해와 크림반도라는 시공의 한계를 단숨에 뛰어넘었다.

한편 세바스토폴 함락으로, 흑해를 통해 지중해로 진출하려던 러시아의 남진 정책은 제동이 걸렸다. 러시아는 진출 코스를 동쪽으로 틀어 페르시아·중앙아시아·중국, 그리고 시베리아를 거쳐 태평양으로 향했다. 전선이 발트해·백해白海(Beloye More)·태평양·아조프해(Azovskoe More, 흑해 북부) 등 세계 전역으로 확대된 것이다. 크림 전쟁은 그전까지 벌어졌던 전쟁과는 차원이 다른 세계적 규모의 전쟁이었다.

러시아가 흑해를 통해 지중해와 발칸반도로 밀고 나오려는 시도를 봉쇄하는 데 성공한 영국은 러시아의 다음 행선지가 어느 방향인지를 놓고 촉각을 곤두세웠다. 영국의 전략가들은 지정학적 특성상 러시아의 다음 노림수는 페르시아와 중국을 비롯한 동아시아 지역이 될 것으로 예측했다. 영국은 즉각 예방 조치에 돌입했다.

이 무렵 페르시아는 러시아의 지원을 받아 아프가니스탄령 헤라트를 공격했다. 영국은 인도를 향한 러시아의 남진을 막기 위한 완충 지대로 아프가니스탄 전략을 구상하고 있었는데 페르시아가 이 지역을 공격한 것이다.

영국은 러시아의 침투가 예상되는 페르시아를 자신들의 영향력 아래 두기 위해 1856년 9월 인도 총독 캐닝(Charles John Canning)에게 페르시아만으로 병력을 파견하라고 명령했다. 이로써 영국·페르시아 전쟁(1856년 11월~1857년 3월)이 벌어졌다. 페르시아는 영국에 완패하여 1857년 파리에서 강화 회담을 열었다. 회담 결과 아프가니스탄의 독립이 승인되었으며, 헤라트는 아프가니스탄에 귀속되었다.

캄차카반도의 페트로파블롭스크에서 전개된 동아시아판 크림 전쟁으로 인해 동해는 캄차카반도를 오가는 영불 연합 함대의 번잡한 통행로가 되었다. 이때를 계기로 울릉도와 독도가 서구 열강들의 지도에 표기되기 시작했다. 열강의 동아시아 침략의 빗장이 활짝 열린 것이다.

끝없는 야욕

애로호 사건

제1차 아편 전쟁에서 손쉽게 승리한 영국은 중국 시장에 거대한 빨대를 꽂고 단물을 빨았다. 그런데 결정적인 문제가 발생했다. 아편 수출량은 폭증했지만, 아편은 어디까지나 기호품 혹은 농산품, 혹은 환각을 일으키는 의약부외품이었을 뿐이다. 영국의 신흥 자본가들은 중국의 5개 항구를 개항할 경우 공산품 판매가 크게 늘 것으로 기대했다. 하지만 기대와는 달리 공산품은 중국 시장에서 고전을 면치 못했다.

중국은 소농과 가내수공업이 긴밀하게 연결되어 있었다. 게다가 수천 년 직물 제조 전통을 이어온 저력 있는 나라다. 사람 손으로 정교하게 제작된 중국 토산 면직물은 원료 함량이 높고 생산 원가도 낮았다. 중국 면제품은 공장에서 기계가 대량으로 찍어낸 영국산 면직물과의 경쟁에서 결코 밀리지 않았다.

영국 신흥 자본가들은 미로나 다름없는 중국 시장을 뚫고 들어가 산업혁명의 결과물을 판매하는 것이 쉽지 않다는 사실을 깨달았다. 영국 랭카스터의 '증기 기관 공장'과 중국 '인력'의 경쟁 제1 라운드는 중국 인력의 판정승이었다.

제1차 아편 전쟁이 종료되어 한동안 잠잠했던 영국과 청나라 관계는 1856년 크림 전쟁 종전을 계기로 또다시 긴장이 조성되기 시작했다. 영국의 세계 패권 전략에 따른 전술적 변화 때문이다.

영국은 러시아가 크림 전쟁에서의 패전을 만회하기 위해 중국으로 진출할 가능성이 높다고 판단했다. 그들은 러시아보다 선수를 쳐서 베이징을 제압하여 공사관을 설치하고 자국의 기득권을 굳혀야 할 필요에 직면했다. 중국에 대한 모종의 조치를 준비하고 있던 와중에 태평천국의 난이 폭발했다. 청이 내란 상태에 빠지자 영국은 이 기회를 이용하기로 한다.

1856년 10월 8일, 광저우의 하이주海珠 포대 부근. 이곳에 화물선 애로(Arow)호가 정박해 있었다. 선박의 소유주와 선원 12명은 중국인, 선장은 영국인, 선적은 홍콩이었다. 중국인 선주가 밀수를 위해 영국인 선장을 고용한 다음 홍콩에 선박을 등기한 것이다. 청나라 관헌은 애로호를 해적 행위 혐의로 검문하여 선원 12명을 체포했다. 이때 청나라 관헌이 영국 국기를 강제로 내린 것이 사건의 발단이었다.

청을 손봐줄 기회를 노리고 있던 영국 정부는 "청조 관헌이 애로호에 무단 승선하여 영국 국기를 강제로 내리고 선원을 체포한 것은 국기 모독이자 불법 행위"라고 선언했다. 선원들의 증언에 따르면 실제로 영국 국기가 내려졌는지 확실치도 않았고, 애로호 선적은 홍콩에 있었으나 사건 발생 10일 전 선적이 만료되어 영국 정부의 보호를 받을 수 없는 상황이었다. 하지만 영국군은 막무가내로 10월 22일 광저우를 공격하여 시가지 일부를 점령했다.

보고를 받은 영국의 파머스턴 내각은 중국에 대한 전쟁을 결정했다. 그들은 재빨리 1857년 2월 하순, 원정군 파견 계획을 의회에 제출했다. 의회 심의 과정에서 논란이 벌어졌다. 중국인이 소유하고 중국인이 운항한 선박을 영국 정부가 보호하여 전쟁을 해야 할 법적·도의적 이유가 현저히 부족하다는 이의가 제기된 것이다. 논란 끝에 영국 상·하원 모두 원정군 파견 계획을 부결시켰다.

파머스턴 총리는 그대로 물러서지 않았다. 그는 즉각 하원을 해산하고 총선거를 실시하여 다수당 지위를 확보했다. 그 후 다시 원정군 파견 계획을 의회에 제출하여 승인을 받았다. 1857년 5월 9일, 엘긴(J. Bruce, Earl of Elgin) 경의 지휘 아래 5,000명의 원정군이 중국을 향해 출항했다. 제2차 아편 전쟁이다.

영국 의회에서의 논란 과정이나, 침략을 당한 동아시아 국가 입장에서 볼 때 제2차 아편 전쟁은 매우 부도덕한 전쟁이었다. 하지만 영국 정부의 시각은 전혀 달랐다. 영국의 자유무역주의를 대변하는 경제 잡지 〈이코노미스트〉는 이런 논리를 폈다(최성락, 『100년 전 영국 언론은 조선을 어떻게 봤을까?』, 페이퍼로드, 2019, 73-75쪽 참조).

영국 기업들은 외국과 무역 거래를 해서 돈을 벌면 그것으로 충분하다. 그런데 아시아 국가와 무역 거래를 하다보면 손해 보는 사람, 이익을 보는 사람이 발생한다. 아시아의 사업자들은 손해를 볼 경우 그냥 물러서지 않고 정부와 관료를 움직인다. 정부가 앞에 나서서 자기 나라 사업자를 보호하기 위해 규정을 만들어 서구 상인의 상거래에 간섭하고 장사를 방해하여 이익을 내지 못하게 하는 사태가 발생한다.

서구 상인들 입장에서 볼 때, 그 나라 국민들이 자기 상품을 구매하지 않아 손해를 보는 것은 어쩔 수 없지만, 정부가 나서서 서구 상인들을 규제하고 억압해서 손해를 보게 할 경우 문제가 달라진다. 이 시기 아시아에서는 행정·군사·사법 업무가 구별되지 않았다. 아시아에서 지방관이 서구 제국의 무역 회사를 방문하여 이러저러한 조치를 하면, 단순히 지방 행정관이 통상에 개입하는 것이 아니라 경찰과 군대가 개입하는 것이다.

이렇게 되면 영국도 정부가 나설 수밖에 없다. 상대 국가의 군인이 영국 회사를 공격하면 영국도 군인으로 응대할 수밖에 없다. 그래서 아시아 국가와의 통상은 서구 제국의 군대 파견이라는 결말을 맞게 된다는 것이 〈이코노미스트〉의 분석이었다.

때마침 광시 지역에서 불법 선교 활동을 하던 프랑스 선교사 샤프들렌(A. Chapdelaine)이 신도 25명과 함께 청 관헌에 체포되었다가 조사 과정에서 고문당한 끝에 사망하는 사건이 발생했다. 영국 정부는 청조에 확실한 경고를 하기 위해 프랑스를 끌어들였다. 영국으로부터 공동 출병을 제안받은 프랑스는 전권특사 바론 그로(J. B. Gros)가 지휘하는 원정 부대를 파견하여 영국군과 합류했다.

톈진 조약

애로호 사건은 논란거리도 안 될 정도로 하찮은 사건이었다. 그럼에도 불구하고 영국이 이 사건을 빌미로 전쟁까지 일으킨 이유는 무엇일까?

첫째, 러시아에 대한 선제 대응을 위해서다. 러시아도 영불 연합군 편성에 바짝 긴장했다. 러시아는 영국의 움직임을 크림 전쟁의 전선을 동아시아로 확대한 것으로 해석했다. 그리하여 영불 연합군의 일거수일투족을 신중하게 추적하며 대응책 마련에 골몰했다.

둘째, 상업적인 돌파구를 마련하기 위해서다. 제1차 아편 전쟁으로 영국은 5개 항구 개방 등 원하는 목표를 다 얻었다. 하지만 산업혁명으로 대량 생산되는 영국산 면제품의 중국 판매는 지지부진했다. 중국에 대한 영국 상품 수출 총액은 1851년 216만 파운드, 1852년 250만 파운드로 약간 늘었다가 1854년에는 100만 파운드로 크게 줄었다(임계순, 『청사』, 2001, 292쪽).

서양 상품이 중국 시장에서 고전을 면치 못한 데는 두 가지 이유가 있다. 첫째, 공장에서 대량 생산된 영국산 면제품의 품질이 중국산 수

제 면제품보다 경쟁력이 없었기 때문이다. 둘째, 중국인 상당수가 아편 중독 상태였다. 수입이 생기면 아편 구입에 우선적으로 돈을 써야 했기 때문에 다른 상품의 구매력이 감소한 것이다.

하지만 영국 신흥 자본가는 중국 시장에서 영국 제품 판매가 부진한 이유는 청조의 상업 활동 규제와, 시장을 5개 개항장으로 묶어놓았기 때문이라고 제멋대로 해석했다.

영국과 프랑스는 청조가 태평천국의 난으로 자중지란을 겪는 기회를 이용하여 외국 상인의 중국 내지內地 자유 여행, 통상 항구 확대, 베이징에 공사관 설치 및 외교관 상주, 아편 무역 합법화 등을 허용하라면서 조약 개정을 요구했다.

청조는 외국 상인에게 중국 내지 여행을 허가할 경우 서양 세력이 내지로 진출하여 반청 세력과 결탁할 가능성을 우려해 당연히 이들의 요구를 거부했다. 청조가 반대한다고 물러서면 그것은 패권국 자격이 없는 것이다. 태평천국의 난이 청조를 강타하자 영국과 프랑스는 기다렸다는 듯이 하찮은 애로 사건을 빌미로 무력 대응을 선언했다.

1857년 12월 21일, 제2차 아편 전쟁이 시작되었다. 영불 연합군은 광저우를 공격 점령하고 양광 총독 섭명침葉名琛을 비롯한 청의 고위 관료를 포로로 잡았다. 섭명침은 영불 연합군이 공격해오자 "싸우지 않고不戰, 강화하지도 않고不和, 지키지도 않고不守, 죽지도 않고不死, 항복하지도 않고不降, 달아나지도 않는다不走"는 6불不 전략 운운하며 허세를 부리다 포로가 되었다. 그는 인도로 압송되어 캘커타에서 사망했다.

엘긴과 그로가 지휘하는 영불 연합 함대는 광저우 일대를 휩쓴 다음 북상하여 베이징 코앞의 다구 포대를 점령하고 톈진을 압박했다. 태평천국의 난으로 기진맥진해 있던 청 조정은 1858년 6월 영·불·미·러와

4건의 텐진 조약을 맺고 휴전에 돌입했다.

텐진 조약의 주요 내용은 다음과 같다(표교열, 「제1, 2차 중영전쟁」, 서울대학교 동양사학연구실 편, 『강좌 중국사 5: 중화제국의 동요』, 지식산업사, 1989, 59쪽).

① 외국 공사의 베이징 주재
② 양쯔강 유역, 북부 지역, 기타 지역에 위치한 10개 항구 개항
③ 외국인의 내지 여행과 통상 활동 및 기독교 전교의 자유 허락
④ 영사 재판권 확대
⑤ 양쯔강과 각 통상항에 군함 진입권
⑥ 배상금 지급

이 내용에 근거하여 1858년 10월부터 11월 사이 상하이에서 세칙 개정을 위한 교섭이 진행되었다.

다구 포격 사건과 베이징 조약

그런데 영불 연합군이 다구에서 철수하여 눈앞에서 위협 요인이 사라지자 청 조정에서 권력 투쟁이 벌어졌다. 화평파가 실각하고 텐진 조약 폐기를 주장하는 주전파가 득세했다.

1859년 6월 중순, 텐진 조약 비준서 교환을 위해 영·불·미 공사가 다구에 도착하자 청군이 느닷없이 포격을 가했다. 다구 포대의 기습 포격으로 영국 군함 4척이 침몰하거나 대파되었고, 영국군은 432명의 사상자가 발생했다. 함대 사령관 제임스 호프(Sir James Hope) 제독도 중상을 입었다. 담판을 위해 파견됐던 해리 파크스(Harry S. Parkes) 등 26명의 영

국인과 13명의 프랑스인은 청군에게 체포되었다.

청은 다구에서 영불 연합군에게 작은 승리를 거두자 침략군을 격퇴할 수 있다고 착각했다. 이들은 청 황제가 재가한 러시아와의 아이훈 조약을 포함하여 러·영·불·미 등과 체결한 톈진 조약을 전부 무효화한다고 선언했다. 이것은 청나라 관리들의 무지몽매한 착각이었다.

격분한 영·불 양국은 1860년 1만 7,000명의 군대를 동원하여 다구 포대를 공격했다. 캘커타에서 출동한 영국군 특전대는 홍콩섬 앞 주룽九龍반도 일대를 점령했다. 상황이 악화되자 러시아는 안면몰수하고 영불 연합군 편에 섰다. 베이징 주재 러시아 외교관 이그나티예프(Nicholas Pavlovich Ignatiev)는 다구 앞바다에 나타난 영불 연합군에게 다구 옆의 베이탕北唐 지역에 방어 시설이 전혀 없다는 결정적인 정보를 제공했다. 영불 연합군은 이그나티예프가 제공한 정보에 따라 베이탕에 상륙, 1860년 8월 1일 손쉽게 다구 요새를 점령했다.

훗날 밝혀진 바에 따르면 청군이 외교 사절에 대한 포격을 가한 것은 러시아의 공작 때문이다. 러시아는 청나라와 아무르강 지역의 불확실한 국경 문제를 해결해야 할 상황이었다. 이를 위해 청군에 비밀리에 군사 원조를 제공했다. 그 결과 청군이 다구 포대에서 영국과 프랑스군에게 포격을 가한 것이다(최문형, 『한국을 둘러싼 제국주의 열강의 각축』, 2006, 25쪽)(제9장 참조).

영불 연합군은 약탈·파괴·폭력을 일삼으며 베이징으로 진격했다. 9월 22일 함풍제는 동생 공친왕恭親王에게 외교를 일임하고 러허 행궁으로 도주했다(경신변란庚申變亂). 공친왕 혁흔奕訢(1832~1898)은 도광제의 6남이자 함풍제의 이복동생이다. 1861년 8월에 형인 함풍제가 사망하자 어린 동치제(재위 1861~1875)의 공동 섭정이 되었다. 그의 지휘 아래

10년 넘게 지속되던 태평천국의 난을 평정했고, 서구식 무기 제작을 위한 군수 공장을 설립했으며, 서양 기술을 받아들여 근대화를 추진했다.

베이징을 수비하던 팔기군 8만 6,000명은 훈련도 제대로 받지 못한데다 식량 공급마저 끊겨 싸울 힘조차 없었다. 영불 연합군은 베이징 교외, 청나라 황제들의 여름 별장인 원명원에 침입하여 건물을 모조리 파괴하고 보물을 싹쓸이 약탈했다. 영불 연합군은 장교 팀과 사병 팀으로 나누어 약탈을 자행했다. 프랑스 병사들은 심지어 100만 프랑까지 약탈했을 정도였다고 한다(표교열, 「제1, 2차 중영전쟁」, 1989, 61쪽).

다급해진 공친왕은 러시아에게 영·불과의 거중 조정을 의뢰했다. 조정이 이루어질 경우 그 대가로 러시아의 요구를 들어주겠다고 약속했다. 러시아 외무부는 이그나티예프 특사에게 영불 연합군과 청나라 간의 중재 임무를 맡겼다. 이그나티예프는 청 조정으로부터 협상 전권을 위임받아 영·불 대표와 협상에 나섰다. 그는 외교적 수완을 발휘하여 청이 영·불과 체결한 톈진 조약을 성실히 이행할 경우 영불 연합군은 철수한다는 합의안을 이끌어내는 데 성공했다.

이그나티예프의 외교적 노력으로 베이징은 약탈을 면하고 안정을 되찾았다. 그 결과 1860년 10월 24일 영국과 청나라 간 베이징 조약, 10월 25일에는 프랑스와 청나라 간 베이징 조약이 체결되었다. 양국과의 중재를 성공시킨 러시아도 그에 대한 보상으로 11월 14일 청나라와 베이징 조약을 체결했다.

베이징 조약은 전해 체결한 톈진 조약의 내용을 재확인하고 이행을 다짐하는 내용이었다. 베이징 조약으로 인해 개항장은 이미 개방된 5개 항구 외에 뉴좡牛莊·덩저우登州·한커우漢口·주장九江·전장鎭江 등 6개 항구가 추가되어 모두 11개 항구로 늘었다. 영국은 홍콩섬 맞은편 주룽반도를 할양받고, 아편 1상자에 은 30냥의 수입세를 부담하는 조건으로 아편 무역을 합법화했다.

엘긴 경은 청나라 황제의 옥좌를 비롯하여 원명원에서 약탈한 막대한 보물을 싣고 개선했다. 엘긴의 부친인 제7대 엘긴 백작은 오스만 튀르크 주재 영국 공사로 근무할 때 장인들을 동원해 그리스의 파르테논 신전 벽화의 절반, 그 밖의 부조물과 동상들을 영국으로 실어온 사람이다.

프랑스의 대문호 빅토르 위고(Victor Hugo)는 1861년 11월 자신의 친구인 영국의 버틀러 대위에게 공개편지를 써서 영불 연합군의 약탈 파괴 행위를 다음과 같이 질타했다.

"어느 날 두 강도가 원명원에 들어갔습니다. 하나는 약탈했고, 또 하나는 불을 질렀습니다. 승리의 여신은 도둑질하는 여자도 될 수 있는 모양입니다. 원명원의 파괴는 두 승리자가 함께 한 일입니다. 이 모든 것에 얽혀 있는 것이 엘긴이란 이름입니다. 파르테논을 연상하지 않을 수 없는 이름입니다. 파르테논에 저질러졌던 것이 원명원에도 저질러졌습니다. 다만, 아무것도 남지 않도록 더 철저하게 더 잘 말입니다."

소년 왕들과 외척 발호 시대

청나라가 아편 무역 합법화를 받아들인 이유가 있다. 당시 청조는 태평천국의 난 진압을 위해 막대한 전비가 필요했다. 이 전비를 아편 무역에서 파생되는 수입 관세로 충당하기 위한 조치였다. 그 결과 아편은 '양약洋藥'으로 명칭을 바꾸어 중국에 무차별 수입되었다. 제2차 아편 전쟁 이후 모든 종류의 외국 상품은 수입 관세와 통과세(수입 관세의 2.5퍼센트)를 추가로 내면 중국 어느 지역에서나 자유롭게 유통되었다.

청조는 제2차 아편 전쟁 당시 영불 연합군이 베이징으로 쳐들어올 때 대응 방식을 놓고 심각하게 대립했다. 침략군을 피해 러허로 도주한 사람은 러허파, 베이징에 남아 연합군과 협상하여 베이징 조약을 체결하고 사태를 진정시킨 사람은 베이징파로 분열했다. 베이징파의 상징 인물이 공친왕이다.

영불 연합군이 철수하자 두 파벌 사이에 권력 투쟁이 벌어졌다. 민심이 베이징파를 지지하자 공친왕과 서태후西太后(1835~1908)는 민심을 등에 업고 쿠데타를 일으켜 베이징으로 돌아온 러허파를 처단하고 권력을 장악했다.

영불 연합군이 철수한 후 러허에 남아 있던 함풍제는 1861년 8월 질병으로 사망했다. 권력을 장악한 공친왕 세력은 당시 여섯 살밖에 안 된 함풍제의 아들을 황제에 올리고 서태후가 섭정을 맡았다. 그가 청나라 제10대 황제 동치제(재위 1861~1875)다. 황제가 너무 어려 친어머니인 서태후가 섭정을 맡았다. 이때부터 청조는 '소년 왕(child kings)'과 '외척의 발호'라는 망국의 공식이 작동하기 시작했다(이삼성, 『동아시아의 전쟁과 평화 2』, 2017, 171쪽).

동치제 재위 14년 동안 모든 권력은 그의 어머니 서태후로부터 나왔다. 동치제는 1875년 18세에 천연두에 걸려 요절했다. 서태후는 제위 계승 원칙을 무시하고 자신의 여동생(순친왕의 부인)의 네 살짜리 아들을 양자로 삼아 제위에 올렸다. 그가 11대 황제 광서제(재위 1875~1908)다. 광서제의 섭정도 서태후가 맡으면서 가히 서태후 전성시대가 도래했다.

함풍제의 후궁이었던 서태후는 반세기 동안 중국을 지배한 강력한 여성 지배자였다. 서태후의 최우선 관심은 어떤 대가를 치르더라도 만주족에 의한 통치 권력을 유지하는 데 있었다.

즈리 총독으로서 청조의 외교를 담당한 이홍장은 끊임없이 공금을 빼내 서태후에게 사치스런 선물과 금품을 제공하여 충성을 표현했다. 서태후가 전권을 장악하고 이홍장이 외교를 담당하는 투톱 체제를 통해 청조는 생존을 위해 몸부림쳤다. 베이징 조약으로 중국에서 막대한 이권을 확보한 서구 열강들은 이때부터 태평천국군을 격퇴하기 위해 본격적으로 청조를 지원했다. 청조가 예쁘고 귀여워서가 아니라, 청조와 조약을 맺어 획득한 이권을 태평천국군에게 침해당하지 않기 위해서였다.

당시 미 국무장관 수어드(William H. Seward)는 서구 열강들이 아편 전쟁을 통한 '중국 분할'에 이어 일본 분할, 나아가 아시아 분할을 시작했다고 결론 내렸다. 그는 주청 미국 공사 벌린게임(Anson Burlingame)을 통해 열강들의 '아시아 분할'을 방지하는 데 주력했다.

수어드 장관은 벌린게임 공사를 통해 영국의 올콕·파크스, 프랑스의 벨로네(Henri de Bellonet) 등 노련한 외교관들의 대중 위압 정책을 견제하여 일정한 성과를 거두었다. 그러나 중국을 제외한 아시아 다른 지역에서는 미국의 영향력이 그다지 발휘되지 못했다. 중국의 영토 보전과 주권을 존중하면서 열강들 간에 기회 균등을 보장하는 수어드의 정책은 19세기 말 존 헤이(John Hay) 미 국무장관의 중국에 대한 문호 개방 정책의 기초가 되었다.

일본의 기지개

영국은 홍콩을 기지로 확보하고 러시아는 페트로파블롭스크를 거점으로 포진한 상황에서 크림 전쟁이 동아시아로 확대되자 일본의 중요성이 부각되었다. 영·러는 동아시아에서 자국의 안보와 이권을 유지하기 위한 기지로 일본을 활용할 필요성이 제기되었다. 영·러 양국은 경쟁적으로 일본과 수교 교섭에 나섰다. 쇄국 정책을 고수하던 도쿠가와 막부는 교전 당사국 배제 원칙을 내세워 양국의 수교 요구를 모두 거절했다.

이러한 영·러 양국의 상호 견제 틈새를 파고 들어온 것이 미국의 페리(Matthew Calbraith Perry) 제독이다. 미국은 영·러 양국이 크림 전쟁에 돌입한 1854년, 누구의 견제도 받지 않고 서구 열강들 가운데 최초로 일본과 화친 조약을 맺었다.

미국에게 선수를 빼앗긴 영국은 1854년 10월 14일, 동인도 함대 사령관 스털링(Sir James Stirling) 제독이 일본과 화친 조약을 맺었다. 러시아도 1855년 2월 팔라다(Pallada)호를 타고 온 특파대사 푸차틴(Evfimii V. Putyatin)이 일본 측 전권대표 쓰쓰이 마사노리筒井政憲와 화친 조약을 맺었다.

서구 연합군이 청나라를 공격하고 태평천국군이 중국 남부 지역을 점령하는 등 천하 대란이 벌어지자 일본의 도쿠가와 막부도 비상한 관심을 보였다. 1862년 막부는 청나라 정세를 직접 살피기 위해 51명의 파견단을 태운 지토세마루千歲丸호를 상하이에 파견했다. 쇄국 이래 막부가 처음으로 해외에 사람을 파견한 것이다. 이때 상하이에 파견된 요원 중 한 명이 요시다 쇼인吉田松陰의 제자이며, 후에 막부 타도의 선봉장이 된 다카스키 신사쿠高杉晉作였다.

제9장

러시아의 동아시아 진출

서구 열강들은 해외 진출 과정에서 별도의 수탁 회사를 설립하여 정부 역할을 대행시켰다. 영국·네덜란드의 동인도 회사가 대표적인 기업이다. 영국 정부는 동인도 회사에 경찰권과 군대 조직권까지 부여했다. 동인도 회사는 수십만 명의 군대를 보유하여 식민 지배를 무력으로 지원했다.

러시아도 해외 진출을 위해 수탁 회사를 설립했다. 1799년 7월 19일, 차르 파벨 1세의 명에 따라 셸리호프(Grigory Ivanovich Shelekhov)와 레자노프(Nikolay Petrovich Rezanov)가 설립한 러시아·아메리카 회사(The Russian-American Company)가 그것이다. 이 회사는 러시아 정부의 동방 진출을 전담하는 대행 회사였다.

러시아·아메리카 회사는 1803년 크루젠시테른(I. F. Kruzenshtern) 탐험대를 아무르강 일대와 알래스카에 파견했다. 이때부터 아무르강을 통한 태평양으로의 진출이 시도되었다.

1840년 영국이 제1차 아편 전쟁을 일으켜 중국을 침략하자 러시아 황제 니콜라이 1세(Nikolay I, 재위 1825~1855)는 큰 자극을 받았다. 니콜라이 1세는 "이제 러시아도 중국을 향한 진출을 본격화해야 할 시기가 왔다"면서, 1842년 아무르강 유역과 사할린 지역에 대한 특별위원회를 설치했다.

이 무렵 러시아는 타지키스탄을 정복하여 중국의 서쪽 국경과 접하게 되었다. 러시아는 이 지역 일대의 국경 획정과 통상 관계를 규정하기 위해 1851년 7월 청과 이리 조약을 체결했다(임계순, 「한로밀약과 청의 대응」, 1984, 48쪽).

러·청·일·영의 셈법

공격적 동진 정책

러시아는 청나라가 태평천국의 난, 애로호 사건(제2차 아편 전쟁) 등으로 내우외환에 시달리는 기회를 결코 헛되이 보내지 않았다. 그들은 태평양 연안으로 진출하기 위해 아무르강 수로를 통해 군대를 파견하는 등 다양한 시도를 했다.

1832년 파견된 라디젠스키(M.V. Ladyzhenskii) 조사단은 아무르강을 항행하여 알바진까지 답사한 후 아무르강 유역을 점령해야 한다고 보고했다. 1842년 파견된 미덴도르프(A.F. Middendorf) 탐사단도 아무르강이 시베리아의 중요한 교통 동맥이 될 것이라고 보고했다. 하지만 1846년 러시아·아메리카 회사가 파견한 가브릴로프(A. M. Gavrilov) 조사단은 아무르강이 선박 항행이 불가능하고 경제적 가치도 별로 없다는 보고서를 제출했다.

아무르강 이용 문제와 관련하여 의견이 상반되자 니콜라이 1세는

1847년 아무르강과 태평양이 만나는 입구에 탐험대를 파견했다. 이어 터키·폴란드 원정에 참가했던 육군 중장 무라비요프를 동시베리아 총독으로 임명했다. 니콜라이 1세는 아편 전쟁에서 승리하여 중국에서 막대한 이권을 획득한 영국의 활동에 큰 자극을 받았다. 차르는 38세의 패기만만한 무라비요프를 동시베리아 총독으로 발탁함으로써 동아시아에서 영국과 대결하겠다는 뜻을 외교적으로 표출했다.

전통적인 대륙 국가 러시아가 해양 대국 영국과 경쟁하려면 반드시 바다로 나가는 출해구를 획득해야 했다. 남쪽으로 흑해를 통해 지중해로 나가려는 시도는 크림 전쟁으로 교착 상태에 빠졌다. 러시아는 동쪽으로 시베리아 → 아무르강 → 태평양 루트로 눈을 돌렸다.

무라비요프는 총독에 임명된 지 2년 후인 1849년, 차르의 뜻을 받들어 동시베리아 지역에 대한 세력 확장에 나섰다. 먼저 자기 휘하의 해군 대위 네벨스코이(Genadi I. Nevelskoi)에게 오호츠크해 북쪽의 콘스탄틴만, 아무르강 입구, 사할린섬 북쪽의 북태평양 일대에 대한 탐험을 명령했다.

아무르강 하구와 사할린 사이의 타타르 해협은 수심이 얕고 겨울에는 얼어붙어서 건너가기 쉬웠다. 이런 이유 때문에 사할린이 섬인지 대륙의 일부인지 혼란이 있었다. 네벨스코이의 탐험 결과 사할린은 육지와 붙어 있는 반도가 아니라 바다로 고립되어 있는 섬이라는 사실을 최초로 확인했다.

하지만 이곳 일대를 먼저 탐험한 것은 일본이었다. 막부의 하급 관리이자 탐험가·지리학자·밀정이었던 마미야 린조間宮林藏가 1808년과 1809년 사할린을 거쳐 아무르강 하류를 탐험했다. 그는 외만주라 불리는 이 지역에서 청나라 세력이 강하고 러시아의 진출이 미약하다는 사실을 확인했다(김시덕, 『동아시아, 해양과 대륙이 맞서다』, 2016, 176-177쪽).

아무르강을 통해 시베리아에서 태평양으로 진출이 가능하다는 사실을 확인한 무라비요프는 아무르강 하구 크네그다곶을 점령하고 이곳을 니콜라엡스크라고 명명했다. 그는 1850년 8월 18일 타타르 해협·사할린섬·아무르강에 러시아 국기를 게양하고 이곳을 러시아 영토로 선언했다. 또 아무르강 어귀에 군사 기지를 설치하고, 이곳은 러시아와 청의 동의 없이 사용할 수 없다고 선언했다.

무라비요프의 일련의 행위는 1689년 청나라와 체결한 네르친스크 조약을 어긴 최초의 사건이었다. 러시아 국내에서는 이 행위가 명백한 조약 위반이기 때문에 청과 전쟁이 벌어질 수도 있다고 우려했다. 하지만 니콜라이 1세는 "일단 게양된 러시아 국기는 그 장소가 어디든 결코 내려서는 안 된다"고 선을 그었다.

러·일, 북방에서 충돌

러시아가 아무르강 일대에서 조직적인 침투를 수행하고 있을 때 청은 이런 사실을 전혀 몰랐다. 청나라가 러시아의 동아시아 진출 사실을 알게 된 것은 1851년 "양국의 경계는 아무르강이고, 외국 군함이 아무르강에 정박하든가 그 어귀를 점령하면 러시아와 청이 공동 대처해야 한다"는 러시아 원로원의 문서를 받은 후였다.

니콜라이 1세는 1853년 7월 무라비요프에게 사할린 점령을 명령했고, 러시아가 아무르강에 대한 권리를 갖고 있다고 선언했다. 황제는 1854년 2월 16일 청나라에 문서를 보내 "국경 문제는 무라비요프와 협의해야 하며, 무라비요프는 4월 26일 아무르강을 따라 내려갈 것"이라고 통보했다.

무라비요프는 1854년 5월 29일, 400명의 군사와 기선 한 척, 바지선 75척으로 구성된 함대를 지휘하여 아무르강에 진입했다. 하지만 아무르강을 통해 시베리아에서 태평양으로 진출하려던 무라비요프의 시도는 청의 강력한 저지로 봉쇄되었다.

애로호 사건으로 촉발된 제2차 아편 전쟁으로 인해 베이징이 영·불 연합군에게 개방되었다. 그전까지 서방 국가 중 청과 정식 외교 관계를 맺고 베이징에 상관을 설치하여 무역을 하는 나라는 러시아가 유일했다. 러시아는 중국에서 종교와 교육상의 특권을 누리고 있었다(임계순, 『청사』, 2001, 264-266쪽).

러시아가 그동안 네르친스크 조약으로 인해 막혔던 아무르강 수로 이용을 본격 추진하게 된 계기는 아편 전쟁이었다. 영국은 난징 조약으로 청의 5개 항구를 개방하고 전승국 지위를 이용하여 홍콩을 획득했다. 중국에서 이권 확보에 성공한 영국의 약진은 러시아 정부에 충격을 주었다. 양쯔강 유역에 대한 영향력 확보에서 보듯 영국이 아무르강 입구 및 수로 일대의 지배권을 차지할 가능성이 제기되었기 때문이다. 러시아는 청 조정에 기존의 육로 무역 외에, 청나라가 난징 조약으로 개항한 5개 항구를 통해 해상 무역에 참여할 수 있도록 요청했다. 청나라는 러시아의 요구를 거절했다.

러시아는 1701년 캄차카반도에 표류해온 오사카 출신의 덴베에傳兵衛를 러시아에 정착시키고 그에게 일본어를 배워 일본과의 접촉과 교류를 준비하고 있었다. 18세기 중엽 러시아는 바이칼호 근처의 이르쿠츠크에 일본어 학교를 세우고 본격적인 남하를 시작했다.

일본은 이때 처음으로 '북방 문제'에 눈을 뜨게 된다. 1780년대에 일본의 경세가이자 지리학자 하야시 시헤이林子平가 러시아의 위협을 거론하면서 "해양 국가 일본은 서양에 대응하기 위한 국방 대책이 필요하다"고 주장했다. 그가 집필한 『해국병담海國兵談』은 일본 지식 사회에 큰 충격파를 던졌다.

1790년대에 러시아 모피 상인들이 사할린과 쿠릴 열도에 정착하기 시작했다. 1792년 러시아 사절 락스만(Kiril Laksman)이 표류해온 일본인을 데리고 홋카이도에 와서 통상을 요구하는 국서를 전달했다. 막부는 국서 접수를 거절하면서 "나가사키를 통해 제한적인 무역을 허용할 용의가 있다"는 답신을 보냈다.

1804년, 러시아·아메리카 회사의 설립자 니콜라이 레자노프가 알류산 열도에 표류해 온 일본인을 송환한다는 명목으로 나가사키에 왔다. 막부가 레자노프 일행을 6개월 동안 억류하자 러시아는 1806년과 1807년 두 차례 사할린과 쿠릴 열도의 이투루프섬에 있는 일본인 거류지를 공격했다(이윤섭, 『일본 100년』, 2016, 16쪽). 13세기에 고려·몽골 연합군의 침공 이래 외세의 공격을 당해본 적이 없는 일본은 러시아의 공격에 큰 충격을 받았다.

이 무렵 미국과 프랑스 포경선들이 오호츠크해 일대를 휩쓸고 다녔다. 당시 미국은 세계 최대의 포경 국가였다. 고래 기름이 산업혁명의 윤활유 역할을 하면서 미국은 세계 최강의 고래잡이 선단을 갖추었다(함재봉, 『한국사람 만들기 1』, 2017, 135쪽).

동아시아의 모든 해역, 심지어 은둔의 나라 조선의 동·서·남해에도 열강 선박들의 출몰이 끊이지 않았다.

아이훈 조약으로 러·청 입지 역전

러시아는 1854년과 1855년 페트로파블롭스크 전투에서 영불 연합군에게 승리하면서 동아시아 지역의 중요성에 눈을 뜨기 시작했다. 전투 과정에서 영국이 아무르강 일대를 점령할 가능성이 제기되었다. 러시아는 하루빨리 아무르강의 자유항행권을 확보해야 하는 절박한 상항에 처했다.

때마침 청조가 태평천국의 난, 영불 연합군의 제2차 아편 전쟁 도발로 혼란에 빠졌다. 청조는 헤이룽장성과 지린吉林성 일대를 방어하던 병력을 이동시켜 영불 연합군과의 전투에 투입했다. 이 때문에 만주 일대는 무인지경이 되었다. 러시아는 청조의 위기를 아무르강 지역에 대한 이권 확장 기회로 활용했다.

1855년 3월 2일 러시아 황제 니콜라이 1세가 사망하고 알렉산드르 2세(Alexander II)가 제위에 올랐다. 새 황제는 제2차 아편 전쟁을 이용하여 청과 얽힌 러시아의 숙원 사업을 해결하기로 했다. 이를 위해 1856년 동시베리아 총독부 산하에 연해주를 신설하고 주 청사를 니콜라옙스크에 두었다.

새 황제의 목표는 싱안링산맥 이남의 아무르강 좌안 영토와, 아무르강 항행권, 북중국에서 자유무역권 획득이었다. 알렉산드르 2세는 동시베리아 총독 무라비요프에게 "러시아가 영국의 공격으로부터 아무르강을 방어해야 한다. 이에 필요한 아무르강 좌안과 우수리강 우안 영토를 러시아령으로 인정하라"는 내용을 청나라에 통보하라고 훈령을 내렸다.

무라비요프는 청조에 회담을 요청하고 러시아 황제의 훈령 내용을 통보했다. 청의 전권대표는 헤이룽장성 사령관 혁산奕山(이산)이었다. 혁산은 러시아의 요구를 즉각 거부했고, 무라비요프는 격노하여 회의를 중단하고 퇴장했다. 무라비요프는 정박 중이던 러시아 군함에서 총포를 난사하여 공포 분위기를 조성한 가운데 1858년 5월 28일 청나라와 아이훈愛琿 조약을 체결했다.

포함을 앞세워 겁을 주는 방식으로 원하는 것을 얻어내는 방법은 아이훈 조약이나 네르친스크 조약이나 동일했다. 하지만 힘의 우위가 네르친스크 조약 때와 180도로 뒤집어졌다. 러시아가 청을 무력으로 겁박하여 영토를 강제 탈취한 것이다.

아이훈 조약 내용은 다음과 같다.

① 아무르강 좌안은 러시아령으로 한다. 아무르강 우안 중 우수리강 서쪽은 청나라 영토로 하고, 우수리강 동쪽(연해주)은 두 나라가 공동 관리한다.

② 아무르강 좌안의 만주인 촌락(강동 64둔)은 청나라가 관할한다.

③ 아무르강·쑹화강·우수리강의 항행은 러·청 두 나라의 선박으로 제한한다.

④ 위의 세 강 연안 주민 간에는 무역을 허용한다.

러시아는 영국과 미국·프랑스가 극동 우수리 지방에 진출할 경우 자국이 아무르강을 통해 태평양 연안으로 진출하는 것이 장애를 받을지도 모른다고 우려했다. 때문에 ①항에서 우수리강 동쪽 지방도 국경이 확정될 때까지 양국 공동 관리하에 두기로 했다. 이 조항에는 언제든 필요하면 러시아가 탈취한다는 러시아의 의도가 잠복해 있었다. ③항은 이 지역으로 영국과 프랑스가 진출하는 것을 봉쇄하기 위해 세 강에 영국·프랑스·미국 등 경쟁 국가의 선박 왕래를 금지시키는 안전 장치다. 게다가 러시아는 최혜국 대우 조항을 포함시켜 다른 열강이 획득한 모든 특권을 러시아도 자동으로 향유할 자격을 누리게 되었다.

조약 체결 과정에서, 두만강과 경계를 이루고 있던 우수리강 동부 지방은 청의 발상지라는 이유로 사람의 출입을 금하는 봉금封禁 지대로 설정했다. 이때부터 이 지역은 출입이 금지되어 한동안 황무지 상태로 방치되었다.

러시아는 아이훈 조약을 통해 청과의 기존 국경선이었던 외싱안링산맥(스타노보이산맥)보다 훨씬 남쪽 아무르강을 새 국경선으로 획정했다. 그 결과 외싱안링산맥 이남·아무르강 이북 지역, 넓이로는 한반도 면적의 약 3배(60만 제곱킬로미터)에 달하는 광대한 영토를 획득했다. 이 일대는 시베리아에서 유일하게 농사가 가능한 기름진 땅이었다.

또 우수리강 동쪽에서 태평양에 이르는 연해주 약 40만 제곱킬로미터는 중·러의 공동 관리 지역으로 설정했고, 우수리강과 아무르강은 러시아가 자유롭게 항행할 수 있는 항로로 인정받았다. 공동 관리 지역은 2년 후 체결된 청러 베이징 조약으로 러시아가 배타적으로 획득하는 데 성공한다. 러시아 황제는 조약 체결의 공로를 높이 치하하여 무라비요프에게 아무르스키(Amurskii) 백작 작위를 수여했다.

아이훈 조약으로 러시아가 중국을 침략하거나 영토를 탈취한 것은 아니다. 러시아령이 된 아무르 지역은 원래 러시아령이었거나 무주지였기 때문이다. 네르친스크 조약은 서쪽으로 영토를 확장해 나가던 청이 러시아를 겁박하여 체결한 것이었다. 이 조약에 따라 아무르강 항행에 제약을 받은 쪽은 러시아였다. 러시아는 청의 무력에 굴복하여 네르친스크 조약으로 이 부분을 양보해야 했다. 19세기 후반 들어 청의 국력이 크게 쇠퇴하면서 동네북 신세로 전락하자 러시아는 청을 압박하여 네르친스크 조약을 파기하고 아이훈 조약을 체결한 것이었다.

이로써 169년 동안 청·러 양국 관계를 규정해 온 네르친스크·캬흐타 조약 체제가 무너지고, 러시아가 우위를 점하는 아이훈 조약이 양국 관계를 지배하게 되었다.

청이 러시아와 아이훈 조약을 체결하고 싶어서 했겠는가. 태평천국 내란으로 나라 전체가 아수라장이 된 상황에서 애로호 사건이라는 외부 침략이 강타했다. 이 난세에 청나라는 러시아를 무력으로 상대할 수 있는 여력이 없었다.

연해주 확보하기까지

이때까지 러시아가 청으로부터 이권을 탈취하기 위해 공작을 벌인 내막을 들여다보자.

영불 연합군은 다구를 점령하여 청조의 목에 칼을 들이댄 상태에서 청과 교섭을 벌여 각종 이권을 보장받는 톈진 조약을 체결했다. 러시아 정부도 이 기회에 청으로부터 확실한 이권을 챙기기 위해 발 빠르게 움직였다. 러시아 정부는 1858년 5월 28일 청나라와 아이훈 조약을 체결한 데 이어, 1854년 팔라다호를 이끌고 동아시아를 순방한 푸차틴 제독을 중국해 사령관으로 임명했다. 푸차틴도 청을 회유하여 1858년 6월 13일 청러 톈진 조약을 체결했다.

톈진 조약을 체결한 영불 연합군이 광저우로 군대를 이동시키자 한숨 돌린 청조 내부에서 주전파가 득세했다. 청조는 열강들과 맺은 톈진 조약은 물론, 아이훈 조약도 전면 부인했다. 당초 아이훈 조약으로 청은 ②항의 강동 64둔을 제외한 아무르강 이북 지역을 러시아에 내주었다. 청조는 처음에는 조약을 승인했으나 주전파들이 전면에 포진하면서 조약 내용을 전면 부인했다. 러시아는 청을 압박하여 확실한 담보를 받아내야 하는 상황에 직면했다.

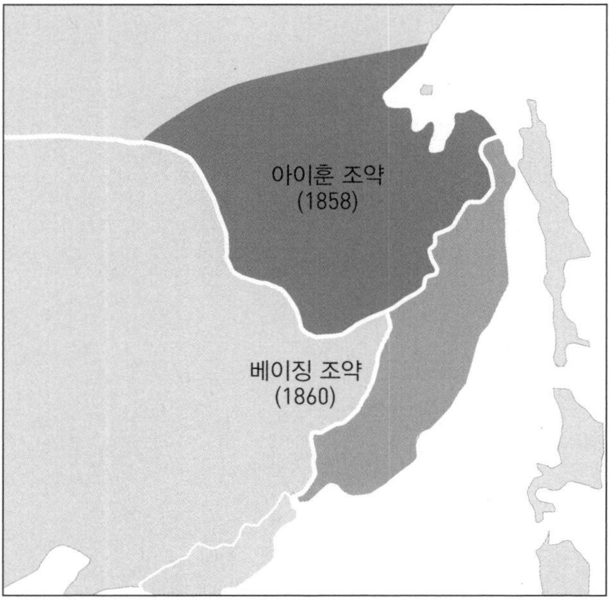

아이훈·베이징 조약을 통해 러시아가 획득한 영토

청이 비준서 교환을 위해 다구에 온 영·불 사절이 탄 군함에 포격을 가해 격퇴한 사실은 앞 장에서 설명한 바 있다. 다구 포격 사건은 청조를 막다른 골목으로 몰고 가서 원하는 이권을 탈취하기 위한 러시아의 고도의 계략이었다. 청나라는 러시아의 계략에 빠져 다구 포대에서 사절단에게 포탄 세례를 퍼붓는 덜컥수를 두었다. 그 결과 영불 연합군의 원명원 약탈 사건이 발생한 것이다.

위기에 처한 공친왕은 러시아에 거중 조정을 의뢰했고, 러시아는 그 역할을 훌륭히 수행했다. 영불 연합군과의 조정 역할을 성공시켜준 데 대한 보상으로 러시아는 1860년 11월 14일, 청과 베이징 조약을 체결했다.

이 조약으로 청은 아무르강 이북 지역을 러시아 영토로 인정하고, 그 지류인 쑹화강 동안에서 해안까지 이르는 광대한 땅을 러시아에 할양했다. 베이징 조약을 통해 러시아는 아이훈 조약 내용을 재확인했다. 뿐만 아니라 아이훈 조약에서 공동 관리 지역으로 정했던 우수리강 동쪽의 연해주도 러시아 영토로 얻었다. 독일과 프랑스의 국토를 합친 면적과 맞먹는 광활한 땅을 총 한 방 쏘지 않고 외교적 수완으로 획득한 것이다.

엥겔스(Friedrich Engels)는 "러시아가 아이훈 조약으로 중국으로부터 프랑스와 독일을 합친 것과 비슷한 면적의 영토와, 도나우강만큼 긴 강 하나를 차지하게 되었다"고 말했다. 『아편전쟁에서 5·4운동까지』의 저자 호승胡繩(후성)은 "제2차 아편 전쟁 시기에 각기 다른 모습으로 출현하여 중국을 침략한 강도 무리 가운데 러시아는 가장 많은 장물을 차지한 강도"라고 표현했다(호승, 『아편전쟁에서 5·4운동까지』, 2013, 165쪽).

청러 베이징 조약으로 러시아와 청은 현재와 비슷한 국경을 획정하게 되었다. 청은 동북 3성 지역에서 바다로 나가는 출해구를 상실했다.

전쟁은 영국이, 전리품은 러시아가

영국의 파머스턴 내각은 무리수를 두어가며 애로호 사건을 확대하여 제2차 아편 전쟁을 일으켰다. 전쟁 목표는 두 가지였다. 첫째, 태평천국의 난으로 위기에 봉착한 청조로부터 더 많은 이권을 얻어낸다. 둘째, 러시아의 동아시아 진출을 봉쇄하기 위한 사전 예방 조치를 취한다.

전쟁이 끝난 후 계가計家를 해보니 첫째 목표는 훌륭히 달성되었지만, 둘째 목표는 크게 엇나갔다. 영국과 프랑스는 3년간의 전쟁을 통해 개항장을 몇 곳 더 늘리고 베이징에 외교 사절의 상주를 허용받았을 뿐이다. 반면에 러시아는 무라비요프와 이그나티예프의 재간으로 연해주 일대의 광대한 영토를 불로소득했다. 전쟁은 영국과 프랑스가 하고, 전리품은 러시아가 수확한 것이다.

제2차 아편 전쟁을 계기로 러시아는 동아시아에서 영국에 도전할 수 있는 든든한 기지를 확보하는 데 성공했다. 주목해야 할 점은 청러 베이징 조약을 통해 두만강을 경계로 조선과 국경을 접하게 되면서 동아시아를 무대로 한 영러 대결 시대가 본격화되었다는 사실이다(최문형, 『한국을 둘러싼 제국주의 열강의 각축』, 2006, 24쪽).

그러나 러시아가 아무르강 좌안과 연해주를 획득한 1860년부터 1880년 사이, 러시아가 이 지역을 차지함으로써 얻은 경제적 이득은 없었다.

앞서 러시아는 캄차카반도의 남쪽 끝 페트로파블롭스크에 군항을 건설했다. 이 군항은 크림 전쟁 때 영불 연합군의 두 차례 공격을 받아 파괴되면서 방치되었다.

1854년 무라비요프는 러시아 태평양 함대 기지를 아무르강과 오호츠크해가 만나는 지역에 위치한 니콜라옙스크로 이전했다. 이것은 큰 패착이었다. 이 지역은 연중 6개월 얼음에 갇히고, 몇 달씩 짙은 안개로 뒤덮이는 지역이었기 때문이다(A. 말로제모프, 석화정 옮김, 『러시아의 동아시아 정책』, 지식산업사, 2002, 25쪽). 니콜라옙스크는 연중 대부분 항구 기능을 할 수 없어 쓸모없는 투자가 되어버렸다.

극동 지역의 희박한 인구, 혹독한 겨울 추위, 연해주 지역에서의 식량 생산 실패……. 니콜라옙스크가 군항으로서 심각한 하자가 있어 러시아 태평양 함대의 전략적 기동성에 문제가 발생하자 러시아는 새 항구 후보지를 찾아 나섰다.

1856년 영국인이 청나라 영토였던 해삼위海參威에 상륙하여 이곳을 메이항(Port May)으로 불렀다. 러시아는 이곳에 새 항구를 건설키로 하고 도시 이름을 블라디보스토크라고 지었다. '동방의 지배자'란 뜻이다. 항구 시설 일부가 건설되자 니콜라옙스크에 있던 함대를 블라디보스토크로 이전하고, 이 일대를 관세 자유항으로 선포했다.

부동항을 찾아서

러 극동 영토의 가능성과 한계

군항을 블라디보스토크로 이전한 후에도 새로 취득한 극동 러시아 영토의 열악한 사정은 개선되지 않았다. 블라디보스토크항이 해군 기지로서 본격 가동하게 된 시기는 1889년 무렵이다.

1886년까지 연해주 일대의 러시아 항구는 부두·도크 시설을 제대로 갖추지 못해, 러시아 함대가 군함을 수리하려면 나가사키·홍콩·상하이까지 가야 했다. 동아시아에서 러시아 해군력은 제 역할과 기능을 수행하지 못했다(A. 말로제모프, 『러시아의 동아시아 정책』, 2002). 러시아가 1860년 이후 일본이나 조선에서 부동항을 구하려고 발버둥친 이유는 바로 여기에 있다.

러시아는 아이훈 조약과 베이징 조약으로 동아시아 지역에서 광대한 영토를 획득했다. 하지만 그 대가도 만만치 않았다. 청나라로부터 강탈한 영토를 지키는 데 많은 돈이 들었기 때문이다. 당시 극동 러시아 지역 총 인구는 10만 명도 안 되어 경제 활동은 지극히 미미했다. 혹한으로 연해주 일대에서 곡물 생산에 실패하면서 곡물은 유럽·미국·바이칼호 지역에서, 가축은 조선·만주·몽골에서 수입해야 했다.

훗날 조선에서 압록강 산림 벌채 특허를 획득한 블라디보스토크 사업가 율리우스 브리너(Jules Brynner)의 보고에 따르면 1877년 조선에서 남우수리 지역으로 반입된 소는 9,350마리, 1888년에는 1만 166마리였다(김용구, 『러시아의 만주·한반도 정책사, 17~19세기』, 2018, 104쪽). 율리우스 브리너의 손자가 배우 율 브리너다.

1888년 조러 육로통상장정이 체결된 후 조선을 여행한 러시아 육군 중령 베벨(F. Vebel)의 보고에 따르면 조선은 매년 1만 마리의 가축을 러시아에 판매했다. 주요 구입자는 이 일대에 주둔하고 있는 러시아 육군 장교들이었다. 러시아에 가축 판매를 통해 조선은 매년 50만 루블을 얻고 있다고 베벨은 보고했다.

러시아는 동아시아 영토 유지를 위해 1880년까지 5,500만 루블의 손실을 보았다. 영토 개발로 얻은 이득은 새 정착지에 물품을 공급한 청나라 상인과, 사할린 남부에서 어업권을 획득한 일본인들에게 돌아갔다(A. 말로제모프, 『러시아의 동아시아 정책』, 2002, 29쪽).

러시아 입장에서 볼 때 새로 획득한 동아시아 영토의 경제적 실익은 거의 없었지만, 정치적·전략적 가치는 무궁무진했다. 러시아는 아무르주와 연해주라는 영토적 기반을 통해 조선과 국경을 접하게 됐다. 또 만주를 포위하는 형국이 되어 영국의 동아시아 정책에 도전할 수 있는 기반을 마련했다.

전략적 요충 블라디보스토크

유럽 쪽 러시아와 극동 러시아의 중간은 시베리아가 가로막고 있었다. 양쪽을 연결하는 현실적인 교통 수단은 해상로가 유일했다. 항구로 개발을 시작한 블라디보스토크도 연중 4개월은 얼어붙어 항구 기능이 마비된다. 결국 연중 사용 가능한 항구, 즉 부동항의 확보가 러시아의 사활이 걸린 목표가 되었다. 러시아는 동아시아 일대에서 부동항을 확보하여 바다로 나가는 길을 찾기 위해 수단 방법을 가리지 않았다.

영국 외교관 어니스트 사토 경(Sir Ernest Satow)은 러시아를 '흡인력을 가진 강국'이라고 보았다. 그에 따르면 러시아는 항상 이웃집 담 너머로 새로운 가지를 뻗어가는 나무이고, 땅속에서 여러 방향으로 뿌리를 뻗어 예상 밖의 지역에 새싹을 드러내는 대나무다. 여차하면 틈새를 뚫고 나오는 러시아의 팽창 정책을 여기저기 뿌리를 뻗는 나무에 비유한 것이다.

영국은 팽창 정책으로 혈안이 되어 있는 러시아를 봉쇄하기 위해 전지구적 차원에서 러시아와 대결했다. 하지만 제2차 아편 전쟁으로 영국은 러시아에게 동아시아 지역에 광대한 영토를 어부지리로 안겨주었다. 영국의 전략적 실패였다.

영국은 제1·2차 아편 전쟁에서 승리하여 홍콩과 광저우·양쯔강 일대에서 강력한 이권을 확보했다. 중국에서 든든한 이권을 확보하는 데 성공한 영국은 동아시아에서 더 이상의 행동은 자제했다. 러시아를 자극하여 상황 변화가 야기되지 않도록 당분간 조용히 지내겠다는 뜻이었다. 한편에선 중국이 러시아와 손잡을 것을 우려하여, 청조 관리에게 열심히 공러恐露 의식을 주입시켰다.

러시아가 제2차 아편 전쟁을 통해 독일과 프랑스 국토를 합친 면적과 맞먹는 연해주 일대를 획득한 사건은 동북아의 외교 지형과 전략 환경에 격변을 몰고왔다.

첫째, 러시아가 조선·만주와 국경을 접하면서 조선과 청이 러시아의 직접적인 위협에 놓이게 되었다. 청 조정은 자신들의 발상지인 만주를 '신성한 땅'으로 애지중지했고, 지정학적으로는 중화 제국의 동쪽을 수비하는 '동방의 울타리'로 해석했다.

만주는 본국 방어를 위한 제1선, 조선은 만주 방어를 위한 외곽 방벽이었다. 이런 인식에서 청은 만주와 조선을 순망치한脣亡齒寒, 즉 입술이 없으면 이가 시린 관계로 해석했다. 게다가 조선은 예를 중시하는 조공국으로서 책봉-조공이라는 사대 질서 유지에 반드시 필요한 핵심 국가였다. 때문에 수단 방법 가리지 않고 조선을 향한 러시아의 남하를 막아야 했다. 조선에 대한 러시아 진출 차단이라는 차원에서 중국은 자신들을 침략한 영국과 같은 노선이었다.

둘째, 러시아는 베이징 조약을 통해 시베리아에서 태평양으로 나가는 출해구를 확보했다. 모스크바에서 9,300킬로미터 떨어진 곳에 건설된 블라디보스토크는 러시아의 태평양 진출을 위한 전략적 요충지로 빛을 발하기 시작했다. 그 결과 일본도 러시아의 직접적인 위협에 놓이게 되었다.

블라디보스토크의 한계

러시아는 동아시아에서 광대한 영토 취득을 마냥 기뻐할 수는 없었다. 우선 유럽 쪽 러시아와 극동 러시아 사이에 광활한 시베리아가 가로막고 있는 지정학적 장벽이 걸림돌이었다. 양쪽을 연결하는 교통 수단의 부재는 수많은 문제를 야기했다.

시베리아 남동부에서 발원한 아무르강은 혹한으로 매년 10월 말이면 얼어붙어 이듬해 4월 20일 무렵에야 얼음이 녹았다. 통상 연중 173일이 결빙기였고, 얼음이 없는 기간은 192일이었다. 블라고베시첸스크 상류의 수심이 얕은 곳을 항해할 수 있는 바지선이나 하천용 기선을 이용해 항행 가능한 날은 연평균 140일에 불과했다(A. 말로제모프, 『러시아의 동아시아 정책』, 2002, 21쪽).

동절기와 해빙기 동안은 교통이 완전히 두절되었다. 유럽 쪽 러시아와 극동 러시아 사이의 시베리아에는 아무르강을 이용한 수로가 6개월 정도 열려 있을 뿐, 다른 교통 수단은 존재하지 않았다.

러시아는 극동 지역 영토를 유럽 지역과 연결하기 위한 교통망 확충에 고심했다. 러시아 정부는 1879년 독일제 고속 상선 5척을 구입하여 의용 함대를 창설했다. 의용 함대는 유럽 쪽 러시아와 극동 러시아를 연결하는 정기 항로에 투입되었다. 함대는 정부 수하물을 운반해주는 조건으로 매번 항해 때마다 3만 6,000루블의 보조금을 지원받았다.

1869년 프랑스 자본에 의해 지중해 포트사이드에서 수에즈만까지 168킬로미터의 운하가 개통되면서 교통 혁명이 일어났다. 수에즈 운하 개통 전에는 유럽에서 중국으로 가려면 대서양을 지나 아프리카 남단 희망봉을 돌아 인도양을 항해해야 했다.

지중해와 홍해를 바닷길로 연결하는 수에즈 운하는 사람과 화물을 유럽에서 중국까지 운반하는 항로를 절반 이상 단축시켰다. 이에 따라 운하 개통 다음해부터 유럽-중국 간 교역량이 폭발적으로 늘어났다. 1882년 수에즈 운하를 통과한 선박 중 80퍼센트 이상이 영국 선박이었다. 또 영국 무역의 13퍼센트가 수에즈 운하를 경유했다(사이먼 C. 스미스, 이태숙·김종원 옮김, 『영국 제국주의』, 동문선, 2001, 122쪽).

당시 러시아는 흑해의 항구 도시 오데사를 군항으로 사용 중이었다. 수에즈 운하 개통으로 오데사를 출항한 러시아 군함이 블라디보스토크까지 50~60일이면 연결이 가능해졌다. 이로써 블라디보스토크가 군항으로 주목을 받기 시작했다.

앞서 말했듯 블라디보스토크는 겨울이면 4개월 동안 얼어붙어 항구 기능을 상실하므로, 극동 지역에서 부동항 확보는 동아시아 영토 유지를 위한 절실한 과제로 떠올랐다. 러시아와 경쟁하던 영국은 영국대로 동아시아의 끝이라는 부담스러운 지역에서 러시아의 태평양 진출을 막아내야 하는 상황에 처했다.

조선인의 러시아 이주

극동 지역 영토에 상주하는 러시아 인구는 1860년 1만 5,000명, 1867년에는 6만 5,000명, 1869년 10만 8,000명, 1877년에는 31만 명으로 증가했다. 광활한 면적에 비추어볼 때 이 정도 인구는 무인지경이나 다름없었다. 이 지역 거주 인구를 늘리기 위해 비상한 조치가 취해졌다.

1861년 3월 러시아 황제 알렉산드르 2세는 농노를 해방했다. 그 결과 한 치의 땅도 갖지 못한 수백만의 농노 출신 자유민이 탄생했다. 4월 27일, 제1차 이민법이 제정되어 아무르 지방이 러시아인과 외국 이주민들에게 개방되었다. 이 법에 따라 아무르 지역 정착민은 가구당 300루블만 내면 약 100만 제곱미터의 광대한 토지를 소유할 수 있게 되었다. 이 지역에 이주하여 토지를 소유하는 사람에겐 10년간 징집 면제, 20년간 납세가 면제되었다(A. 말로제모프, 『러시아의 동아시아 정책』, 2002, 30쪽).

이러한 혜택에도 자발적 이주자들이 거의 나타나지 않자 러시아 정부는 죄수들을 이 지역으로 보내 정착시켰다. 1869년 4월, 칙령에 따라 극형을 받은 죄수 800명이 사할린섬에 이송되었다. 이후 매년 수백 명의 죄수를 호위하는 호송대가 시베리아를 횡단하여 아무르 지역에 도착했다. 1869년 이후 25년 동안 3만 명이 넘는 죄수들이 사할린섬으로 수송되었다. 이들을 이송하고 정착할 거처를 만드는 데 3,000만 루블의 비용이 들었다(A. 말로제모프, 『러시아의 동아시아 정책』, 2002, 32쪽).

조선의 함경도와 평안도는 산지가 많고 토지가 척박하여 농사가 쉽지 않은 지역이다. 조선 조정은 현지 사정을 감안하지 않고 현지 주민들에게 감당하기 힘든 세금을 부과했다. 가혹한 세금 부과와 지방 수령들의 착취는 풍년이 들어도 문제요, 흉년이 들면 지옥이었다.

기아와 빈곤·학정에 견디다 못한 이 지역 조선 백성들은 살길을 찾아 압록강과 두만강을 건너 서간도·북간도·연해주로 이주했다. 어떻게 하든 인구를 늘려야 했던 극동 러시아 관리들은 조선 정부의 허가 없이 함경도 지방에서 우수리강 일대로 이주해오는 조선인들을 묵인했다.

1863년, 처음으로 조선에서 12가구가 연해주 지역으로 이주해왔다. 이들은 러시아 관헌으로부터 식량과 경작지를 얻었다. 이들이 1864년 1월 남우수리 지역 최초의 한인 마을 노보키옙스크를 건설한 주인공들이다. 러시아 관헌은 부족한 노동력을 확보하기 위해 조선의 월경민을 환영했다. 이 소식이 조선에 전해지면서 많은 농민들이 두만강 건너 우수리강 연안으로 이주해왔다. 이들은 연해주 일대에서 논농사를 위해 수전水田을 개간했다.

1865년 연해주 지역으로 이주한 조선 이민의 수는 222명, 1868~69년 겨울에는 900명 선이었다. 1869년 한 해에 6,543명의 조선인이 강을 건너 러시아령으로 이주했다. 1869~71년 함경도와 평안도 지역에 대흉년이 들어 많은 사람이 강을 건넜다.

우수리강 남쪽으로 이주하는 조선인이 크게 늘자 조선 정부는 이민 금지령을 내렸다. 법을 어기고 러시아로 탈출하는 이주민이 조선 국경 경비대에 체포되면 처형했고, 그 가족들의 전 재산을 몰수했다. 그리고 청 조정을 통해 러시아와 교섭하여 무허가 이주민들의 송환을 요청했다.

조선인 이민 행렬이 이어지자 러시아 정부도 부담스러운 상황이 됐다. 그 결과 조선인 이주를 제한하려는 러시아 입장과 백성들의 월경을 막으려는 조선 조정 사이에 공통분모가 형성되었다. 1869년 말, 조선의 경흥 부사는 월경하여 러시아로 이주한 조선인이 귀환할 경우 신변 안전을 보장한다는 각서를 러시아 측에 전달했다.

하지만 생존을 위해 목숨 걸고 강을 건너려는 욕구는 누구도 제어하기 힘들었다. 조선인 불법 이민자 수는 날로 늘어 1874년에는 우수리 남부 지방에만 3,473명이나 되었다. 1884년 조러 통상수호조약을 체결할 때까지 8만여 명의 조선인이 러시아령으로 이주했다(한인들의 간도 이주 관련 내용은 박찬승, 『한국독립운동사』, 역사비평사, 2014, 54-56쪽 참조).

조선인들이 국경 지역에 집중적으로 정착하자 러시아 정부는 국경 분쟁을 우려하여 조선인 이민자들을 북쪽 지방으로 분산 이주시켰다(박종효, 『격변기의 한·러 관계사』, 선인, 2015, 72쪽).

1881년 조선과 러시아의 무역액은 45만 루블에 달했다. 이때까지만 해도 러시아는 서구 열강들이나 일본과는 달리 조선 영토를 침략하거나 불평등 조약을 강요하지 않았다.

조선에 눈 돌린 러시아

영국 간섭으로 쓰시마 점령 불발

극동 연해주 일대는 모국 러시아에서 분리된 섬, 돈 먹는 하마로서 천덕꾸러기 취급을 받았다. 이 지역에 대한 관심이 식으면서 파견되는 행정 관료나 외교관의 질도 계속 떨어졌다. 동아시아 지역으로 발령받는 관료나 외교관들은 '귀양살이' 정도로 여겼다. 1884년 코르프(A. N. Korf) 남작이 부임할 때까지 이 지역에 부임한 극동 총독들은 놀라울 정도로 직무에 충실하지 않았다.

획기적인 돌파구를 마련하기 위해서는 극동에서 연중 가동되는 부동항의 확보가 필요했다. 러시아의 부동항 확보 작전은 사할린과 쓰시마 두 방향에서 전개됐다.

러시아는 사할린에 군항을 건설하기 위해 1855년 러시아령이 된 쿠릴열도(일본명 지시마千島)를 일본령인 남부 사할린과 교환하여 사할린 섬 전체를 소유하고자 했다. 그러나 러시아 군부가 사할린을 정밀 조사한 결과 이 섬에는 안전한 대피처가 될 만한 항구 건설의 적지가 없었다. 또 자원도 없어 섬의 경제적 가치가 형편없다는 사실이 밝혀졌다. 러시아는 사할린 획득 계획을 포기하고 쓰시마 점령을 구상했다.

쓰시마 점령 계획을 구상한 사람은 러시아 태평양 함대의 창설자 리카체프(Likhatchev) 제독이다. 쓰시마는 동해에서 태평양으로 진출하는 전략 요충이어서 영국과 프랑스가 촉각을 곤두세우고 있는 지역이었다. 1859년, 리카체프는 쓰시마의 가라사키우라芋崎浦 점령 계획을 수립했다.

그런데 1861년 영국 군함 두 척이 쓰시마 해안을 정찰하고 갔다. 주일 러시아 영사 고시케비치(I. A. Goshkevich)는 재빨리 본국 정부에 이 사실을 보고했다. 영국 군함이 쓰시마를 정찰한 사실은 2년 전부터 쓰시마 점령 계획을 세워두었던 러시아 입장에서 볼 때 경천동지할 뉴스였다.

영·러 대결이 동아시아로 확대되면서 영국 해군은 홍콩을 기지로 삼았고, 러시아는 페트로파블롭스크에 거점을 두고 있었다. 두 나라는 다 같이 일본을 중간 기지로 활용해야 할 필요성이 제기되었다.

러시아는 1860년 청과 베이징 조약을 체결할 때 영국이 아무르강과 조선령 사이의 아시아 대륙에서 해군 기지를 얻을 수 없도록 못을 박아 두었다. 러시아는 영국의 쓰시마 정찰을 영국이 이 조약의 규제 범위 밖에 있는 쓰시마를 점령하여 러시아 함대의 태평양 진출을 저지하려는 시도로 해석했다.

고시케비치 영사는 일본 막부에도 영국 해군의 움직임을 통보하고 영국 해군에 대항하기 위한 무기를 원조하겠다고 제안했다. 막부가 이 제안을 거절하자 러시아는 즉각 포사드니크(Posadnik)호를 출동시켜 1861년 3월 13일 쓰시마의 가라사키우라를 점령했다. 뒤이어 페시추로프(Peshchurov) 함장 휘하의 제2진이 가세했다(최문형, 『제국주의 시대의 열강과 한국』, 민음사, 1990, 31쪽).

러시아의 쓰시마 점령은 영국이 이 섬을 점령하는 것을 막기 위한 선제 조치였다. 하지만 러시아의 행위는 일본의 대러 공포감을 확대시켰다. 가라사키우라를 점령한 러시아가 막부에 쓰시마의 조차를 요구하자 충격을 받은 막부는 영국에 도움을 요청했다.

주일 영국 총영사 올콕 경(Sir Rutherford Alcock)은 1861년 8월 27일, 아시아 함대 사령관 호프 경(Sir James Hope)과 함께 두 척의 함선을 이끌고 쓰시마에 나타났다. 가라사키우라에는 이미 러시아 국기를 게양한 병원과 해군 보급창이 건립되어 있었다(최문형, 『제국주의 시대의 열강과 한국』, 1990, 31쪽). 올콕 경은 러시아 현지 사령관 리카체프 제독에게 엄중 항의하고 "쓰시마에서 병력을 철수하라"고 통첩했다. 영국의 강경한 대응에 놀란 리카체프 제독은 가라사키우라를 점령한 지 6개월 만인 1861년 9월 군함과 병력을 철수시켰다.

조러 수호통상조약

일본에서 부동항을 획득하려던 러시아의 계획은 영국의 압박으로 실패했다. 러시아는 이번에는 조선으로 눈길을 돌려 정세 변화를 도모하기 시작했다.

러시아가 조선에 부동항을 만들 경우 첫 번째 관심 지역은 영흥만이었다. 1854년 푸차틴 제독이 영흥만에 관심을 보였고, 1866년에도 비슷한 움직임이 있었다. 하지만 쓰시마에서 영국의 압력을 받아 철수한 러시아는 가능하면 영국과 충돌을 피하기 위해 '신중과 자제' 정책으로 돌아섰다.

앞서 1860년 베이징 조약으로 청으로부터 연해주를 탈취한 러시아는 두만강을 경계로 조선과 국경을 접하게 되었다. 이때부터 두만강 건너편에서 코사크 기병대가 질주하는 모습이 목격되었다. 1864년 3월 20일, 러시아인 5명이 두만강을 건너 함경북도 경흥부에 나타났다. 이들은 조선 정부에 통상을 요구하는 서신을 전했다. 경흥부사는 "외국과의 통상은 지방 관헌이 결정할 수 없는 중대사"라고 설득하여 이들을 퇴거시켰다.

처음에는 몇 사람의 평화적 요구여서 조선 조정은 신경을 쓰지 않았다. 하지만 1864년 2월과 1865년 11월, 러시아 무장 선박이 두만강 연안에 출몰했다. 1865년 12월 28일에는 말을 탄 러시아인이 장총으로 무장하고 국경을 넘어왔다. 이들은 러시아 상인이 조선에 거주하며 무역을 할 수 있도록 상관 설치를 요구했다. 이 요구가 받아들여지지 않으면 러시아 군대가 함경도를 공격할 것이라고 협박했다.

1876년 일본이 조선과 수호통상조약을 맺었다(강화도 조약). 1882년에는 미국·영국·독일이 뒤를 이었다. 러시아는 2년 후인 1884년 7월 7일, 묄렌도르프의 비밀 주선에 의해 조선과 수호 통상 조약을 체결했다. 러시아는 조선과 조약을 체결하면서 자국 군함이 조선의 어떤 항구라도 입항할 수 있는 권리를 보장받았다. 이 조항 덕분에 러시아 해군은 조선의 항구에 대해 뜨거운 관심을 갖게 되었다.

영·러 '신중과 자제'

러시아가 부동항을 확보하기 위해 언제부터 조선에 관심을 가졌는지를 놓고는 견해가 갈린다(임계순, 「한로밀약과 청의 대응」, 1984, 72-73쪽).

우선 그리피스(William Elliot Griffis)·달린(David J. Dallin)·랭거(William L. Langer)·시튼 왓슨(Hugh Seton Watson) 등의 전통적 견해는 러시아가 1860년 청으로부터 획득한 블라디보스토크는 1년에 4~5개월은 얼어붙어 항구 기능을 못 하므로, 이때부터 부동항을 얻기 위해 조선에 관심을 기울이기 시작했다고 주장한다.

반면, 러시아 문서를 중심으로 연구한 호소야 지히로細谷千博와 말로제모프(Andrew Malozemoff), 그리고 러시아 크레스니(Krasney) 공문서에 따르면 러시아는 1884년까지 조선에 어떤 관심도 없었다고 주장한다. 말로제모프는 1860년 러시아가 조선과 국경을 마주한 이래 1884년까지 조선에 대해 놀라울 정도로 관심이 없었다는 견해를 내놓았다(A. 말로제모프, 『러시아의 동아시아 정책』, 2002, 40쪽).

이들은 시베리아가 미개발되어 교통 시설이 없었기 때문에 1884년 러시아가 조선과 수교하기 전까지는 극동으로의 팽창 정책을 수립할 수 없었다고 지적한다. 뿐만 아니라, 당시 러시아의 극소수 정치인을 제외한 모스크바의 정책 입안자들은 조선이 어디에 붙어 있는지도 몰랐다는 견해를 내놓았다.

이러한 수정론에 대해 대만 외교부장을 역임한 학자 겸 언론인 첸푸錢復는 러시아가 1885년 이전까지 조선에 대해 관심이 없었다는 주장은 청·일본·영국 등의 문서를 연구하지 않은 결과라고 비판했다.

영국은 러시아가 부동항 확보를 위해 한반도로 남진해올 것을 우려했다. 이를 저지하기 위해 조선과 수교하여 항구를 개방하고 무역 관계를 수립하는 것이 필요하다고 판단했다. 분석 결과 한반도는 영국에서 너무 멀리 떨어져 있고 국가와 국민이 극도로 가난하여 구매력이 거의 없다는 점, 따라서 영국 공산품 수출이 어려운 나라라는 사실이 밝혀졌다. 한마디로 조선은 영국이 먼저 손을 내밀 가치가 없는 나라였다.

조선 문제와 관련하여 영국은 러시아를 쓸데없이 자극하여 현상 유지의 틀을 무너뜨리지 않기 위해 신중한 행보를 선택했다. "러시아가 조선에 개입하지 않는 한 영국도 상관 않겠다"는 입장이었다. 제2차 아편 전쟁으로 러시아에 어부지리를 안겨준 데 따른 트라우마도 강하게 작용했다. 가난으로 인한 패권국들의 '관심 부재'가 조선이 동아시아에서 가장 늦게 개항을 하게 되는 진짜 원인이었다.

영국이 1880년대 초 조선의 문호를 개방하는 과정은 원정군을 파견하여 아편 전쟁을 일으켰던 중국과는 확연하게 달랐다. 영국의 한반도 정책은 '신중과 자제'로 상징된다. 자신들은 뒤로 빠져 보이지 않는 곳에서 기획하고, 일본이나 미국을 앞세워 개방 작업을 진행한 다음 그 뒤를 따랐다. 러시아와 영국은 서로 상대가 조선을 침략할까 우려하여 야욕을 자제한 것이다(최문형, 『제국주의 시대의 열강과 한국』, 1990, 32쪽).

러시아도 자신들이 동아시아에 뿌리를 깊이 내리지 못한 상태에서 서구 열강들이 이 일대에 진출하는 것을 경계했다. 조선에 대해서도 영국과 마찬가지로 '기다리는 정책'을 채택했다. 세계 곳곳에서 식민지 쟁탈전을 벌이던 양국이 조선에 무관심했던 진짜 이유는 조선이 워낙 가난하여 자신들이 취할 이익이 별로 없었기 때문이다(김용구, 『약탈제국주의와 한반도』, 2013, 9쪽).

러시아의 알래스카 매각

한반도를 둘러싸고 영·러 양국이 '신중과 자제'를 택하면서 힘의 공백 상태가 발생했다. 이 기간 조선에서는 독일 상인 오페르트(Ernest Jacob Oppert)의 남연군(흥선대원군 부친) 묘 도굴 사건, 제너럴 셔먼호 격침 사건, 일본 군함 운요雲揚호의 강화 초지진 포격 사건 등이 발생했다.

러시아는 한반도에서 '신중과 자제'가 이루어지고 있는 공백 상태를 이용하여 톈산북로 주변인 이리 지역에서 청과 분쟁을 일으켰다. 또 알래스카를 미국에 매각했다. 러시아가 알래스카를 팔아치운 이유는 크림 전쟁에서 패하면서 극심한 재정난에 시달렸기 때문이다. 이 와중에 캐나다를 장악하고 있던 영국군이 언제 알래스카를 침략해 올지 몰라 러시아는 전전긍긍했다. 러시아는 영국에게 알래스카를 빼앗기느니, 차라리 한 푼이라도 받고 매각하는 것이 이득이라고 판단했다.

러시아는 1867년 10월 18일, 1에이커(4,047제곱미터)당 2센트, 총

720만 달러에 알래스카를 미국에 매각했다. 러시아는 이 지역을 자신들의 '우방'인 미국에 넘겨줌으로써 영국령 캐나다가 미국에 협공당하도록 만들겠다는 구상을 했다.

미국 본토의 5분의 1에 달하는 광활한 알래스카를 인수한 인물은 당시 미 국무장관 수어드였다. 수어드는 이해 태평양의 섬 미드웨이도 점령해 영유권을 선언했다. 지금 생각하면 저렴한 가격으로 알래스카를 매입한 것은 횡재처럼 보이지만, 당시 미국의 납세자들은 눈과 얼음·빙하로 뒤덮인 불모의 땅을 거액을 주고 매입한 것은 미친 짓이라며 거세게 항의했다. 미 의회는 대통령과 국무장관을 소환하여 비난을 퍼부었다. 미국 언론은 알래스카를 '수어드의 아이스박스'라고 조롱했다.

1897년 알래스카에서 금광이 발견되면서 알래스카는 '미운 오리새끼'에서 '백조'로 승격했다. 알래스카를 매입한 지 100년이 되는 1967년 12월, 프루도만에서 북미 대륙 최대 규모의 유전이 발견되면서 미국은 돈방석에 앉았다.

제10장

동아시아 3국의 근대 수용 태도

청, '중체서용'

양무운동과 동치중흥

두 차례 아편 전쟁을 겪으며 근대적인 조약 제도에 편입된 중국에 의미심장한 변화가 시작되었다. 한족과 만주족 관료들이 서양 문물을 받아들여 군사적 자강과 경제적 부강을 추진하기 위해 '양무洋務 자강自强 운동'을 시작한 것이다. 서양으로부터 기기와 기술을 받아들여 청조의 질서를 회복한다는 발상이 양무운동의 핵심 본질이었다. 이를 동치중흥同治中興이라 한다.

제2차 아편 전쟁 막바지에 영불 연합군에 의해 수도 베이징이 유린되고 황제가 피난가는 충격적인 사건이 발생하자, 서양과의 외교는 중국이 더 이상 피하거나 미룰 수 없는 긴박한 정치 현안으로 등장했다. 그 결과 1861년, 중국 최초의 외교 전담 기구이자 서양 문제를 전담하는 정부 기구인 총리아문總理衙門이 설치되었다. 기존 조공국들과의 외교는 전통적인 외교 담당 부서인 예부가 관할한 것과 달리, 총리아문은 조약을 체결한 국가들과의 외교 관계를 관장하는 기구였다.

1860년대에 전개된 양무운동의 제1단계는 군사 공업을 일으키는 것이었다. 양무파의 상징 인물인 공친왕은 "근본적인 책략은 자강에 있으며, 자강의 책략은 먼저 병사를 훈련시키는 것"이라면서 서양에서 총포를 구입하여 군사 훈련을 강화할 것을 주장했다(이삼성, 『동아시아의 전쟁과 평화 2』, 2017, 162쪽). 이를 위해 청 조정은 1862년 병기 공장을 신설하고, 만주팔기병을 서양식 소총과 대포로 무장하여 훈련시켜 신기영新機營을 조직했다. 신기영은 1869~70년 병력이 3만 명으로 증가하여 베이징을 방어하는 친위 부대가 되었다.

양쯔강 하류에서 태평천국의 난을 진압하고 있던 이홍장은 증국번의 지시로 중국인 최초의 예일대 유학생 용굉容閎(룽훙)이 귀국할 때 미국에서 구입해온 기계를 인수받아 상하이에 강남기기제조국이라는 병기 공장을 설립했다. 저장과 푸젠 전선을 담당하고 있던 좌종당은 푸젠에 푸저우선정국船政局이란 조선소를 설립하여 군함을 건조하기 시작했다. 또 푸저우선정국 산하에 선정학당이란 부속 학교를 설립하여 항해술과 외국어를 가르쳤다. 1880년대 정비된 북양 함대 간부 중에는 푸저우의 선정학당에서 공부한 후 영국이나 프랑스에 유학하고 귀국한 인재들이 많았다.

1870년 즈리 총독과 북양대신에 취임한 이홍장은 톈진기기국이라는 병기 공장을 지었다. 이 공장에는 주로 독일 크루프사의 기술이 도입되었다. 1872년에는 상하이에 윤선초상국輪船招商局이라는 중국 최초의 기선 회사가 설립되었다. 1879년에는 수입 면직물에 대항하여 국내 산업을 진흥시키기 위해 상하이기기직포국이라는 방직공장을 설립했다.

병기 제작으로 시작된 양무 자강 운동은 남양·푸젠·북양 함대를 중심으로 한 해군력 증강으로 이어졌다. 1870~80년대 초에는 공업 부문까지 확대되어 운수업·광산 개발·전신 설비 도입·방직 공장 설립으로 이어졌다. 이것이 중국의 근대화를 가속화하는 계기가 되었다.

중체서용론의 내재적 한계

하지만 중국의 근대화는 순조롭게 진행되지 못했다. 양무 자강 운동은 여러 가지 빛나는 성과에도 불구하고 명백한 한계를 안고 있었다. 양무의 철학에 근본적인 문제가 있었기 때문이다. 중국 지식인들은 아편전쟁으로 추락한 중화민족의 자존심 회복을 위해 서구의 장점을 빌려다 중화의 약점을 보완하여 서양 세력을 극복한다는 '중체서용론中體西用論'을 근대화의 철학으로 삼았다.

중체서용은 청 말 근대 교육 수립에 공헌한 장지동張之洞(장즈둥)이 『권학편勸學篇』에서 처음 주장한 방법론이다. 중국 본래의 유학의 바탕에서 부국강병을 위해 근대 서양 문명을 받아들여야 한다는 주장이었다. 한마디로 중국의 정신적 자산이나 제도는 확고하기 때문에 서양으로부터 더 이상 배울 것이 없고, 중국적 전통의 토대 위에서 부국강병을 위해 서양의 기술과 방법론을 도입한다는 것이었다.

청은 미국 예일대에 유학하고 온 용굉의 상소를 받아들여 명문가 집안의 청소년 120명을 선발하여 미국에 유학을 보냈다. 이것이 중국이 자랑하던 '유미유동留美幼童'이다. 1872년 8월 11일부터 30명씩 4차에 걸쳐 120명의 유미유동이 미국에 파견됐다. 이들에게는 군사·철도·전신 등 중국 근대화에 필요한 기술을 배우고 익혀 귀국하라는 임무가 주어졌다.

태평양을 건넌 중국 청소년들은 미 동부 코네티컷주의 가정에서 홈 스테이를 하며 영어를 배우고 미국 문화를 익혔다. 미국의 중고교 과정을 마친 유미유동 중 40명은 예일·하버드·MIT·컬럼비아대 등 명문대에 진학했다. 이들은 미국에서 공부하면서 매주 한 차례씩 청 조정이 보내준 유학 교과서 『성유광훈聖諭廣訓』을 의무적으로 학습해야 했고, 석 달에 한 번 청 조정이 파견한 감독관 앞에서 사상 교육을 받았다. 미국의 지리·피아노·영시 작문 교육은 금지됐다(박종인, 「유학도 전쟁도 협상도 청은 일본에 참패했다」, 박종인의 땅의 역사 161, 〈조선일보〉 2019. 4. 17 참조).

유학생 감독관으로 미국에 파견된 오자등吳子登(우쯔덩)은 "학생들이 유가 책을 읽지 않고 나쁜 습속에 물들었다"고 보고했다. 청 조정은 청소년 유학생의 정신이 서양화되었다고 판단, 1881년 9월 9일 전원을 소환하고 청소년 유학 프로그램을 폐지했다. 예일대 총장 노아 포터(Noah Thomas Porter III)는 청 조정에 "뛰어난 성취를 거두고 있는 훌륭한 아이들의 꿈을 꺾지 말라"는 편지를 써보내는 등 총명한 제자들의 귀국을 막기 위해 고군분투했다. 그랜트 미국 대통령도 청원서를 보냈으나 청조의 생각을 바꾸는 데 실패했다.

원하는 학업을 끝내지 못하고 귀국한 유미유동 출신들은 중국 해군학교·전신학교 등에 배치하여 재교육을 시켰다. 이후 청조가 해외로 파견한 유학생은 유럽 군사 유학생 94명을 제외하면 단 한 명도 없었다. 일본이 1868년 메이지유신 이후 정부가 파견한 유학생이 5년 만에 1,000명을 넘은 것과 대비된다.

무술변법 실패, 청 멸망

청의 지도층은 중체서용이라는 양무운동의 한계를 깨닫고 한 차원 높은 제도적 변화를 시도했다. 이것이 무술변법戊戌變法(1898)이라 불린 정치 개혁이었다. 불행하게도 무술변법은 황실 중심의 권력 구조와, 이와 영합한 전통적 엘리트 집단의 반동(무술정변)으로 100일 만에 수포로 돌아갔다. 청조는 중화 질서 재건의 꿈을 이루지 못하고 붕괴했다.

양무운동이나 무술변법은 중화 의식의 틀에서 벗어나지 못해 서양 문물의 수용이 제한적일 수밖에 없었다. 청나라는 중체中體도 지키지 못하고 서용西用을 제대로 받아들이지 못한 채 방황하다 서구 열강들의 먹잇감으로 던져졌다.

1911년 청조는 신해혁명으로 멸망했다.

일, '화혼양재'

일본의 근대화 방법론은 '화혼양재和魂洋才'로 표출됐다. 일본 고유의 정신和魂을 잃지 않으면서 서양의 지식과 기술洋才을 활용하여 부국강병을 이룬다는 방법론이다.

청의 중체서용과 달리 일본의 화혼양재는 자신의 고유 정신을 잃지 않는다면 어떤 지식이라도 과감하게 전폭적으로 수용한다는 자세였다. 열린 마음으로 서양 문물을 전폭적으로 받아들였기에 개방과 수용의 폭이 넓고 깊었다.

서양 근대 사상의 본질을 깊이 연구한 일본 지식인들은 국방의 목적을 달성하기 위해서는 단순히 서양의 근대적 군사 기술을 도입하는 것만으로는 불충분하며, 반드시 정치와 경제 시스템을 근대적으로 재편성해야만 목적 달성이 가능하다는 사실을 깨달았다(이에나가 사부로·이노 겐지, 「근대사상의 탄생과 좌절」, 이에나가 사부로 엮음, 연구공간 수유+너머 일본 근대사상사팀 옮김, 『근대일본사상사』, 소명출판, 2006, 38쪽).

일본과 중국 지식층이 서양의 근대를 이해하고 수용하는 과정에서 근본적인 인식의 차이가 존재했다는 사실은 강화도 조약 직전인 1876년 1월, 주중 일본 공사 모리 아리노리森有禮와 청 북양대신 이홍장의 톈진 회담에서 엿볼 수 있다.

이날 이홍장은 양복을 입고 회담장에 나타난 모리에게 "귀국은 왜 서양 옷을 입는가?" 하고 물었다. 모리는 "일본의 전통 복장은 열심히 일하는 데는 맞지 않는다. 부자가 되기 위해 옛것을 버리고 새것을 받아들였다"고 답했다. 이홍장은 의복은 조상에 대한 존중의 표시이기 때문에 만세 후대까지 전통을 이어가야 한다고 주장했다.

모리는 "일본은 다른 나라의 장점이 보이면 어떻게든 따라 배운다. 그게 일본의 미풍양속"이라고 반박했다. 이홍장도 지지 않고 "무기·철도·전신은 서양이 최고지만 제도는 개혁하지 않는 것이 중국의 입장"이라고 맞섰다. 이것이 중체서용의 중국과 화혼양재의 일본이 서양의 근대를 수용하는 인식의 차이였다.

19년 후인 1895년 청일전쟁에서 패한 청나라 대표단이 시모노세키 강화회담장에 나타났다. 그때도 여전히 청국 대표단은 변발에 전통 복장이었고, 일본 대표단은 양복을 입었다.

조선, '동도서기'

조선은 출범 초기에는 양인과 천민 두 계급으로 구성된 양천제良賤制 신분 사회였다. 양인은 자유인으로서, 과거에 응시하여 관리가 될 수 있는 권리를 가졌다. 양인은 국가에 조세·공납·부역의 의무를 부담했다.

천민은 개인이나 국가에 소속된 비자유인으로서, 과거에 응시하여 관리가 되는 것이 불가능했다. 국가에 역役을 지지 않는 대신 남들이 꺼리는 힘들고 천한 일을 담당했다.

임진왜란을 전후로 신분 질서가 요동을 치면서 16세기 이후에는 양인이 지배층인 '양반'과 피지배층인 '상민'으로 분화되었다. 17세기에는 다시 양반 계층이 양반과 이들을 보좌하는 '중인中人'으로 분리되었다. 그 결과 조선의 신분 구조는 양반·중인·상민·천민의 네 계층으로 고착되었다.

양반의 탄생

양반이란 조상 중 과거 합격자를 배출한 부계 혈연 집단의 구성원이다. 조선에서 양반 신분이 등장하면서 이들은 스스로 유서 깊은 집안임을 내세우기 위해 족보를 편찬했다. 한 인물을 시조로 하는 혈연 집단의 구성 범위를 기록한 계보인 족보는 어느 가문이 양반에 속함을 입증하는 증거 자료다.

양반을 중심으로 한 지방 통치 체제가 확립될 무렵, 향안鄕案이라는 양반 명단이 작성되었다. 향안에 이름이 등록되어야만 그 사람이나 가문이 양반임이 증명되었다. 향안에 이름을 올리기 위해서는 엄격한 자격 심사가 이루어졌다(기시모토 미오·미야지마 히로시, 『조선과 명청』, 2014, 151쪽).

향안에 이름을 올릴 때 가장 중시된 것은 가문이다. 아버지·어머니·처의 가문이 심사 대상이 되며, 각각 3족의 3대 조상까지 거슬러올라가 양반으로서 부적절한 인물은 없었는지를 철저하게 심사했다.

양반은 법제적 절차를 통해서 제정된 계층이 아니라, 사회 관습으로 형성된 계층이었다. 따라서 양반과 비양반의 한계 기준이 상대적이고 주관적이었다. 향안에 등록된 양반들은 정기적으로 향회鄕會라는 모임을 열었다. 이 모임에서 지방 장관(수령)의 통치를 보좌하는 유향소留鄕所의 임원인 좌수座首와 별감別監을 선출했다.

날조된 양반

조선 후기로 접어들면서 양인이나 노비 신분 중에서 대규모 농업이나 상업 활동으로 부를 축적한 재력가들이 등장하기 시작했다. 중요한 신흥 세력으로 등장한 부농층을 요호부민饒戶富民이라 불렀다. 이들은 재산은 많았지만, 신분이 낮아 정치적 발언권이 없었다.

요호부민은 언제라도 자신들의 재산이 관료들의 수탈의 대상이 될 수 있기에, 수단 방법을 가리지 않고 재물을 이용하여 벼슬을 얻기 위해 노력했다. 이런 요구에 부응하여 조정은 일정한 기부금을 내는 대가로 벼슬자리를 내리는 납속수직納粟授職 제도를 운영했다. 임진왜란이 일어나 국가 재정이 부족해지자 군비 마련과 국가 재건 작업에 필요한 비용 조달을 위해, 그리고 대규모 공사를 벌여야 할 때, 흉년이 들어 백성을 구제해야 할 때 국가는 돈을 받고 벼슬을 팔았다.

임진왜란 다음해인 1593년, 현직 관리가 문관 정3품직을 받는 가격이 쌀 100섬이었다. 벼슬 가격은 조선 후기로 가면서 가격이 크게 내려가 18세기에는 일반 평민도 13섬 정도면 종2품 가선대부嘉善大夫를 받을 수 있었다. 자작농이나 중농 정도의 재력이면 충분히 관직을 사서 신분 상승이 가능했다. 이런 식으로 돈을 주고 벼슬을 산 가짜 양반, 자칭 양반들이 향안에 이름을 올려줄 것을 요구하고 나섰다.

1690년 전체 호戶의 37.1퍼센트를 차지하던 노비 신분 호가 1858년에는 1.5퍼센트로 크게 줄었다. 대신에 양반 호가 폭발적으로 늘었다. 양반 호의 증가는 실제로 양반 인구가 늘었기 때문이 아니다. 진짜 이유는 노비·양인·중인 계층에서 대규모 농업이나 상업으로 재산을 축적한 사람들이 돈을 내고 조정으로부터 벼슬을 사거나, 양반 호적에 슬그머니 끼어드는 방식으로 양반에 편입되었기 때문이다.

양반은 세금·군역을 면제받는 특권 신분이다. 양반으로 신분이 상승되면 각종 세금·군역 부담에서 벗어날 수 있었다. 때문에 너도나도 재물을 모아 벼슬을 사서 양반으로 신분을 세탁했다. 이 때문에 조선 후기에는 납세·병역 의무를 수행할 계층이 크게 줄어 국가 재정과 안전보장이 심각한 위기에 처하게 되었다.

서얼과 중인

중인은 중앙 관서에 근무하는 고급 기술직이나 양반의 서자(서얼), 향촌 서리(향리) 등을 통칭하는 계급이다. 이들은 양반도 아니고 상놈도 아닌 중간 계층으로 정의됐다(김종학, 『개화당의 기원과 비밀외교』, 일조각, 2017, 13-15쪽 참조).

양반의 서자들은 양반 가문에서 태어났지만, 정실부인에게서 태어난 자식이 아니라는 이유로 심한 차별대우를 받았다. 서자는 과거 응시가 원천적으로 인정되지 않았다. 족보에 이름을 올리지 못하고, 재산도 상속받지 못했다.

서자에 대한 엄격한 차별은 중국에는 존재하지 않는 제도였다. 서자를 차별하는 정책이 오랜 기간 굳건히 유지된 이유는 양반층 확대를 억제하기 위한 목적이었다. 엄격한 적서嫡庶 구별은 조선을 소중화, 동방예

의지국으로 간주하는 근거가 되었다.

중인을 대표하는 세력 중의 하나가 지방 행정 실무 담당자인 향리였다. 아전이라 불리는 향리는 읍마다 수백 명이 존재했다. 중앙의 육조 시스템을 표본으로 하여 지방 정부도 이·호·예·병·형·공吏戶禮兵刑工 여섯 개 부서(육방)로 나뉘어 실무를 분담했다.

아전 중에서도 가장 큰 권한을 가진 존재는 읍의 향리 전체를 통솔하는 호장戶長, 이방吏房, 병방兵房의 우두머리인 수형리首刑吏 등 세 명이었다. 향리는 폐쇄적인 계층을 구성하였고, 이들 지위는 세습되었다. 평소에는 지방 수령으로부터 하인 대접을 받지만, 수령이 연간 몇 차례씩 수시로 바뀌는 틈을 이용하여 수령을 제치고 자의적으로 업무를 처리하는 등 막강한 권한을 행사했다.

향리는 급료가 없거나 극히 소액의 수당만을 지급받았다. 월급이 없는데 어떻게 먹고사는 것이 가능했을까? 그들은 행정 실무 수행 과정에서 각자 알아서 재물을 요령껏 취득했다. 조선 후기 행정 질서가 크게 문란해지자 향리들은 백성들을 가혹하게 착취하는 방식으로 한몫 챙겨 양반을 능가하는 재력을 보유하는 사례가 늘기 시작했다.

개화의 선구자들, 의역중인과 개화당

개화란 용어는 임오군란 이후 조선 사회 곳곳으로 퍼져나갔다.

조선에서 개화의 선각자로 연암 박지원의 손자 박규수, 역관 오경석, 한의사이자 만민평등 불교 사상의 권위자였던 유대치를 꼽는다. 이들은 부패하고 낙후한 조선 왕조는 일대 혁신이 필요하며, 왕조의 부분적 개혁이 아니라 사회 전반에 걸친 대혁신을 통해 조선의 근대화가 가능하다고 판단했다.

대혁신을 위해서는 새로운 정치 세력이 필요하다. 새 정치 세력이 서구의 선진 과학 기술을 도입하고 양반·상놈의 신분 제도를 철폐하여 근대 시민 사회로 나가야 한다는 입장이었다.

중인 계층 가운데 조선 후기 개화당과 깊은 연계를 형성한 그룹은 천문학·의학·산학算學(수학)·외국어 등 전문 지식인으로 구성된 기술직 중인이다. 중인은 잡과雜科라는 과거를 통해 선발했다.

기술직 중인 중에서도 개화의 핵심 세력을 담당한 세력은 의사와 통역관이었다. 이 두 세력을 합쳐 의역중인醫譯中人이라 불렀다. 의역중인은 같은 신분끼리 폐쇄적 혼인 관계를 형성하여 그 지위를 독점적으로 세습했다. 조선 후기의 전형적인 역관 가문이 오경석이다. 오경석 집안은 6대조부터 오경석 아들 오세창에 이르기까지 8대에 이르는 동안 남성 31명 중 20명이 역과譯科에 급제했다.

의역중인은 연행사로 중국을 왕래하면서 인삼 무역 등을 통해 양반 가문을 능가하는 부를 축적했다. 또 중국에서 다양한 서적을 구해와 공부하면서 높은 수준의 지식과 교양을 갖추었다. 연행사는 1637년(인조 15)부터 1894년(고종 31)까지 총 507회 파견되었다. 하지만 조선 왕조의 엄격한 신분 구조상 고위직으로의 진출은 원천 봉쇄되어 있었다. 한 개인이 뛰어난 재주·기술·능력·재력을 가지고 있음에도 불구하고 신분 상승이 불가능한 시스템에 억눌릴 경우 그 개인은 좌절하거나, 사회 시스템을 파괴하기 위한 혁명 논리에 젖어들게 마련이다.

남인 양반층과 더불어 천주교 수용에 중요한 역할을 한 계층이 중인이다. 천주교인에게 자기 집을 집회 장소로 제공한 김범우는 역과에 급제한 중인이었다. 1831년 로마 교황이 파견하여 최초로 조선에 입국한 앵베르(Lautrent Joseph Marie Imbert) 조선 교구 주교의 입국을 도운 현석문도 역관이었다.

조선의 의역중인 중에서 역관 오경석과 한의韓醫 출신 유대치는 적극적으로 사회 변혁을 모색한 급진적 개화주의자였다. 이들은 자신들과 뜻이 맞는 연부역강한 양반 청년 선비들과 의기투합하여 개화당을 결성하고, 이들과 힘을 합쳐 외세를 끌어들여서라도 조선의 정치 사회 구조를 붕괴시키고 새로운 체제를 수립할 것을 꿈꾸었다.

위정척사·동도서기의 한계

비슷한 시기에 등장한 위정척사론衛正斥邪論은 개화당과는 반대되는 인식 체계를 가지고 있었다. 이들은 정학正學·정도正道인 성리학과 유교적 질서를 수호하고, 사학邪學·이단인 서양 학문과 기독교를 물리쳐야 한다는 입장이었다. 즉, 유교의 정도를 지키기 위해서는 기독교나 그 영향을 받은 외국과의 접촉을 차단할 것을 주장하는 성리학 근본주의·원리주의자 집단이다.

위정척사 신봉자들은 중국이 문명의 중심이라는 확고한 사고의 틀로 세상을 바라보았다. 하지만 그들의 머릿속을 지배하고 있는 중국은 현존하는 청나라가 아니었다. 이들이 종교처럼 숭앙한 중국은 '조선'이라는 국호를 내려주고 임진왜란 때 '천군天軍'을 보내 왜의 침략을 물리쳐 준 나라, 하지만 이미 멸망하여 지구상에서 사라진 명나라였다.

이들의 인식 체계에서 서양인들은 양이洋夷, 즉 사람이 아닌 짐승이고 멸시의 대상이었다. 오로지 드높은 문명을 이룬 나라는 망해 없어진 '중화의 조국' 명나라이며, 그 성은을 이어받은 '소중화'의 조선이라고 자위했다. 압록강·두만강 건너에서 말이나 몰며 풀이나 뜯던 여진족(만주족)이 세운 청이나, 바다 건너 훈도시 차고 칼이나 휘두르는 왜놈은 그저 야만의 금수일 뿐이었다.

하지만 위정척사라는 경직된 사고 체계와 방법론으로는 점증하는 외부 압력에 대처할 수 없다는 한계 상황을 깨달은 이들은 동도서기東道西器로 방향을 틀었다. 동도서기란 정통 성리학의 도기론道器論과 화이론에 논리적 바탕을 둔 사고 체계다. 즉, 군함·대포·기술 등 서양의 이기利器는 수용하되, 서양의 문화와 풍습 등은 배척하여 성리학적 가치관과 질서를 유지해야 한다는 방법론이었다. 동도서기론은 전통적 지배 체제를 정도正道로 보고, 서양의 가치관과 문화를 인륜에 어긋나는 사도邪道로 간주하는 화이론적 인식 체계의 연장이었다.

동도서기론은 서양과 일본 세력의 척결(척양척왜斥洋斥倭)을 주장한 위정척사론과 맥락을 같이하면서도, 현실적으로는 국가의 자강을 도모하기 위해 서양의 과학 기술 문명을 일정 부분 수용하자는 입장이다. 동도에 위배되지 않는 한도 내에서 서기를 수용한다는 방법론은 중국에서 추진했던 중체서용론과 흡사한 인식 체계였다. 그 결과 중체서용과 마찬가지로 심각하고 뚜렷한 한계를 안고 있었다.

보다 근본적인 문제는 중국의 '중체'나 일본의 '화혼'은 그 나라의 독자적인 사고 체계인 반면에 조선의 '동도', 즉 성리학적 가치관은 조선 토종이 아니라 중국에 뿌리를 둔 문화와 사상이었다는 점이다. 조선의 양반 관리층과 유생들은 자신들이 지켜야 할 근본 가치는 만동묘와 대보단에서 이미 망한 지 오래인 명나라 황제를 제사 지내는 것이라고 확고부동하게 믿었다.

그들이 사력을 다해 지켜야 할 '그 무엇'은 우리 고유의 전통적 가치관이나 철학이 아니라, 외부에서 수입해온 성리학이었다. 중국의 중체나 일본의 화혼처럼 독자적인 '동도'가 존재하지 않았으니, '서기'를 수용하여 개선해야 할 것이 무엇인지조차 알 수 없었던 것이 조선 후기 정신세계의 비극이었다.

천주교의 확산

조선에 천주교가 처음 전래된 것은 임진왜란 당시 왜군을 따라 종군한 세스페데스 신부를 통해서다. 하지만 임진왜란을 끝으로 천주교도 사라졌다. 100여 년 후 청을 왕래하는 조선 사신들이 서양 신부들과 접촉했다. 이때는 종교적 차원이 아니라 서양 학문이란 차원에서 천주교와 접촉했다. 그래서 천주교는 '서학西學'이란 이름을 얻게 되었다.

가톨릭 사제가 조선에 처음 입국한 것은 1794년 12월 23일, 중국인 주문모 신부였다. 베이징 교구장인 알렉산드르 드 고베아(de Govea) 주교가 주문모 신부를 조선 선교사로 임명하여 파송했다. 주문모 신부는 서울 북촌(현재의 계동)에 있는 최인길의 집에서 조선 최초로 미사를 집전했다.

1801년 신유사옥으로 많은 신도들이 체포되자 주문모 신부는 중국으로 탈출하기 위해 국경 지역에 도착했다. 그는 도도히 흐르는 압록강을 바라보며 생각을 바꾼다. 신도들과 운명을 함께하기 위해 서울로 돌아온 주문모 신부는 1801년 4월 24일 의금부에 자수했고, 한 달 후인 5월 31일 마포 한강변 새남터에서 처형되었다(천주교 박해의 상세는 제2권 참조).

서양 신부로서 처음 조선에 입국한 사람은 1836년 프랑스 신부 피에르 모방(Pierre Philibert Maubant)이다. 조선에서 그는 나백다록羅伯多祿이란 이름을 얻었다.

외국 종교의 전파는 그 나라 문물의 전래와 함께한다. 이 관점에서 볼 때 조선의 본격적인 천주교 전래 시기는 중국·일본보다 200여 년 늦다. 서양 문명이 중국·일본보다 200년 뒤늦게 조선에 유입되었다는 뜻이다.

조선에 대한 러시아의 위협이 가중되자 조선의 천주교인들과 프랑스 신부들은 그 해결책으로 조선과 프랑스의 수교를 구상했다. 1866년 러시아 군함이 원산 앞바다에 출현하자, 고종의 아버지이자 실질적 권력자인 흥선대원군은 프랑스의 힘을 이용하여 이이제이以夷制夷를 하는 것이 현명한 러시아 방어책防俄策이라고 확신했다.

대원군은 함경감사로부터 러시아의 통상 요청 사실을 보고받는 자리에서 "프랑스 선교사들이 러시아 사람들을 쫓아낼 수만 있다면 종교의 자유를 보장하겠다"고 언명했다(샤를 달레, 안응렬·최석우 역주, 『한국천주교회사(하)』, 분도출판사, 1980, 360쪽). 대원군은 프랑스 세력을 이용해 러시아를 막는다는 구상을 가지고 베르뇌(Siméon François Berneux, 한국명 장경일張敬一) 신부 측과 접촉했으나 별다른 성과를 얻지 못했다. 대원군은 천주교의 효용 가치를 의심하게 되고, 급기야 천주교 대박해를 일으켜 프랑스와 충돌하는 원인이 되었다.

1868부터 1881년 사이 13년간 천주교도로 체포되어 유죄 판결을 받은 남성 131명의 직업은 유자儒者 18명, 의사 7명, 군인 19명, 상인 15명, 농민 32명, 수공업자 12명, 천민 13명, 기타 5명이었다(기시모토 미오·미야지마 히로시, 『조선과 명청』, 2014, 411쪽).

제11장

일본의 개항과 개국

아시아의 종주국이자 천하의 중심을 자처하는 중국이 아편 전쟁에서 서양 오랑캐에게 집단 린치 당하듯 얻어맞고 불평등 조약을 강요당한 사실이 조선과 일본에 알려졌다.

제1차 아편 전쟁은 중국의 남쪽 변방에서 일어난 사건이었기에 조용히 넘어갔다. 하지만 제2차 아편 전쟁은 조선에도 큰 충격을 주었다. 제2차 아편 전쟁 무렵 베이징을 방문한 조선 사신들은 영불 연합군에게 약탈당한 베이징의 처참한 모습, 함풍제가 난리를 피해 피난을 떠난 사실 등을 본국에 상세히 보고했다. 청이 서구 열강들과 1858년 톈진 조약, 1860년 베이징 조약을 맺었다는 정보를 입수한 조선 조정은 특히 아편 무역 허용과 기독교의 내지 포교를 공인한 사실에 크게 우려했다.

일본의 도쿠가와 막부도 나가사키의 데지마에 설치한 네덜란드 상관과, 중국과 책봉-조공 관계를 맺고 있던 류큐 왕국을 통해 아편 전쟁의 상세한 진행 상황과 결과를 입수했다.

막부는 네덜란드 동인도 회사에 무역 독점을 보장해주는 대가로 동인도 회사 소속 무역선이 입항하면 반드시 서양의 동향 등을 자세히 기록한 「풍설서風說書」라는 정보 보고서를 제출하도록 의무화했다. 「풍설서」는 네덜란드뿐만 아니라 나가사키에서 교역하는 중국인에게도 의무화되었다. 중국인들이 제출하는 「풍설서」는 네덜란드 보고서와 구분하기 위해 「당唐 풍설서」라고 명명했다. 네덜란드 상관 책임자는 매년 에도(도쿄)에 가서 쇼군을 알현하고 「풍설서」를 제출했다.

네덜란드인은 자신들의 네트워크를 통해 수집한 국제 정세 관련 중요 정보에서부터 시시콜콜한 내용까지를 막부에 제공했다. 이러한 「풍설서」는 네덜란드 상관이 폐지된 1857년까지 매년 의무적으로 제출됐다.

이 보고서를 에도에 제출하기 위해 '카피탄'이라 불리던 네덜란드 상관 책임자는 총 166차례 에도를 방문했다. 조선 통신사가 총 12차례(마지막 회는 쓰시마까지만 방문) 에도에 파견된 것과 비교하면 막부가 네덜란드의 정보를 얼마나 중시했는지 이해할 수 있을 것이다. 당시 일본은 네덜란드 상관장, 조선 통신사, 류큐 왕국 사신이 에도에 오는 것은 일본이 중국과는 또 다른 '세계의 중심'이라는 세계관을 증명하는 것으로 받아들였다(김시덕, 『동아시아, 해양과 대륙이 맞서다』, 2016, 200-201쪽).

태평양 시대

막부는 알고 있었다

1840년 7월 중국의 제5호 선주가 제출한 「당 풍설서」는 청 황제가 파견한 특사 임칙서가 아편 금지 조치를 취하여 영국 상인들이 2만여 개의 아편 상자를 제출한 사실, 청과 영국 군함의 교전 소식 등을 전하고 있다(왕효추, 신승하 옮김, 『근대중국과 일본』, 고려대 출판부, 2002, 10-12쪽).

아편 전쟁이 발발하자 막부는 최대한 상세한 「풍설서」를 올릴 것을 요구했다. 사태가 긴박하게 돌아가자 네덜란드는 아편 전쟁 관련 정보만을 별도로 모아 「별단別段 풍설서」라는 특별 보고서를 작성했다. 「별단 풍설서」는 바타비아에 주재하는 네덜란드 식민국 장관이 작성하여 나가사키의 네덜란드 상관장에게 보냈다. 「별단 풍설서」는 광둥에서 발행되는 영자 신문을 정보원으로 하고 있었기 때문에 영국의 승리를 과장했다.

도쿠가와 막부는 1825년 중국·네덜란드 국적 이외의 외국 선박에 대해서는 무력을 사용하여 무조건 격침시키고 생존 선원은 체포하라는 이국선 타불령異國船打拂令 정책을 시행했다. 그런데 아편 전쟁에서 청나라가 힘 한번 제대로 못쓰고 패전했다는 정보를 입수하자 대외 정책을 180도 바꾸었다. 난징 조약이 체결되기 전날인 1842년 8월 28일, 기존 정책을 폐기하고 "서양 선박이 나타나면 연료와 물을 공급하라"는 신수급여령薪水給與令 정책을 발표한 것이다. 이것은 네덜란드의 「별단 풍설서」가 가져다 준 일련의 변화였다.

막부는 제1차 아편 전쟁이 끝나고 2년 후인 1844년 2월 15일, 네덜란드 국왕 빌럼 2세로부터 아편 전쟁의 진행 상황 및 향후 동아시아의 변화를 설명한 친서를 받아 위기의 실체를 확인했다. 다음은 빌럼 2세가 막부의 쇼군에게 보낸 극비 서신 내용 일부다.

> 최근 영국 여왕이 청나라 황제에 대해 출병을 하고 엄청난 전쟁을 벌였습니다. 이 전쟁에 대한 상세한 내용은 우리나라의 상선이 매년 나가사키에 제출하는 「풍설서」를 통해 이미 알고 계실 것으로 생각합니다.

막강한 청나라가 싸움에 진 것은 유럽의 우수한 군사력에 밀렸기 때문이고 결국 영국에 화평을 청할 수밖에 없었습니다. 그 결과 중국은 다섯 군데나 항구를 열고 유럽 사람과 교역을 시작했습니다.

청나라 측은 전투에서 패했고 수천 명의 사람들이 사망했으며 몇 군데 도시들은 점령되고 파괴되었습니다. 또한 수백만 금의 배상금을 치르게 되었습니다. 귀국에도 이와 같은 재난이 일어날 수 있습니다. 일반적으로 재해는 난데없이 오는 것입니다. 향후 일본 근해에 외국 선박이 출현하는 일이 과거에 비해 많아질 것입니다. 따라서 외국 선박의 승무원과 군인과 귀국 인민 사이에 싸움이 일어나면 그것이 전쟁으로 발전하게 될 것입니다.

지금까지의 역사를 보면 세계의 인간은 서로 교류하는 존재입니다. 증기선이 생산되고 세계 각국의 거리가 점점 짧아지고 있는 가운데 일국만 나라를 닫아 다른 나라와 교류하지 않는 것은 바람직한 일이 아닙니다.

귀국을 전쟁의 폐허로부터 지키고 싶다면 외국인을 엄격히 배척하는 법을 철폐하십시오. 이는 진실로 성의를 다해 신청하는 것이고 절대 우리나라의 이익을 위해서가 아닙니다. 평화는 친하게 교류하는 것이고 친하게 교류하기 위해 교역하는 것입니다. 청컨대 지혜로이 숙고하시기 바랍니다.

빌럼 2세는 일본이 외국 선박에 사소한 실수라도 할 경우 중대 사태가 발생할 가능성이 있다면서, 일본은 하루빨리 개국하라고 설득했다. 그는 극비 서신과 함께 자신의 초상화와 크리스탈 촛대와 꽃병, 카빈 소총, 지리·천문학 관련 서적을 쇼군에게 선물로 보냈다.

네덜란드 상관이 막부에 제공한 「풍설서」 중에서도 백미로 꼽히는 것은 미 페리 함대의 내항 사실, 이들이 미국 정부로부터 부여받은 목적, 일본에 파견된 군함의 이름과 규모·탑재 무기 등 거의 모든 정보를 사전에 막부에 제공한 내용이다.

막부는 네덜란드가 제공한 정보를 토대로 미국 함대가 에도만에 나타나기 전에 포대를 강화하고 군사를 배치했다. 하지만 막상 페리 함대와 조우한 순간, 검은 연기를 내뿜는 무지막지한 괴물에 대적할 수단이 일본 내에 존재하지 않는다는 사실에 절망했다.

막부는 위원의 『해국도지』가 중국에서 출판되자마자 나가사키에 설치한 당관을 통해 3질을 재빨리 수입했다. 막부 수뇌를 비롯한 일본 지도층은 이 책을 탐독하여 서구 열강들의 실체에 대해 눈을 떴다. 페리 제독이 에도만 일대를 휩쓸고 간 후 일본에서는 『해국도지』의 번역서가 21종이나 쏟아져나와 서양 사정에 무지몽매하던 일본인들의 의식을 깨웠다. 이때부터 란가쿠 학자를 통해 일본도 중국처럼 열강의 침략을 받아 나라가 망할 수도 있으니 쇄국령을 풀고 서양과 통상을 확대해야 한다는 여론이 제기되었다.

조선 조정도 사신단을 통해 아편 전쟁 관련 정보를 수집했다. 이들은 주로 베이징 당국의 관보인 〈경보京報〉에 의존했다. 순진하게도 사신단은 〈경보〉에 "적은 퇴각했으니 백성들은 안심하고 생업에 종사하라"고 쓰여 있는 내용을 그대로 믿었다. 귀국한 사신단은 국왕에게 "중국에서 아무 일 없었다"고 보고했다.

미·일 교섭 전사

당시 세계의 패권국 영국은 중국 시장 개척에 주력하느라 일본은 거들

떠보지도 않았다. 이 틈새를 파고들어 일본과 접촉한 나라가 미국이다.

독립 초기만 해도 미국은 해군력이 취약하여, 미국 국적의 상선들이 이슬람 국가와 교역하려면 해적을 막기 위해 영국 해군의 보호를 받아야 할 정도였다. 미국이 자국 상선 보호를 위해 지중해 함대를 창설한 것이 1801년이다. 이 무렵부터 미국은 해군력을 외교 교섭에 이용하기 시작했다.

미국은 19세기 초부터 서부 개척에 나서면서 대서양부터 태평양까지에 이르는 거대 제국으로 부상했다. 서부를 향한 미국인들의 열망은 태평양에서 그 발길을 멈추지 않았다. 캔톤 체제 아래 아편 무역으로 재미를 본 후발 제국주의 국가 미국은 중국 시장의 무한한 가능성을 예의주시했다.

이때부터 선발 자본주의 국가인 영국·프랑스는 후발국인 미국·독일에게 추격을 당하기 시작했다. 미국은 1865년 남북전쟁이 끝난 뒤 남부의 노예 제도를 폐지했다. 독일은 1871년 프랑스와의 보불전쟁 이후 제후국으로 갈라졌던 나라를 통일했다.

제1차 아편 전쟁으로 중국의 5개 항구가 개방되자 미국은 1844년 영국·프랑스에 이어 청과 왕샤 조약을 체결하고 무역 확대에 열을 올렸다. 이때만 해도 미국 상선이 중국으로 가려면 미국 동해안 항구를 출항하여 대서양~아프리카 희망봉~인도양을 거치는 멀고 험난한 노선을 거쳐야 했다.

미국 선박들이 서해안에서 태평양을 건너 중국으로 직행하지 못하고 먼 거리를 우회한 이유는 연료인 석탄과 물 공급 때문이었다. 증기선이 적재할 수 있는 석탄과 물의 양은 1주일치에 불과했다. 한 번 항해에 6개월 정도 걸리는 희망봉 항로는 거리는 멀지만 세계의 바다를 지배하고 있는 영국이 곳곳에 석탄·물·식량 보급을 위한 중간 기착지를 개척해 놓아 항해에 별다른 어려움이 없었다. 미국 상선이 로스앤젤레스나 샌프란시스코에서 태평양을 건너 중국으로 접근하는 직항로를 개척하려면 중간 기착지인 일본에 보급 기지 건설이 필수 과제였다.

1858년 펜실베이니아에서 유전이 발견되기 전까지 미국은 고래 기름으로 램프를 밝혔다. 고래 기름 조달을 위해 항구마다 포경선들이 넘쳐났다. 1840년대 미국은 서부를 향한 골드 러시와 함께 태평양 연안에 항구가 개발되어 대서양 중심의 포경업이 태평양으로 이동했다. 태평양 한복판에 위치한 하와이는 포경선단 전진 기지로 각광을 받았다. 호놀룰루를 기점으로 포경선은 고래 떼를 따라 이동하며 고래를 잡았다. 이 과정에서 일본과 조선 근해는 물론, 캄차카반도·오호츠크해까지 진출했다.

당시 캄차카와 연해주 앞바다를 비롯하여 동아시아 곳곳에 미국의 포경선 수백 척이 진출하여 고래를 잡아 큰 이익을 얻고 있었다. 이 과정에서 미국은 포경선단의 보호와 수리, 물과 식량 보급, 생필품 공급 및 긴급 피난처 역할을 할 중간 기지가 없어 많은 문제가 발생했다.

미국 포경선이 어로 작업 중 표류하여 일본에 오면 막부는 이국선 타불령 정책에 의거하여 선원들을 모두 구속했다. 1790년 이후 적어도 3척의 전함을 포함한 27척의 미국 선박이 일본을 방문하여 통상을 요구했으나 막부는 모두 거절했다.

미국은 중국에서 아편 밀매 외에 면제품 수출로도 재미를 보았다. 미국의 대중국 무역량은 해마다 증가하여 1830년대 초에는 영국에 이어 2위를 차지했다. 중국과의 무역이 활기를 띠자 중국에 대한 무역 이권을 지키기 위해 미국은 1822년 태평양 함대를 창설했다. 이 함대는

1835년 동인도·중국해 함대, 남북전쟁 직후인 1865년에는 아시아 함대로 이름을 바꾸었다.

미국은 중국과의 무역을 확대하기 위해 태평양의 중간 기착지인 일본 개항을 시도했다. 1832년 에드먼드 로버츠(Edmund Roberts)는 미국의 7대 대통령 앤드루 잭슨(Andrew Jackson) 행정부로부터 일본과 통상조약을 체결하라는 명령을 받고 출항했다. 하지만 로버츠가 항해 도중 사망하여 뜻을 이루지 못했다.

1837년에는 미국 선박 모리슨호가 조난당한 일본 선원 7명을 본국으로 돌려보내기 위해 우라가浦賀(요코스카 동남부)만에 나타나 막부에 통상을 요청했다. 막부는 입항을 허가하지 않고 포격을 가하여 모리슨호를 내쫓았다.

1846년 6월 미 해군의 제임스 비들(James Biddle) 제독이 동아시아 함대 소속 군함 2척을 이끌고 일본에 왔다. 하지만 막부는 비들 제독과의 교섭을 거절했다.

일본 개항 둘러싸고 미·러 경쟁

미국은 1846~48년 멕시코와의 전쟁에서 승리하여 멕시코 영토였던 뉴멕시코·캘리포니아·콜로라도·애리조나·네바다·유타주 등 한반도 넓이의 14배에 달하는 300만 제곱킬로미터의 거대한 영토를 획득했다. 이때부터 미국의 태평양 시대가 개막되었고, 미국 조야에 '태평양을 건너 중국으로'라는 슬로건이 등장했다.

미국에서 일본에 대한 관심이 급증한 이유는 미국의 산업혁명과 농업 생산성 증가로 새 시장 개척이 절실했기 때문이다. 1880년 미국의 공업 생산은 영국을 추월하여 세계 1위에 올랐다. 독일도 1870년부터 공업 생산이 세계 4위에서 3위로 상승하여 프랑스를 추월했다. 러시아는 1861년 농노제를 폐지하고 1870년 통일 민족 국가를 수립했고, 이탈리아도 1871년 통일 국가를 완성했다.

1848년 5월, 미 해군위원회 소속 토머스 킹 의원은 중국에 대한 면제품 수출을 위해 태평양 항로 개설의 필요성을 역설했다. 이때부터 미국은 서부 해안에서 태평양 건너 중국으로 향하는 항로 개척에 본격적으로 나서게 되었다.

다음해인 1849년 4월, 미 해군 중령 제임스 글린(James Glynn)이 나가사키에 억류돼 있던 미국인 표류 선원을 데리고 귀국했다. 그는 존 타일러(John Tyler) 대통령에게 "무력을 사용해서라도 일본을 개국시켜야 한다"는 보고서를 제출했다. 이 보고서에 의거하여 1852년 1월, 미국 정부는 일본과의 개항을 위한 함대 파견을 결정했다. 미국은 나가사키에 상관을 운영하고 있는 네덜란드에 계획을 알리고 일본 정부에 메시지를 전해줄 것을 부탁했다.

미국이 일본을 개국시키기 위해 움직인다는 정보는 러시아까지 전해졌다. 1852년 3월 4일, 동시베리아 총독 무라비요프는 "미국 정부가 아시아 연안에서 베링 해협까지 조사하고 일본을 개항시키기 위해 2개의 무장 탐험대를 파견한다"는 내용을 러시아 황제 니콜라이 1세에게 보고했다.

소식을 접한 니콜라이 1세는 크게 놀랐다. 러시아도 오래전부터 일본을 개항시키려고 여러 차례 시도했으나 실패했기 때문이다. 니콜라이 1세는 1852년 5월, 자신의 시종무관장인 푸차틴 제독을 동아시아 특명전권순회공사로 임명하며 중국·일본을 포함한 관련 국가와의 개항과 수교 교섭 권한을 부여했다.

일본과의 수교에서 미국과 대등한 성과를 얻어내라는 명령을 받은 푸차틴 제독은 1852년 10월 19일, 기함 팔라다호를 비롯하여 증기선 보스토크호, 러시아·아메리카 회사 소속 수송선 멘시코프공호로 구성된 함대를 이끌고 발트해 크론슈타트 군항을 출항했다. 이들은 1년 전 극동에 파견되어 포경선 보호와 극동 지역 방어 임무를 수행 중인 포함 올리부차호와 합류할 예정이었다. 일본을 개국시키려는 미국의 움직임을 포착한 러시아가 먼저 선수를 쳐서 함대를 파견한 것이다.

러시아 함대의 팔라다호에는 해군 대위 포시에트와, 필명을 날리던 작가 이반 알렉산드로비치 곤차로프(I. A. Goncharov)가 푸차틴의 비서 자격으로 승선했다(이윤섭, 『일본 100년』, 2016, 19쪽). 곤차로프는 긴 항해를 마치고 귀국한 후 푸차틴 함대의 항해 과정을 기록한 『전함 팔라다호』를 출간한다.

미국이 일본을 강제 개항시키기로 결정하고 러시아가 함대를 동아시아에 파견한 1852년, 조선에서는 고종, 일본에서는 메이지 천황이 태어났다. 두 사람은 동갑내기였고, 3년의 시차를 두고 최고 통치자로 즉위했으며, 친정親政을 시작한 시기도 비슷했다.

구로후네(흑선)

에도 앞바다의 흑선

팔라다호가 크론슈타트에서 출항하고 약 한 달 후인 1852년 11월 24일, 미국의 필모어 대통령은 페리 제독에게 "일본과 통상 조약 체결을 추진하라. 필요할 경우 '포함 외교'를 사용해서라도 일본을 개항하라"는 명을 내렸다.

페리는 당시 세계 최대의 전함이던 서스케해나(Susquehanna, 2,450톤)호, 순양함 미시시피호(1,692톤), 전함 폴리머스호(989톤)와 사라토가호(882톤)로 구성된 함대를 이끌고 버지니아주의 노포크 군항을 출항했다. 개항 교섭을 위한 특명전권대사에 외교관이 아닌 해군 제독을 임명한 이유는 모리슨호 퇴거 사건(1837) 때문이다. 무력을 사용해서라도 일본을 개항시키겠다는 미국 정부의 강력한 의지가 담긴 결정이었다.

일본 개항 특명을 받은 페리는 제독을 5명이나 배출한 해군 명문가 출신이다. 부친도 해군 함장이었던 페리는 16세 때 해군에 입대했다. 1833년 브루클린 해군 공창의 조선소장에 임명된 페리는 증기선을 주력으로 하는 해군 강화책을 실행에 옮겨 '미 해군 증기선의 아버지'라 불렸다.

페리 제독은 대서양을 횡단한 후 아프리카 서해안을 따라 내려가 희망봉을 돌았다. 인도양을 항해하여 싱가포르를 통과한 함대는 홍콩에 도착했다. 상하이에서 보급을 받은 4척의 페리 함대는 모항을 떠난 지 6개월 만인 1853년 7월 8일 오후 에도 앞바다 우라가에 나타났다.

61문의 함포를 탑재한 미국 함대의 기함 서스케해나호에는 페리 제독과 967명의 해병대가 승선했다. 검은 연기를 뿜어대는 서스케해나호와 순양함 미시시피호는 일본 사람들이 난생 처음 보는 철제 증기선 군함이었다. 선체 바깥쪽에 설치된 수차(sidewheel)를 증기의 힘으로 돌려 추진력을 얻는 외륜선이었다.

막부는 세키가하라 전투에서 승리한 후 희한한 정책을 각 번에 강제하고 있었다. 1635년부터 쌀 500석 이상을 적재할 수 있는 대형 선박의 건조 금지령을 내린 것이다. 서남부 외곽 지역으로 쫓아낸 도요토미 히데요시의 가신 세력이 해군력을 키워 막부에 도전하는 사태를 막기 위한 조치였다.

그 결과 페리 함대가 나타났을 때 일본이 보유한 전투함 중 가장 큰 배는 100톤급에 불과했다. 일본의 전투함에 비하면 페리 함대의 배는 항공모함 정도로 보였을 것이다. 당시 일본인은 선박이란 바람의 힘이나 인력으로 움직이는 것으로 알고 있었다. 그런데 돛도 올리지 않고, 검은 연기를 내뿜는 데다가 선체가 온통 새까만 거대한 군함 네 척이 바다를 휘저으며 함포를 발사하자 세상이 발칵 뒤집혔다.

페리 함대의 선체가 검은색이었던 이유는 바닷물에 의해 선체가 부식되거나 해조류가 달라붙는 것을 방지하기 위해 콜타르를 칠했기 때문이다. 일본인은 자신들의 눈앞에 나타난 정체불명의 서양 선박을 '구로후네黑船(black ship)'라고 불렀다.

흑선을 보는 두 가지 시선

막부의 쇼군 도쿠가와 이에요시德川家慶(재위 1837~1853)는 흑선으로 스트레스를 받아 열병이 났다. 병석에 누운 이에요시는 중신 회의를 소집하여 "흑선의 도래는 천지가 열린 이래 최대의 비상사태"라고 토로했다.

일본 사회가 구로후네의 등장으로 충격을 받은 이유는 200년 이상 평화가 난만했기 때문이다. 이들은 일본 열도가 육지와 멀리 떨어진 섬이라서 천혜의 요새나 다름없다고 믿었다.

바다 건너 일본 열도를 대규모로 침략한 외국 세력은 13세기 몽골·고려 연합군과 19세기 초 러시아의 레자노프가 사할린과 쿠릴 열도의 이투루프섬에 있는 일본 군사 기지를 공격한 일 말고는 없었다. 몽골·고려 연합군의 규슈 침공을 제외하면 단 한 번도 외국 군대에 의해 국토가 유린된 적이 없었다. 독립을 보존해온 '순결성'을 강렬한 자부심으로 느껴왔던 터다. 그런데 갑자기 대양을 건너 무시무시한 증기선 함대에게 심장부를 위협당하는 상황에 처한 것이다. 검은 연기를 뿜으며 바다에 떠있는 쇳덩어리 배에서 울리는 포성이 일본인을 200년의 긴 꿈에서 깨어나게 했다.

당시 에도에는 사무라이 60만 명, 상인과 수공업자 40만 등 100만 명 이상이 거주했다(박훈, 『메이지유신은 어떻게 가능했는가』, 2017, 64쪽). 에도는 깊숙한 만의 안쪽에 자리 잡은 항구 도시였다. 무장 선박이 에도만 입구를 봉쇄할 경우 물자 보급이 끊겨 대도시의 생계가 위협받는 등 혼란에 빠질 위험이 있었다. 흥분한 사무라이들은 밤중에 배를 타고 구로후네에 기어올라 배에 타고 있는 자들을 모조리 베야 한다고 소리쳤다.

막부는 페리 함대의 내습을 절박한 위기, 강한 공포감으로 받아들였다. 구로후네가 열흘 동안 우라가만을 휘젓고 다니자 에도 시민들이 바닷가로 몰려나와 신기한 배를 구경하느라 정신이 없었다.

몰려든 군중들 사이에 훗날 쇼카손주쿠松下村塾라는 사설 학교를 운영하게 될 23세의 반골 청년 요시다 쇼인吉田松陰, 그와 같은 조슈번 소속 무사로서 에도에 검술 유학와 있던 가쓰라 고고로桂小五郎가 있었다. 가쓰라는 본명이 기도 다카요시木戶孝允였으나 가쓰라 집안의 양자로 들어가며 이름을 바꾸었다.

요시다 쇼인을 비롯한 사무라이들은 페리 함대를 보고 충격을 받아 벌벌 떨거나 객기를 부리기만 한 것이 아니다. 이들은 함선의 이동 과정을 면밀히 추적 관찰하면서 배의 크기, 탑재된 무기, 선박의 무장 상태를 세밀하게 기록하고 그림을 그렸다.

또 한 사람, 눈빛을 번쩍이며 구로후네를 뚫어져라 지켜본 청년이 사카모토 료마坂本龍馬다. 전설적인 검객 미야모토 무사시宮本武藏 이후 검술로는 일본에서 대적할 자가 없다는 인물이다. 사카모토는 검술이 예술의 경지에 이르렀음에도 평생 단 한 번도 사람을 벤 적이 없어 '활인검活人劍의 고수'로 불렸다. 그가 검술 연마를 위해 에도에 유학왔다가 페리 함대 내항 사건을 현장에서 목격했다.

막부의 발 빠른 대응

막부는 이미 네덜란드 상관이 올린 「별단 풍설서」를 통해 미국 함대의 내습 사실을 상세히 알고 있었다. 막상 구로후네를 보고는 놀랐지만 대응은 침착했다. 막부는 페리 일행을 구리하마久里濱(오늘날의 요코스카橫須賀)에 정박하도록 허락했다.

페리 제독은 상륙하여 현지 관헌에게 미 합중국 필모어 대통령이 '일본 황제'에게 보내는 친서를 전달했다. 친서에는 "근래 많은 미국 선박이 태평양을 건너 중국으로 왕래하고 있고, 일본 근해에서 조업하는 미국 포경선이 많다. 이들을 위해 식량과 연료를 공급하고, 해난 사고 때 피난처를 제공하고, 구조를 베풀어줄 것을 요청한다"는 내용이 적혀 있었다. 미국 대통령의 친서는 '일본 황제'가 교토에 체류하고 있는 일본의 천황인지, 아니면 실권을 행사하고 있는 에도 막부의 쇼군인지를 분명하게 명기하지 않았다.

페리 제독은 막부의 내부 사정을 파악한 결과 회답을 준비하는 기간이 길어질 것으로 판단했다. 페리는 막부의 사정을 감안하여 다음해까지 협상 유예를 선언하고, 며칠 동안 일대 해안을 측량한 후 철수했다. 페리는 철수하면서 "개국에 대한 답서를 받기 위해 내년 1월에 다시 오겠다"고 못을 박았다. 페리가 서둘러 함대를 철수한 이유는 막부의 답신을 기다리는 시간이 길어질 경우 보급품이 바닥나는 상황을 고려한 조치였다.

구로후네의 내습으로 일본 지도부는 서구 열강 함대의 가공할 위력에 눈을 떴다. 군비를 강화하지 않으면 아편 전쟁으로 쑥대밭이 된 중국처럼 열강의 식민지로 전락할 것이 불을 보듯 뻔했다. 위기감을 느낀 막부는 1853년 9월 대형 선박의 건조를 허용했다.

페리 함대의 내습 이후 일본의 여론은 외국 오랑캐를 배척하는 양이攘夷파와 개국파로 분열됐다. 난감해진 막부의 로주 아베 마사히로阿部正弘는 양이론자인 도쿠가와 나리아키德川齊昭에게 자문했다. 도쿠가와 나리아키는 네덜란드에서 무기와 군함을 구입하고 조선 기술자를 초빙하여 해안 방비를 강화해야 한다고 조언했다.

러 함대의 조선 근해 출현

러시아 황제의 명을 받고 크론슈타트를 출항한 푸차틴의 함대도 페리 함대와 경쟁하듯 대서양을 항해했다. 이들은 아프리카 희망봉을 지나 인도양을 거쳐 1853년 6월 청나라에 도착했다. 51년 후 러일전쟁 때 러시아의 발틱 함대는 푸차틴 제독이 항해했던 그 루트를 따라 항해하여 동해로 접근했다가 일본 연합 함대에게 전멸에 가까운 패배를 당하게 된다.

푸차틴 제독은 청 조정에 영국·미국·프랑스에 개방한 상하이 등 5개 항을 러시아에도 개방해줄 것을 교섭했다. 청은 러시아에게 이미 캬흐타에서 육로 통상을 허용하고 있다는 이유로 5개 항 교역을 불허했다. 러시아에게만 개항장에서의 해상 무역을 불허한 것이다.

청과의 협상에 실패한 푸차틴은 페리 함대가 철수한 직후인 1853년

8월 22일 나가사키에 입항했다. 푸차틴 제독은 막부에게 "통상 조약을 체결해주면 러시아가 일본을 위해 미국의 공격을 막아주겠다"고 제의했다.

이 무렵 러시아는 흑해와 발칸반도를 통해 남진을 시도하던 중 오스만 튀르크와 충돌하여 크림 전쟁이 발발했다. 당시 영국은 홍콩에, 프랑스는 마카오에 극동군 사령부를 두고 있었다. 푸차틴 제독은 크림 전쟁의 적국인 영국·프랑스와 충돌을 피하기 위해 1854년 2월 5일 나가사키를 출항, 2월 28일 스페인 통치를 받는 중립국 항인 필리핀 마닐라에 도착했다. 마닐라의 스페인 총독 파비아(Pavia)는 영국·프랑스와의 갈등을 우려하여 푸차틴 함대의 퇴거를 명령했다. 푸차틴은 이를 수용하여 마닐라에서 함대를 철수시켰다.

푸차틴은 영불 연합 함대의 캄차카반도와 오호츠크해 연안 공격에 대비하기 위해 올리부차호를 캄차카반도의 페트로파블롭스크로 보냈다. 멘시코프공호는 상하이로 보내 크림 전쟁 관련 정보 수집 및 문서 수령 임무를 맡겼다. 보스토크호는 일본을 개항시킨 후 철수하여 오키나와에 머물고 있던 페리 제독에게 보내 일본과의 통상 교섭 진행 상황을 탐문하도록 했다.

푸차틴 자신은 기함 팔라다호를 이끌고 거문도로 향했다. 보스토크호와 멘시코프공호도 임무가 끝나면 거문도로 집결하도록 지시했다. 거문도가 동아시아 전략의 요충지라는 사실을 러시아도 파악하고 있었던 것이다.

1854년 4월 9일 거문도에 집결한 팔라다호와 멘시코프공호·보스토크호 병력이 섬에 상륙했다. 거문도 주민들은 산으로 달아났다. 러시아 병사들이 "여자는 무사할 것이며, 해변을 구경하고 산책하려고 하선했다"는 내용을 한문으로 쓴 글을 전달하자 주민은 안정을 되찾았다.

러, 조선 동해안 지도 작성

푸차틴은 4월 19일까지 11일간 거문도에 머무르며 조선 국왕 철종에게 개항을 요청하는 공문을 보냈다. 팔라다호는 4월 19일 거문도를 출항하여 동시베리아 총독 무라비요프의 요청으로 4월 20일부터 5월 11일까지 21일간 부산에서 두만강 하구까지 측량 작업을 진행했다(박종효, 『격변기의 한·러 관계사』, 2015, 30쪽).

팔라다호는 잠시 영일만에 상륙한 후 북상을 계속했다. 5월 초 원산항에 도착한 푸차틴은 자신의 상관이었던 라자레프 제독을 기념하여 이 항구를 라자레프항으로 명명했다. 이들은 동양에는 없는 선진 측량술로 한반도 동해안을 측량하여 지도를 제작했다. 이 지도는 1857년 러시아 해군성에서 발행했다.

조선 동해안 지도가 발행되자 일본은 재빨리 이 지도를 복사하여 연구를 시작했다. 러시아가 발행한 동해안 지도는 1861년 작성된 〈대동여지도〉보다 수년 앞서 제작한 최초의 근대적 지도다.

거문도를 떠나 북상하던 올리부차호는 1854년 4월 6일 프랑스의 리앙쿠르호에 이어 두 번째로 독도를 발견했다. 올리부차호는 독도가 두 개의 섬(동도·서도)으로 나뉘어 있다는 사실을 최초로 발견하고 동도에 메넬라이, 서도에 올리부차라는 이름을 붙였다(이진명, 『독도, 지리상의 재발견』, 삼인, 2005, 59-65쪽). 메넬라이는 올리부차호의 흑해 함대 시절 이름이다.

이양선이 거문도에 입항했다는 급보를 받은 전라 좌수영이 현지에 도착했으나 팔라다호 선단은 이미 거문도를 떠난 후였다. 조선 관헌들이 현지 주민을 대상으로 러시아 함대의 거문도 입항 정황을 조사했다. 주민들은 서양 사람과 접촉한 것이 밝혀질 경우 처벌받을 것이 두려워 거짓말을 했다. 이양선이 거문도에 상륙한 것이 아니라, 해상 30리 밖에 정박해 있어 어느 나라 배인지 알 수 없었다고 진술했다(박태근, 「러시아 뿌쨔틴 제독의 거문도 방문」, 주영하 감수, 『19세기 후반의 한·영·러 관계』, 세종대 출판부, 1987, 126쪽).

러시아는 1850년대에는 조선과 공식적인 외교 관계 수립 계획은 없었다. 다만, 서구 열강 중 어느 나라도 조선에 항구를 건설하는 것을 원치 않았다. 이를 허용할 경우 항구를 건설한 나라에 동해의 제해권을 넘겨줄 위험이 있기 때문이다.

크림 전쟁이 끝난 후 푸차틴은 동아시아 외교 업무를 계속했다. 1857년 그는 러시아 상선 아메리카호를 타고 아무르강 연안의 니콜라옙스크와 청국 간의 국경선 조정 문제로 톈진을 왕래했다. 이 와중에 8월 1일 두 번째로 거문도를 방문했다.

당시 러시아의 관심은 항해 편의를 위해 조선 남해안 부근에 저탄장을 설치하는 것이었다. 푸차틴 제독은 구면이 된 거문도 주민을 설득하여 저탄장 설치와 관련하여 양해를 얻었다. 하지만 저탄장은 조선 조정의 정식 허가를 받은 것이 아니라 주민들의 양해를 얻은 것에 불과했다(박태근, 「러시아 뿌쨔틴 제독의 거문도 방문」, 『19세기 후반의 한·영·러 관계』, 1987, 168쪽).

일본의 개항

일, 근대 조약 체제에 편입

페리 제독은 떠날 때 약속했던 대로 1854년 2월 13일, 이번에는 요코하마의 가나가와 앞바다에 다시 나타났다. 이때는 첫 내항 때보다 두 배가 넘는 9척으로 구성된 대함대와 1,600명의 병력, 함포 100문이 출동했다. 자국 해군력의 4분의 1을 일본 원정에 투입하여 막부를 압박했다.

페리 함대가 서둘러 일본을 찾은 것은 러시아의 푸차틴 제독이 막부와 수교 교섭을 하고 갔다는 소식을 접했기 때문이다. 미국 정부는 일본 개항은 러시아에 선수를 빼앗겨서는 안 된다는 생각이 강했다.

페리 함대가 또다시 나타나자 막부에 비상이 걸렸다. 로주 아베 마사히로는 영어로 의사소통이 가능한 나카하마 만지로中濱萬次郎에게 미국 필모어 대통령의 서신 번역을 명했다. 이 내용을 전국의 영주에게 보내 이들의 의견을 청취했다.

나카하마 만지로는 도사土佐(현재 시코쿠 남부 고치현)번의 어민이었다. 1841년 고기잡이를 나갔다가 조난을 당해 동료 어부들과 함께 태평양의 무인도 도리시마에 표류했다. 5개월 후 이곳을 지나던 미국 포경선 존 하울랜드호에 의해 구출되어 미국으로 갔다.

미국에서 그는 영어와 측량술·항해술·조선술 등을 배웠고 일본 귀국 자금을 마련하기 위해 캘리포니아에서 금광을 채굴하기도 했다. 이때 모은 돈으로 배를 구입하여 1851년, 표류한 지 10년 만에 고국으로 돌아왔다.

나카하마가 귀국하자 도사번은 그를 사무라이로 발탁하여 번립 학교에서 영어를 가르치도록 했다. 이 소식을 접한 막부는 나카하마를 해군

학교 교수로 채용하여 영어·항해술·측량술 교육 및 영어 사전 집필을 맡겼다. 영어로 의사소통이 가능했던 나카하마는 1853년 페리 함대의 1차 내습 때 막부에 초빙되어 상급 무사인 하타모토旗本 관직을 받았다.

영주들의 의견을 청취한 아베 마사히로는 전쟁을 피해야 한다는 생각에서, 미국 측의 통상 요구는 거절하되 화친 조약 체결과 개항 요구는 수용하기로 결정했다. 일본은 나가사키의 네덜란드 상관을 통해 미국이란 나라의 특징을 상세히 파악하고 있었다. 즉, 미국도 제국주의 국가이지만 영토 획득에는 관심이 없다는 사실을 꿰뚫어보고 있었다. 그 결과 1854년 3월 31일 '가나가와 조약'이라 불리는 미일 화친조약이 체결되었다.

가나가와 조약으로 도쿄만 입구의 시모다下田항을 개방하기로 했다. 1년 후에는 홋카이도 남단의 하코다테函館항을 개방하여 미국 선박의 기항을 허용하고 식량과 연료를 제공키로 했다. 미국이 하코다테를 개항지로 선정한 이유는 이곳이 북태평양에서 조업하는 포경선단의 중간 기착지였기 때문이다.

가나가와 조약을 체결한 페리 제독은 실제 작동이 가능하도록 정교하게 축소한 모형 증기 기관차를 선물했다. 그는 길이 3.2미터, 폭 2.2미터에 이르는 증기 기관차 모형과 100미터 레일을 가지고 와서 조립하여 작동 시범을 보였다. 이로부터 18년 후인 1872년 10월, 도쿄 신바시新橋~요코하마를 잇는 최초의 철도가 개통되었다.

페리 제독은 현역에서 은퇴한 후 『일본 원정기』를 집필하는 등 아시아 지역을 연구했다. 그는 미 국방부 내에 아시아 지역을 담당하는 '일본과'를 설치하도록 조언했고, 외손자인 로저스(John Rodgers) 제독을 일본과 과장에 앉혔다. 로저스 제독은 신미양요 때 조선 원정군 사령관으로 강화도를 침공한 주인공이다. 일본을 개항시킨 페리 가문은 그렇게 조선과도 악연을 맺었다.

미·일 양국 사이에 비준서가 교환되어 가나가와 조약이 발효한 때는 1855년 2월이다. 이때부터 시모다는 즉시 개항하여 미국 선박에 물·연료·석탄을 제공하기 시작했고, 하코다테는 1년 후 개항하되 포경선의 입항만 허용했다.

이때 영국·프랑스는 러시아와 크림 전쟁을 치르고 있었다. 가나가와 조약 체결 7개월 뒤인 1854년 10월 14일, 영국의 동인도 함대 사령관 제임스 스털링(Sir James Stirling) 제독이 군함 4척을 이끌고 러시아 함대를 추격하던 중 나가사키에 입항했다. 영국은 일본에 7개 항으로 된 조약을 강요하여 영일 화친조약을 체결했다. 이 조약을 통해 영국은 일본으로부터 치외법권을 인정받았다.

러시아 함대도 같은 해 11월 영국 함대의 추격을 피해 비밀리에 시모다에 입항했다. 푸차틴 제독은 막부와 협상 끝에 1855년 2월 일본 측 전권대표 쓰쓰이 마사노리와 러일 화친조약을 맺었다.

막부는 이어 1855년 11월 24일 네덜란드와, 1858년 9월 프랑스와 화친 조약을 체결하여, 일본과 수교 및 통상 조약을 체결한 서양 나라는 5개국이 되었다. 이로써 도쿠가와 막부는 200여 년 굳건히 지켜온 쇄국 정책의 빗장을 풀고 개항했다. 청나라에 이어 근대적인 조약 체제(treaty system)로 이행한 것이다.

막부는 미국의 군사 행동을 막기 위해 화친 조약을 체결하고 시모다와 하코다테 두 항구를 개방했다. 이 항구에 조약 체결 국가 선박의 기항을 허용했고, 인도적 차원에서 연료와 식수 등의 제공을 허용했다. 하지만 무역 통상은 허용하지 않았다. 전면적인 개국이 아니라 제한적인 개항을 한 것이다.

이 시기에 일본이 '쇄국에서 개국으로' 전환했다는 표현은 역사적 사실과 부합하지 않는다. 막부가 쇄국 정책을 시행한 것은 사실이지만, 조선과 류큐·중국·네덜란드와 활발한 교역을 하고 있었기 때문이다(성희엽, 『조용한 혁명』, 2016, 30쪽).

증기 기관차 강물에 던진 청나라

중국도 일본보다 4년 늦은 1876년 영국 상인 집단에 의해 상하이~우쑹吳淞을 잇는 중국 최초의 철도인 우쑹 철도가 가설되었다. 영국 자본은 청조가 철도를 가설한다고 알릴 경우 허가를 내주지 않을 것을 우려하여 도로 건설 허가를 받은 후 철도를 놓았다. 이 노선에 중국 최초의 기관차인 파이오니어(Pioneer)호가 운행을 개시했다.

중국에서 철도 부설의 필요성을 일찍부터 절감한 인물은 이홍장이다. 그가 철도 부설을 주장한 이유는 일본의 위협에 대비하기 위한 군사적 목적 때문이었다. 그는 철도를 건설하면 동서남북으로 교통이 편리하게 되어 적이 침입해 오더라도 병력을 집중하여 대응할 수 있다고 강조했다(김지환, 「중일전쟁과 중국철도」, 강성학 편저, 『용과 사무라이의 결투: 중(청)일전쟁의 국제정치와 군사전략』, 리북, 2006, 421쪽).

중국 백성들은 철도를 환영했으나, 근대화에 저항하는 세력은 철도 건설이 풍수를 어지럽히고 농업에 힘쓰는 사람들을 들뜨게 하기 때문에 백해무익하다고 선동했다. 반대 여론을 견디다 못한 양강 총독 심보정沈葆禎(선바오전)은 2년 후 영국 자본이 건설한 우쑹 철도를 28만 5,000냥에 매입한 다음 철로는 뜯어서 해체하고 기관차는 강물에 던져 버렸다.

철도에 무지했기에 이런 만행을 저질렀다고 보기는 힘들다. 심보정은 “진나라가 만리장성을 쌓을 때는 재앙이라고 여겼지만, 후세에 이것이 큰 도움이 되었다. 철도가 중국에 부설되면 장래에 이로움이 있을 것이다”라고 토로했다. 철도 부설 필요성을 인식하고 있으면서도 우쑹 철도를 해체하여 강물에 던져버린 심보정의 행위를 어떻게 이해해야 할까?

그가 해괴한 짓을 한 이유는 자신의 양강 총독 재임 기간에 열강에 의해 부설된 철도를 제거함으로써, 외국 자본이 중국 내에서 철도를 부설하지 못하도록 하기 위한 조치였다. 우쑹 철도가 중국 자본으로 부설되었다면 심보정은 이런 극단적인 행위를 하지 않았을 것이다. 이것이 근대화 직전 일본과 청 지도부의 차이였다.

일본인 손으로 군함과 대포를

가나가와 조약 체결 후 페리 제독은 사무라이들에게 군함을 견학시켰다. 미국 군함을 방문한 사무라이는 증기 기관과 근대식 무기에 강렬한 호기심을 보였다. 그런데 사무라이들은 배에 오르자 각자 맡은 임무를 수행하기 시작했다.

어떤 사무라이는 신식 무기 작동 시범을 보면서 열심히 스케치를 하고, 다른 이는 증기 기관의 치수를 재고 작동법을 필기했으며, 또 다른 사무라이는 미군으로부터 열심히 무기 조작법을 익혔다. 이들은 단순히 견학을 한 것이 아니라 일종의 산업 스파이 역할을 한 것이다. 일본이 증기선 군함과 대포 등을 그대로 복제하여 무기를 독자 생산하는 데는 그 후 10년이 채 걸리지 않았다.

사쓰마 번주 시마즈 나리아키라島津齊彬는 페리 제독이 국서를 전달하면서 막부에 선물한 라이플총 두 자루 이야기를 들었다. 그는 영지로 돌아가기 전에 막부 각료에게 부탁하여 라이플총 한 자루를 빌려왔다. 그 라이플총을 장인에게 주어 분해하여 도면을 만들도록 지시했다. 영지로 돌아온 시마즈는 에도에서 가져온 도면을 신식 문물 제조 공장인 슈세이칸에 주어 3,000정을 만들라고 명했다.

페리 함대 내항 직후부터 막부는 숨가쁘게 움직였다. 1856년 하반기 상황을 일지로 정리해 본다(후지와라 아키라, 서영식 옮김, 『일본군사사(상)』, 제이앤씨, 2013, 27쪽).

1856년

7월, 사가번에 대포 주조 명령

8월, 유지마湯島에 총포 제작소 설치, 에가와 다로자에몬江川太郎左衛門의 지도로 주조 시작

9월, 대포 제조 금지령 해제

10월, 네덜란드에 증기선 군함과 대검이 부착된 소총 대량 주문

11월, 대형 선박 담당관 임명하여 미토水戸번에 대형 선박 제조 명령

12월, 이시카와지마石川島 조선소 설립, 범종을 녹여 대포 제조

근대 공업 기반 시설이 없었던 봉건 경제 아래에서 갑자기 서양 무기에 필적하는 총포와 함선 생산은 불가능했다. 당시 서양에서는 취급이 간편하고 탄환 속도가 빠르고 명중도가 높은 나선형 강선으로 된 후미장전식 소총이 일반화되어 있었다. 일본은 제철 기술과 기계·화학 공업이 낙후되어 서양식 총이나 대포에 비해 성능이 크게 뒤졌다. 그 결과 근대 무기는 대부분 수입에 의존했다. 1868년 1월 보신戊辰 전쟁을 전후

한 5년간 일본은 서양으로부터 대량의 소총을 수입했다.

사쓰마번이 비밀리에 미국의 라이플총을 대량 복제할 무렵, 슈세이칸에는 무라타 쓰네요시村田經芳라는 장인이 있었다. 라이플총 복제 작업에 투입된 무라타는 이때부터 소총 제작에 자신의 인생을 걸었다.

사쓰마번의 명사수로 이름을 날렸던 무라타는 육군에 입대하여 소장까지 진급했다. 소령 시절이던 1875년, 그는 세계 각국의 소총 생산 공장을 견학하고 귀국하면서 300여 정의 각국 소총을 구입해왔다. 이 소총들을 분해하여 개량을 거듭한 끝에 1880년, 자신의 이름을 붙인 일본 최초의 국산 소총인 '13년식(메이지 13년이라는 뜻) 무라타 소총'을 개발했다.

13년식 소총은 탄환 구경 11밀리미터, 길이 129.4센티미터의 단발총으로, 성능이 세계 일류 소총으로 평가됐다. 하지만 왜소한 일본인 체격과 비교할 때 지나치게 무거워 병사들이 전장에서 사용하기 불편했다. 무라타는 작동부와 약실을 개량하여 '18년식 소총'을 개발했다. 이 소

일본의 소총 수입 상황(1865~69)

연도	나가사키		요코하마		효고·오사카	
	수량(정)	가액(달러)	수량(정)	가액(달러)	수량(정)	가액(달러)
1865	25,850	160,000	–	–	–	–
1866	21,620	270,000	–	–	–	–
1867	65,367	980,000	102,333	1,330,000	–	–
1868	36,514	620,783,	106,036	1,600,000	14,285	122,766
1869	19,163	287,455	58,613	644,743	30,000	495,143

출처: 후지와라 아키라, 서영식 옮김, 『일본군사사(상)』, 30쪽

총은 구경이 14.5밀리미터로 확대되었고 길이도 137.5센티미터로 약간 길어졌지만 중량은 13년식에 비해 가벼웠다.

화학 기술의 발달로 무연 화약이 발명되자 무라타는 다시 소총 개량에 착수했다. 그 결과 1889년 연발 소총을 개발했고, 이 소총이 일본 육군의 주력 소총으로 보급됐다. 청일전쟁 당시 일본군이 수적 열세에도 불구하고 청군을 압도한 것은 무라타의 소총 덕분이다.

선각자들

구로후네 내습 당시, 후일 일본 역사를 움직이는 주인공이 된 요시다 쇼인·가쓰라 고고로·사카모토 료마가 현장에 있었던 이야기를 앞에서 소개한 바 있다. 흥미로운 점은 이들 세 지사의 대응 방식이 제각각 달랐다는 것이다.

요시다 쇼인

먼저 요시다 쇼인 사례를 추적해 본다.

요시다는 군비를 서양식으로 개조해야 일본이 서양 식민지로 전략하는 것을 막을 수 있다고 판단했다. 그는 서양의 과학 문명을 일본에 도입하여 부국강병을 이루는 것을 자신의 과업으로 정했다. 이를 위해 요시다 쇼인은 두 번째 일본에 나타난 페리 함대의 포헤탄호에 잠입했다. 미국으로 밀항하기 위해서다.

페리 제독은 고민에 빠졌다. 간신히 막부와 수교 교섭이 타결된 상황에서 미국 군함이 젊은 사무라이의 밀항을 도운 사실이 알려지면 애써

타결한 교섭이 파기될 수도 있었다. 결국 요시다 쇼인은 미국 군함에서 퇴거 조치되었다.

미국 밀항에 실패한 요시다 쇼인은 고향인 조슈번의 하기로 돌아왔다. 낙향하여 한숨만 쉬기에는 그의 가슴이 너무 뜨거웠다. 그는 1857년 11월 5일, 고향에서 쇼카손주쿠라는 사설 학교를 열었다. 학교래야 다다미가 깔린 여섯 평짜리 서당이다. 서당 기둥에는 그날의 뉴스가 적힌 '하지초모쿠飛耳長目'라는 공책이 걸렸다. '멀리 듣고 멀리 본다'는 뜻이다.

요시다는 제자들에게 "뜻을 가진 선비는 시신이 도랑에 버려질 것을 두려워하지 않고, 용사는 자기 머리를 잃을 것을 피하지 않는다"고 가르쳤다. 스승의 가르침대로 제자들 90여 명 중 절반 정도는 메이지유신 과정에서 암살·전사·병사 등으로 목숨을 바쳤다.

당시 막부의 엄격한 규율에 따르면 번주의 허가 없이 번의 경계를 넘을 경우 사형에 처해진다. 그는 이런 규율을 우습게 여겼다. 요시다 쇼인은 스물한 살 나이에 번주의 허가 없이 번을 떠나 에도와 일본의 동북 지역을 여행한다. 페리 함대가 에도 앞바다에 나타났을 때 밀항을 시도하다 체포된다.

쇼카손주쿠라는 사설 서당 훈장 요시다 쇼인은 막부의 제도로 볼 때 시한폭탄 같은 인물이었다. 어느 누가 이처럼 위험한 반체제 인물에게 자식 교육을 맡기겠는가. 당시 일본은 조선이나 다름없이 황족·화족·사족·평민으로 엄격히 구분된 신분제 사회였다.

요시다 쇼인은 파격의 인물이었다. 그는 신분과 출신 따위는 깨끗이 무시하고 제자들을 받아들여 신학문을 가르쳤다. 덕분에 하층 신분의 젊은이도 마음껏 공부할 수 있었다.

난세의 주인공 줄줄이 배출한 쇼카손주쿠

요시다 쇼인이 쇼카손주쿠를 운영한 기간은 불과 1년 2개월. 그 짧은 기간 동안 요시다는 92명의 제자를 길러냈다.

부모 몰래 밤에 쇼카손주쿠에 와서 공부한 다카스키 신사쿠는 1866년 제2차 조슈·막부 전쟁을 승리로 이끄는 주인공이 되었다. 원수지간이었던 사쓰마번과 조슈번의 삿초 동맹을 이끌어내 메이지유신의 거대한 물줄기를 만들어냈다.

후에 총리에 오른 기도 다카요시, 최하급 무사 계급 출신으로서 서당 바깥에서 공부해야 했던 이토 히로부미伊藤博文, 일본 제국 육군의 교황이라 불리는 야마가타 아리토모山縣有朋 같은 난세의 주인공들이 요시다 쇼인의 문하에서 줄줄이 배출되었다.

야마가타 아리토모는 쇼카손주쿠 1년 수학이 학력의 전부인 사나이다. 그는 프로이센에 유학하여 군사 제도를 연구하고 1870년 귀국했다. 그는 서구의 군사 제도 도입에 앞장섰고, 징병제를 실시했으며, 1878년 「군인훈계軍人訓戒」, 1882년 「군인칙유軍人勅諭」를 선포하여 일본군의 정신적 지침을 만들었다. 1889년 일본 제국의회 출범 당시 총리, 1894년 청일전쟁 때 조선 주둔 제1군 사령관, 1898년 원수에 올랐다. 1903년부터 1909년까지 죽마고우인 이토 히로부미와 함께 번갈아 추밀원 의장을 맡았고, 러일전쟁을 승리로 이끌었다.

번번이 말썽을 부린 요시다 쇼인의 기행에도 불구하고 번주 모리 다카치카毛利敬親는 은전을 베풀었다. 하지만 1859년, 요시다 쇼인이 막부의 허락 없이 밀항을 시도한 죄로 체포 처형되면서 쇼카손주쿠의 역사는 막을 내렸다. 그의 제자들은 목이 잘린 젊은 스승의 시신을 운구하여 장례를 치렀다. 생도들은 훈장 요시다 쇼인에게 강렬한 반反막부 사상의 세례를 받고 훗날 메이지유신과 일본 근대화의 주인공이 된다. 쇼카손주쿠 출신은 요시다 쇼인이 처형당한 후 1860년대에 미타테구미御楯組라는 정치 결사를 결성한다.

짧은 생애를 불꽃처럼 살았던 요시다 쇼인의 울림은 상상을 초월할 정도로 컸다. 그의 사상적 핵심은 "천하는 천황이 지배하고, 천황 아래 만민은 평등하다"는 일군만민론一君萬民論으로 요약된다. 이 논리에 의해 천황은 신의 자손이며, 혈통이 한 번도 바뀌지 않은 천황가가 영원히 일본을 지배한다는 만세일계의 황통론이 만들어졌다. 천황에 대한 충성 논리를 개발한 요시다 쇼인은 '사무라이의 나라'를 '천황과 국민의 나라'로 개조해야 한다고 주장했다.

가쓰라 고고로와 사카모토 료마

구로후네 현장에 있었던 두 번째 인물이 가쓰라 고고로다. 그는 구로후네의 충격 이후 평생을 메이지유신과 일본 근대화에 투신했다. 그는 사이고 다카모리, 오쿠보 도시미치와 함께 '유신 3걸'로 추앙받는다.

가쓰라 고고로는 조슈의 실질적 리더로 등장하는데, 이때 그의 막료로서 막말幕末 유신기를 함께한 인물이 영국 유학을 마치고 귀국한 이토 히로부미다. 대인 관계가 원만하고 성격이 활달했던 이토는 주위의 주목을 끌었다.

세 번째 인물은 소속 번인 도사번을 탈출한 떠돌이 무사 사카모토 료마다. 그는 에도 앞바다에 출현한 구로후네를 본 순간 인간이 개조되었다. 그는 이때부터 '일본을 다시 태어나게 하고 싶다'는 강렬한 목적 의식을 갖게 되었다.

서양의 근대식 증기선 군함의 위력에 놀란 막부는 부랴부랴 해군 건설에 나섰다. 1855년 나가사키에 해군전습소傳習所가 문을 열었다. 이곳에서 네덜란드로부터 전함을 도입하고 해군 교관을 초빙하여 조선 기술과 항해술, 근대 무기 제작법과 전술 등을 교육했다.

도사번에 복귀한 사카모토 료마는 막부가 나가사키의 데지마 옆에 창설한 훈련소 겸 군함 제작소인 해군전습소에 입소했다. 사카모토 료마가 해군전습소에 들어간 것은 구로후네를 본 순간 '앞으로 세상은 바다를 정복한 사람들이 지배할 것'이라는 강렬한 영감을 받았기 때문이다.

사카모토는 나가사키로 활동 거점을 옮겨 사쓰마번의 재정 지원으로 가메야마사추龜山社中라는 일본 최초의 주식회사를 설립했다. 가메야마사추는 가이엔타이海援隊로 개편되는데, 사카모토 료마와 그의 동료들이 "항해로 돈을 벌어 경제적 기반을 만들기 위해" 조직한 회사였다. 이 회사가 일본 해군과 조선업의 시조가 된다. 사카모토 료마와 함께 가이엔타이를 운영했던 이와사키 야타로岩崎彌太郎는 가이엔타이를 바탕으로 미쓰비시三菱그룹을 일으켰다.

천성이 방랑객이자 자유인이었던 사카모토 료마는 곳곳을 바람처럼 떠돌며 일본의 근대를 일으킬 야망을 가슴에 품은 조슈번의 혁명가 가쓰라 고고로, 사쓰마의 거인 사이고 다카모리 등과 만나 친구가 되었다.

막부가 앞장선 개국

열강의 통상 요구

페리 함대의 내항 무렵 일본 서남부에 위치하고 있던 사쓰마·조슈·사가번 영주들은 상당한 자본을 축적하고 부국강병책을 추진하여 서양 세력과 독자적으로 맞설 수 있을 정도의 세력을 형성하고 있었다. 다만, 에도 막부가 지방 영주들의 반란 가능성을 사전 봉쇄하기 위해 대형 전함과 무기 제조를 금지하는 바람에 서양의 증기선 군함과 대포에 대응할 수 있는 군사적 능력은 현저히 뒤져 있었다.

일본이 서양의 과학 기술을 배우기 위해서는 어학 교육이 급선무였다. 막부는 1857년 에도에 번서조소蕃書調所라는 외국어 학교를 개설하여 외국어 교육을 개시했다.

일본과 화친 조약 체결이라는 목적을 달성한 서구 열강들은 '낙타의 코' 전술을 본격 사용하기 시작했다. 낙타가 추위를 피하기 위해 처음엔 코를 천막으로 밀어넣는다. 이것을 제지하지 못하면 점점 천막 안으로 몸을 밀고 들어와 사람을 밀어내고 천막을 차지하는 방식이다.

미국과 영국·네덜란드는 자국 상인이 일본에 거주하며 교역할 수 있도록 통상 조약 체결을 요구했다. 선봉 역할은 최초로 일본을 개항시킨 미국이 맡았다. 1856년 9월 초, 미국 영사 해리스(Townsend Harris)가 시모다下田의 한 사찰에 일본 최초의 영사관을 개설하고 통상 조약 체결을 위한 교섭을 진행했다. 그 결과 1857년 6월 미일 간에 9개 조의 시모다 조약이 체결되었다.

하지만 시모다 조약은 3년 전 체결한 화친 조약에서 거론되지 않았던 사안들을 보완하는 수준이었다. 해리스 공사는 본격적인 통상 조약을 맺기 위해서는 에도 막부의 고위 당국자와 회담이 필요하다고 판단했다. 1857년 12월 7일 해리스 공사는 에도를 방문, 제13대 쇼군 도쿠가와 이에사다德川家定를 알현하고 통상 조약 체결을 요구하는 피어스(Franklin Pierce) 미국 대통령의 친서를 전달했다. 이어 막부 최고의 행정 수반인 다이로大老(비상시 막부의 최고위직, 현재의 총리와 비슷한 직위)를 맡고 있는 홋타 마사요시堀田正睦와 회견하여 통상 조약 체결을 요청했다.

개국론 대 양이론

홋타 마사요시는 '난벽蘭癖(네덜란드 마니아)'이라 불릴 정도로 서양 사정에 큰 관심을 가졌고, 상당한 정보도 축적하고 있었다. 해리스와 회담한 홋타는 서구 열강들과의 본격적인 무역이 필요하다는 장문의 「의견서」를 막부에 제출했다.

홋타는 전쟁 회피를 위한 소극적 개국론은 "기백 없는 속된 관리俗吏의 주장"이라고 일갈했고, 무모한 양이론에 대해서도 "허풍 떠는 자들의 허황된 강경론"이라고 비판했다. 그는 부국강병을 위해 외국과 본격적으로 무역을 시작하고, 해외 진출을 통해 일본이 세계만방의 대맹주가 되어야 한다고 주장했다(박훈, 『메이지유신은 어떻게 가능했는가』, 2017, 91쪽).

홋타 「의견서」를 기점으로 막부는 '무역을 통한 부국강병'으로 노선을 정했다. 홋타는 해리스 공사와 1858년 1월부터 한 달여에 걸친 협상 끝에 통상 조약과 부속 무역 장정 등을 작성했다.

막부가 개국을 준비 중이라는 소식이 알려지면서 외국과의 통상에 반대하는 양이攘夷 세력의 반발이 터져나왔다. 그러나 일본의 양이 세력은 앞뒤가 콱콱 틀어막힌 조선의 성리학 근본주의자와는 생각이 본질적으로 달랐다. 대표적인 양이론자였던 요시다 쇼인은 "미국이여, 우리가 아직 준비가 안 되어 있으니 이번에는 물러가서 기다려라. 우리가 곧 캘리포니아로 갈 것이니 그때 조약을 체결하자"고 주장했다. 실력을 갖춘 후 개국해도 늦지 않다는 것이 이들의 본심이다.

양이파의 반발로 입장이 난감해진 막부는 묘수를 짜냈다. 도쿠가와 막부는 자신들이 권력의 주체였기 때문에 그동안 교토 황실을 거들떠 보지도 않았다. 그런데 양이 세력이 미국과의 통상 조약에 반대하자 '천황의 칙허勅許'라는 기발한 카드를 꺼냈다. 천황의 재가라는 방식으로 양이파의 압력을 피해가자는 뜻이었다.

막부의 행정 수반인 홋타 마사요시가 미국과 통상 조약 체결과 관련한 천황의 칙허를 받기 위해 교토로 갔다. 그런데 청천벽력 같은 일이 벌어졌다. 단 한 번도 자기 목소리를 내지 않았던, 엄격히 말하면 자기 목소리를 내지 못했던 고메이孝明 천황이 통상 조약 체결을 거부한 것이다. 이유는 "통상 조약이 체결되면 오사카와 지척인 교토에 외국인이 몰려와 풍속을 문란하게 할 우려가 있다"는 것이었다.

막부는 제 발등에 총을 쏜 격이 되었다. 두 달에 걸친 설득에도 불구하고 천황의 허락을 받는 데 실패하자 홋타 마사요시는 실각했고, 미국과의 통상 조약은 교착 상태에 빠졌다.

1858년 4월, 강경파인 이이 나오스케井伊直弼가 후임 다이로에 취임했다. 국가적 위기 상황에서 고메이 천황은 "천황은 정치에 개입할 수 없다"는 엄격한 규칙을 깨고 막부와 밀고당기기를 계속하면서 자신의 존재 가치를 드러냈다. 그에 정비례하여 도쿠가와 막부의 권위는 실추되었다.

천황 패스한 안세이 5조약

이 무렵 중국에서는 제2차 아편 전쟁이 격화되었다. 영불 연합군이 다구 포대를 점령하고 톈진에 상륙하자 청조는 굴복하여 영불 양국과 톈진 조약을 체결했다. 해리스 영사는 이 소식을 막부에 전하면서 "일본도 중국과 같은 운명에 처하지 않으려면 하루빨리 통상 조약을 승인하는 것이 현명한 판단"이라고 경고했다.

이이 나오스케는 누구보다 열렬한 개화론자였다. 그는 쇄국을 고집하면 나라의 안전과 평화를 담보할 수 없으니, 빨리 개화하여 근대화의 길로 나가야 한다고 믿었다. 그 연장선상에서 이이 나오스케는 존왕양이尊王攘夷 세력을 무자비하게 탄압하는 피의 숙청을 개시했다. 이때의 숙청을 '안세이 대옥大獄'이라고 부른다.

그는 천황의 칙허가 나오지 않은 상태에서, 평소 막부가 해오던 방식대로 미일 통상조약을 체결했다. 명목상의 국가원수인 천황을 무시하고 '역사의 악역'을 자처한 것이다. 천신만고 끝에 체결된 미일 통상조약에 의해 양국은 외교관을 상대국 수도에 주재시키고, 시모다와 하코다테 외에 추가로 가나가와·나가사키·니가타新潟·효고兵庫 등 4개 항을 개방했다. 또 에도와 오사카에 외국인이 상업 목적으로 일시 거주할 수 있도록 허용했다.

미국에 이어 영국·프랑스·러시아·네덜란드 대표단도 비슷한 내용의 통상 조약을 체결했다. 1858년 7월 28일부터 10월 9일까지 서양 다섯 나라와 '안세이 5조약'을 체결함으로써 일본은 명실상부한 개국 체제를 갖추었다.

불평등 조약의 굴레

안세이 5조약은 서구 열강 세력들이 동아시아 국가에 강요한 전형적인 불평등 조약이다. '안세이 5조약'의 불평등 내용을 점검해 본다(성희엽, 『조용한 혁명』, 2016, 635-639쪽).

첫째, 영사 재판권을 인정했다. 일본의 사법 주권을 제약하는 이 조항으로 인해 일본은 국내에 거주하는 서양 5개국 국민이 일본 내에서 위법 행위를 해도 재판권을 행사할 수 없게 되었다.

둘째, 관세 자주권을 인정받지 못했다. 일본으로 수입되는 물품에 대한 관세율은 서구 국가들이 자국 산업의 보호를 위해 부과하던 10~11퍼센트의 절반에 불과한 5퍼센트로 정해졌다. 이 조항으로 인해 일본은 막대한 관세 손실을 보았다.

서양 각국의 세입에서 관세가 차지하는 비율은 독일 55.5퍼센트, 미국 53.7퍼센트, 영국 22.1퍼센트였으나 일본은 불과 3.1퍼센트에 불과했다. 에드워드 미러의 추계에 따르면 1858년 안세이 5조약으로 자유 무역이 시작된 이래 1881년까지 일본이 1,000년 동안 축적해 놓았던 금·은이 거의 대부분 해외로 유출되었다. 미러는 그 액수를 그 당시 시세로 3억 달러(현 시세로는 300억 달러)로 추산했다.

셋째, 편무적 최혜국 대우 인정이다. 서구 열강 한 나라가 일본과 조약을 체결하여 얻은 권리는 별도의 조약 체결 없이 다른 나라에도 자동으로 적용되었다.

영사 재판권, 관세 자주권, 최혜국 대우. 이 세 가지가 아편 전쟁 이후 서구 열강들이 동아시아 나라에 강요한 불평등 조약의 핵심이었다.

제12장

'부국강병'이 존재하지 않는 나라

과학혁명·산업혁명·민주혁명은 유럽에서 처음 일어나 다른 대륙으로 파급되었다. 서유럽 국가들은 산업혁명으로 경제적 발전을 이루자 봉건 체제 대신 전문적이고 체계적인 관료 기구를 가진 절대주의 국가로 변모했다. 이 나라들은 강력한 군사력을 기반으로 통치 기구를 정리하고 통치 권역 내의 모든 자원을 중앙 정부로 집중시켰다.

비슷한 시기 중국과 일본을 비롯한 동아시아 나라들은 해외 무역을 금지하고 서양과의 교류를 금지하는 정책으로 일관했다. 서양 세계가 봉건 체제에서 근대 국가 체제로 변화하는 중요한 시기에 동아시아는 자기들 세계에 안주해버린 것이다(성희엽, 『조용한 혁명』, 2016, 250-251쪽).

조선 사회 정체론을 극복하기 위해 1960년대부터 한국 사학계에서는 '자본주의 맹아론' 혹은 '내재적 발전론'이 등장했다. 조선 사회가 내적인 힘에 의하여 근대로의 전환을 준비하고 또 부분적으로 성취하고 있었는데, 제국주의 침략이 이러한 발전 추세를 왜곡·억압했다는 주장이다. 조선이 비록 근대화에 실패하여 일본의 식민지가 되었지만 조선의 역사 속에는 이미 근대화의 맹아, 즉 싹이 트고 있었기에 일본이 개입

탓에 수공업이나 기술 분야는 신분이 천한 계급이 전담했다. 손재주나 특정 분야에 기술이 뛰어나면 사회적 예우는커녕 더 많은 수탈과 착취의 대상이 되었다. 때문에 훌륭한 기술이 후손에게 전달되지 않고 대가 끊기곤 했다.

쇄국으로 매진한 조선의 양반 지배층은 돈을 천한 것으로 여기고 청빈淸貧을 고귀한 가치로 칭송했다. 황금 천시는 상공업 천시로 이어져 상공업은 사회의 밑바닥 계층이 담당하는 천한 직업으로 전락했다.

농업 이외의 산업이라고는 개성 일대의 개성 상인과 한강을 중심으로 활동한 경강 상인, 등에 물건을 지고 시골 장터를 돌아다니는 보부상들의 물물 교환 정도였다. 20세기 중반까지 한반도는 보릿고개·초근목피에 이골이 나고 쌀밥에 고깃국을 배불리 먹는 것이 소원일 정도로 국가와 국민 모두 절대 빈곤 상태였다.

근대화를 위한 기반 형성에서 조선의 가장 중대한 취약점은 시장이 발달하지 못했다는 점이다. 시장이 발달하지 않으니 유통이 활성화되지 못했다.

반도 국가가 시장을 발전시켜 근대적 성장으로 나갈 수 있는 유리한 길은 해상 무역이다. 조선은 개국과 더불어 민간인 선박이 해외로 나가는 것을 엄격히 금했다. 중국과는 조공 사절에 수반된 육로 무역만을 허용했다. 아시아 국가에 대해서는 해금海禁, 서양에 대해서는 쇄국 정책을 고집했다(이헌창, 『한국경제통사』, 2012, 219쪽).

1786년 박제가는 정조에게 제출한 정책 건의안에서 "우리나라의 큰 병폐는 가난인데, 가난을 구제하는 길은 중국과 바다로 통상하는 길뿐"이라고 주장했다. 박제가처럼 개항 전에 바다를 통해 외국과의 통상을 주장한 사람이 극소수였다는 것이 조선 사회의 비극이었다. 조선의 거의 모든 엘리트는 박제가와 정반대 사고에 젖어 있었다. 국제 무역으로 인한 경제적 이익은 보잘것없다며, 서학의 확산과 상업 활성화로 유교 윤리가 타락하는 부작용을 더 걱정했다.

해외 교역 금지로 빈곤 자초

조선은 반도 국가라는 지리적 이점에도 불구하고 해외 무역은 압살 상태였다. 국내총생산에서 해외 무역이 차지하는 비중은 일본에서 은 유입이 급증하기 시작한 16세기 중엽 이후 겨우 1퍼센트였다. 청일 간 중계 무역이 정점에 달했던 17세기 후반에도 불과 2.5퍼센트. 일본으로부터 은 유입이 줄어든 19세기 중엽의 무역 의존도는 다시 1.5퍼센트로 주저앉았다.

조선처럼 물산이 풍부하지 않은 나라가 먹고살 수 있는 길은 한 가지였다. 해외 교역을 통해 부족한 자원이나 물자를 보충해야 국가와 사회의 정상 작동이 가능했다. 그러나 조선 조정은 외부 세계와의 교역을 엄금하고, 근검절약과 자급자족 경제를 강제했다. 자력갱생·주체를 외치면서 허리띠 졸라매고 폐쇄 고립 경제를 유지하기 위해 안간힘을 쓰는 북한이야말로 조선 왕조의 21세기판 복제물이다.

대런 애스모글루(Daron Acemoglu)와 제임스 로빈슨(James A. Robinson)은 공저 『국가는 왜 실패하는가』에서 "가난한 나라가 가난한 것은 권력을 가진 자들이 빈곤을 조장하는 선택을 하기 때문이다. 지도자가 실수와 무지 때문에 잘못된 선택을 하는 것이 아니라, 의도적인 결과"라고 주장했다.

조선은 가난 때문에 망했다. 가난했기에 나라를 지킬 군대를 제대로 양성 유지하지 못했고, 정부는 허약했으며, 산업 발전에 필수적인 인프라 건설에 실패했다.

이성무 전 국사편찬위원장은 조선 지도부가 사대주의, 즉 중국화의 길을 택한 것은 당시의 국제 정세와 부합되는 길이었으며 국익에도 도움이 되는 정책이었다고 분석한다. 사대주의는 국력의 한계로 인해 중국과 맞서 싸워봐야 망할 것이 뻔한 조선의 어쩔 수 없는 선택이었다는 것이다.

하지만 사대주의는 조선의 지배층에 뿌리 깊은 중국 제일주의, 즉 모화 사상이라는 씻을 수 없는 정신적 상처를 남겼다. 조선의 양반 지배 계층은 중국을 상국으로 우러러 받들고 조선을 하국으로 격하시켰다. 조선의 양반 사대부는 조선이 자주 독립 국가라는 인식 대신 중화의 충실한 외번外藩을 자처했다.

주자학을 신봉한다는 것은 주자가 정한 것을 따르는 것은 물론, 전통적인 예법까지를 중국식으로 바꾸는 것을 뜻했다. 성리학 이데올로기의 확산, 즉 조선의 유교화는 조선의 중국화로 귀결되었다. 조선의 양반 지배 계층은 중국의 역사·문화·철학 등 문물과 제도를 우리 것보다 더 우월하게 존중하고, 그것을 본받기 위해 노력했다. 주자 성리학자에게 문학과 역사란 중국의 문학과 역사를 뜻했다. 이것을 일반 백성에게까지 강요해 생활 문화까지 중국식으로 바꾸려 했다.

한 나라가 군대를 양성하여 무장하고 훈련시키려면 막대한 비용이 든다. 군사력이란 전시에는 국가를 방위하는 핵심 조직이지만 평소에는 거대한 소비 집단이다. 조선은 군대를 양성하여 국방과 안보를 자력으로 해결하려는 노력을 포기했다. 조선이 사대주의에 따라 중국에 안보를 의존하는 방식을 택한 이유가 있다. 나라가 워낙 가난하여 상비군을 유지하는 것이 불가능했기 때문이다.

성리학 대 프로테스탄티즘

동아시아에 위치한 조선·중국·일본은 유교의 세례를 받은 나라다. 하지만 유교를 수용하는 사회문화적 양태는 크게 달랐다. 중국은 한漢나라 때부터 유학을 통치 이념으로 수용하여 유교 정치를 하는 가운데도 대체로 경제는 성장했고, 세계와 나름대로 다양하게 교역했다.

일본은 유학 원리를 조선에서 받아들였지만, 부국강병을 지향하는 제도 개혁과 봉건 영주 간 경쟁을 통해 농업과 상공업을 발달시켰다. 조선은 중국에서 도입한 성리학을 통치 이념으로 고수하면서, 원산지인 중국보다 성리학에 더 몰입하여 상공업을 억압했다.

주자 성리학의 유토피아 조선에서는 개개인이 도덕적 수양이 되어야 가장도 되고 국가의 관료도 될 수 있다는 생각이 지배적이었다. 도덕적으로 수양된 군자만이 남을 다스릴 수 있는 자격이 있다고 믿었다. 때문에 교육 기관에서 가르치는 교재나 과거시험 과목은 도덕 교과서인 유교 경전이 전부였다. 도덕 시험에 통과해야만 국가나 사회 지도자가 될 수 있었다(이성무, 「척화와 주화」, 「서울신문」 2010. 5. 7).

문치주의 아래에서는 인정仁政을 베풀고 학교를 세우고, 과거를 통해 숨은 현자를 등용하며, 문헌을 정비하고 사서史書를 편찬하는 등 말과 글을 중시하는 풍토가 자리 잡는다. 창칼 휘두르고 말 달리며 활 쏘는 활동보다는 글 읽기를 통한 입신양명이 출세의 수단이 된다.

양반은 교육과 과거시험 공부, 사교와 제사 등에 적지 않은 지출을 감당할 수 있는 경제력을 갖춰야 했다. 그럼에도 불구하고 직접 생산 활동에 참여하는 것을 금지했다. 특히 양반이 말업末業으로 천시받는 상업에 종사하는 것은 금기였다. 지적 능력과 경제력을 보유한 양반층이 상업에 종사할 수 없도록 법으로 금지하는 사회 시스템은 상업 위축, 시장 위축, 해외 무역 금지라는 중대한 문제를 야기했다.

조선 중기부터 권력을 장악한 사림 세력은 부국강병을 이단시하는 특이한 철학을 가지고 있었다. 사림 세력은 왕도 정치를 수행하면 부국강병은 저절로 이루어진다고 보았다. 한 걸음 더 나아가 사림은 인위적으로 부국강병을 추구하는 것은 패도적인 술수라고 보았다(연갑수, 『고종대 정치변동 연구』, 일지사, 2008, 256쪽). 이런 정치 세력이 수백 년 권력을 독점해왔으니 부국강병이란 말 자체를 꺼내는 것도 불경이 되는 분위기였다.

조선의 양반 귀족 층이 부국강병을 국가 정책에서 배제한 이유가 있다. 부국강병책을 시행할 경우 무인 세력이나 부를 축적한 상공업자들이 붓잡이 선비 중심의 문신 권력에 도전할 위험이 있기 때문이다. 먹물 선비들은 부국강병을 '불온한 사상'이라고 선동했다. 상공업이 발달하여 사회 질서가 급격히 변동될 경우 자신들의 기득권과 통치력이 상실될 위험을 사전에 차단한 것이다.

기독교가 서양 문명의 핵심이라면 조선 문명의 핵심은 주자 성리학이다. 조선은 성리학으로 시작하여 성리학으로 망한 나라다. 조선은 이이와 이황 같은 특출한 성리학자를 배출하여 중국으로부터 독자적인 학문 체계를 발전시켰다. 또 임진왜란 후 이황의 학문이 일본에 전파되어 일본 성리학의 기초가 되었다.

주자 성리학은 지식의 축적, 인적 자원의 개발 등에서 강점을 가진 학문이다. 이것은 경제 성장에도 결정적으로 필요한 요소였다. 따라서 경제 성장에 필요한 지식의 축적, 인적 자원의 개발 측면에서 조선은 매우 유리한 여건을 확보하고 있었다.

하지만 성리학의 특성상 몇 가지 중요한 문제가 내재되어 있었다. 막스 베버(Max Weber)는 『프로테스탄트 윤리와 자본주의 정신』에서 근면·절약·성실성 등을 강조하고 영리 추구 행위를 조장하는 프로테스탄티즘의 윤리가 자본주의와 산업혁명을 초래한 근본 원인이라고 설파했다.

성리학도 근면·절약·성실성을 중시한다는 점에서 프로테스탄티즘과 다를 것이 없었다. 그러나 영리 추구 행위의 억제라는 측면에서 성리학은 자본주의와 산업혁명을 가져온 기독교와는 그 철학이 근본적으로 달랐다.

성리학의 원조 격인 유교는 중국 춘추전국 시대에 형성된 공자와 맹자의 사상을 집대성한 것이다. 공맹 사상의 핵심은 수기치인修己治人이다. 먼저 자기 자신을 수양한 다음 집안을 다스리고, 그 후에 백성을 다스리는 것이 올바른 방법이라는 이론이다. 이를 구현한 정치 이념이 덕치德治이고 왕도 정치다. 이것을 주희가 성리학의 핵심 원리로 부각시켰다(정병석, 『조선은 왜 무너졌는가』, 시공사, 2016, 134쪽).

문치의 폐해

중국 송(960~1279)의 멸망이 타산지석이 될 수 있을 것이다.

송은 유교를 바탕으로 백성을 다스리는 문치의 나라였다. 군사력을 키우기보다 문화 정치에 관심을 두었고 학문 장려에 힘썼다. 과도한 문관 우대가 이 나라의 특징이었다. 그 결과 강남 농법을 바탕으로 한 농업혁명, 철의 대량 생산을 통한 산업혁명, 세계 최초로 지폐를 도입한 상업혁명, 화약과 나침반 발명이 상징하는 과학기술혁명 등으로 인류 문명사의 신기원을 이룬다.

강남 농법의 개발로 인한 경제혁명은 조선 선비의 원형이 되는 '사士'라는 새로운 계급을 탄생시켰다. 이 계급이 탄생한 것은 과거에 도전하는 사람들은 급증한 반면 관직은 한정되어 있었기 때문이다. 응시자의 1퍼센트만이 관직에 등용되고 99퍼센트는 낙방했다. 낙방자들은 자신들이 학문이 부족해서 낙방한 것이 아니라는, 스스로를 합리화시키는 명분과 논리를 개발해 냈다. 즉, 자신들은 관직에 나가는 것보다 학문을 숭상하고, 권력(패도)보다는 도덕(왕도)을 강조한다. 공부는 과거 급제를 위한 것이 아니라 수신, 자기 수양, 인격과 도덕성 완성이 그 목표(함재봉, 『한국사람 만들기 1』, 2017, 35쪽)라고 자위했다.

문관을 우대하고 군사력을 등한시한 송나라는 거란족이 세운 요나라, 여진족이 세운 금나라에 차례로 침략당하며 돈으로 평화를 구걸하는 신세가 되었다. 여진족은 12세기 초 금나라를 세워 중국 대륙의 송을 침략했다. 1127년 금나라는 송의 수도 개봉을 함락하고 황제 흠종과 태상황 휘종을 잡아갔다. 흠종의 동생 조구는 강남으로 도망하여 항저우에 도읍을 정하고 남송南宋이라 칭했다. 그가 남송의 초대 황제 고종이다.

금과 전쟁을 계속하던 남송은 1141년 화이허淮河 이북의 모든 영토를 금에게 양도하고 매년 은 25만 냥, 비단 25만 필을 금에게 조공으로 바치는 소흥紹興 화의를 체결한다. 이후 남송은 매년 막대한 식량·자금·보물을 대가로 평화를 구걸했다.

이러한 정신적 아노미 상태에서 루쉰의 소설 주인공 '아Q'식의 '정신승리법'을 정당화하기 위해 만들어진 것이 주자학(성리학)이었다. 즉, 여진족 오랑캐의 무력은 우리보다 강하다. 하지만 저들은 문화가 없고, 문명이 무엇인지 모른다. 우리는 비록 군사력이 취약하여 오랑캐에게 고개를 숙이고 있지만 문화·문명·정신세계는 너희보다 강하다는 명분론, 허위의식이 주자 성리학의 본류를 관통하고 있다.

주자학은 공자와 맹자가 주장한 실천 윤리(유학)를 송의 주희가 새롭게 정리 해설한 것이다(유학과 주자학 관련 부분은 박종인, 『대한민국 징비록』, 2019, 152-157쪽).

공자는 석기시대(요·순 시대)를 인류의 이상향으로 바라보았다. 청동기 시대의 왕조인 주나라는 천자국 아래 제후국들이 질서를 유지하고 사는 평화 세계였다. 이것이 춘추시대다. 춘추시대 후반에 철기 문명이 들어오면서 제후국들이 높은 생산력을 기반으로 주나라 왕권에 도전하여 전쟁이 일상화된 전국시대가 도래한다. 이 전쟁의 아수라 세계를 평화가 난만한 춘추시대로 돌리자, 즉 철기 문명 시대에 석기시대나 청동기시대로 돌아가자는 주장이 유학이다.

주희는 공자와 맹자의 평범한 실천 논리를 도道·리理·기氣 같은 고상하고 형이상학적인 용어를 동원하여 인간과 우주와 자연을 설명하는 철학으로 재해석했다. 남송의 명분론과 허위의식으로 무장한 주자학이 조선에 들어와 맹위를 떨치면서 조선식 '정신 승리법'의 원형을 창출하게 된다. 조선의 사대부는 석기시대나 청동기시대를 평화가 난만한 인류의 이상향이라고 외치는 중국 책을 달달 외워 입신양명의 길을 질주하고, 조선 국왕은 하루 세 번 대신들과 주자학 서적을 의무적으로 공부해야 했다.

주자학은 도덕이 근본이요, 재물은 말末이라고 강조했다. 즉, 농업을 본업으로 장려하고, 영리를 추구하는 상업은 억제해야 한다는 이념이 강력하게 형성되었다. 그래야만 인류가 석기시대로 회귀할 수 있기 때문이다.

조선 건국 초기만 해도 성리학자는 공자 정치사상의 핵심인 '식량을 풍족하게, 군비를 넉넉하게'라는 부국강병의 실천 철학을 충실히 따랐다. 조선은 송의 강남 농법과 주자 성리학을 도입한다. 그런데 16세기 조광조·김종직 등 사림파가 등장하면서 성리학은 치인治人에서 수기修己로 무게 중심이 이동했다. 이황·조식·기대승·이이 등이 주자 성리학을 새롭고 독창적으로 해석하면서 17세기 무렵 조선은 세계에서 가장 완벽한 주자 성리학 유토피아, 즉 수렵·채집 사회로 변모했다.

조선의 정치 헤게모니를 쥔 사림 정치 세력은 왕도 정치 구현을 위해 국왕과 사대부의 수양을 강조하고 덕치를 논하는 철학으로 성리학을 변질시켰다. 이때부터 조선은 개인의 인격적 수양을 통해 이상적인 도덕 국가·철학 국가를 지향했다. 나라를 부강하게 만들고 백성을 잘살게 하는 과제는 뒷전으로 밀려났다. 유토피아나 다름없는 이상주의적 철학 국가를 현실 사회에 건설하기 위해 근검과 청빈의 가치관이 받들어졌다.

주자 성리학의 수용과 토착화에 성공한 조선은 사상적·문명적으로 명과 대등한 관계에 도달했다고 자부했다. 명에서 양명학이 성행하자 조선의 유학자들은 명 문명의 쇠락을 과감하게 비판했다(함재봉, 『한국사람 만들기 1』, 2017, 138쪽).

농업 생산성 낮고 산업화는 요원

국가 통치를 위해서는 다방면의 지혜와 지식이 요구된다. 특히 경제 성장을 위해서는 수학이나 과학·기술 등 실용 부문이 필수적이다. 하지만 국가 전체가 도덕 국가·철학 국가·석기시대 문명을 지향하다보니 학문과 지식은 거의 대부분 형이상학적인 성리학과 중국 역사 등에 치우쳤다. 요즘 용어로 바꿔 말하면 문·사·철文史哲이 중요하다 하여 모두가 인문학에 매달리고 공학이나 테크놀로지는 철저히 외면한 것이다.

조선은 건국 초부터 시장 개설을 금지하고 상인에게 통행증을 발행하여 상업 활동을 억제했다. 도로·수레·항만·교량 등 경제 활동의 기반이 되는 사회 간접 자본을 건설하지 않아 지역 간 생산물 유통은 거의 불가능했다. 그 결과 거래 비용이 과다하여 시장이 발달하지 못했고, 상업 활동은 위축됐다. 기술자들은 관청에 소속되어 최소한의 대가만 받았고, 생산물은 착취당했다.

조선 전기에 수공업 기술자는 모두 관청의 장인 명부인 〈공장안工匠案〉에 등록하고 관청에 소속되어 필요한 물품을 생산했다. 15세기 중엽 서울에 소속된 경京공장은 129개 직종에 2,841명, 지방 관청에 소속된 외外공장은 27개 직종에 3,652명이었다(정병석, 『조선은 왜 무너졌는가』, 2016, 365쪽).

경공장 소속 장인은 대부분 무기와 의복, 음식과 그릇 제조, 인쇄 출판, 종이 제조, 토목 공사 등을 담당했다. 지방에서는 종이·목공·가죽과 칠기·화살 제조 등을 담당했다. 조선의 장인은 관청에 모두 등록시킨 후 순번에 따라 1년에 몇 달 동안 관청에 의무 복무하면서 관수품을 제작하고 약간의 보수를 지급받았다.

장인은 신분상 하층민으로 천대를 받았다. 과거에 응시하여 관직으로 진출하는 것도 허용되지 않았다. 조선 후기에 장인들이 공장을 설립하는 사례도 있었다. 하지만 대외 무역이 금지된 상태에서 공장은 가내 수공업 규모에 불과하여 공장제 상품 생산과 생산 기술의 발달은 지극히 제한되었다. 이에 따라 농업 이외의 산업이 전무하여 국가 재정이 극도로 궁핍해졌다.

이런 경제 사정이 20세기 중엽까지 별다른 변화 없이 이어졌다. 이것이 청일 중계 무역이라는 성공 사례에도 불구하고 농업 하나로만

500여 년을 버텨온 농경 사회 조선의 진면목이다.

조선은 후기로 접어들면서 급격한 위기에 봉착하게 된다. 18세기 청일 간 중계 무역을 통한 안정과 번영으로 조선은 인구가 급격히 늘었다. 18세기 후반에 조선의 인구 밀도는 제곱킬로미터당 70명을 넘어 전근대 사회에서는 거의 한계에 봉착했다. 인구가 늘면 자연 발생적으로 식량 소비가 늘고 난방·취사용 땔감 수요가 확대된다.

늘어난 인구가 먹고살려면 식량 증산이 필수적이다. 식량 생산을 늘리려면 종자 개량, 비료 조달, 농업 기술의 진보, 수리 제도·산림 정책 개혁이 필수다.

1644년 청이 중국 대륙을 차지한 이후 조선 지도부는 사라진 명나라 문명을 이어간다는 소중화 의식과, 겉으로는 청을 섬기는 척하면서 내심으로는 오랑캐를 경멸하는 친명 반청 사상에 빠져들었다. 청이 강요하는 조공을 바치기 위한 연행사를 제외하고는 청과의 모든 교류를 단절한다. 임진왜란 이후 왜관을 통한 극히 제한된 교역을 제외하고는 일본과의 모든 교류를 단절했다. 완벽한 쇄국 정책이 몇백 년 이어지면서 위정척사 사상이 태동한다(함재봉, 『한국사람 만들기 1』, 2017, 17쪽).

폐쇄 정책을 고수한 조선은 이런 수요를 해외에서 조달할 방법이 없었다. 결국 닫힌 사회 안에서 해결책이 모색되었다. 우선 산지의 숲을 불태워 농토를 확보한다. 화전이다. 조선은 쌀이 주식이므로 밭보다 논이 더 절실했다. 이를 해결하기 위해 화전에 물을 끌어들여 논으로 바꾼다. 번답反畓이다.

전국 각지에서 산림을 태워 논과 밭을 일군 대가는 만만치 않았다. 숲에서 산림이 사라지면 비가 조금만 와도 토사가 씻겨내린다. 토사가 수로를 메우고, 하상이 높아져 하천이 범람한다. 1770~1870년의 100년 기간은 기온 저하와 함께 비가 많이 오는 다우기多雨期였다. 식량 증산을 위한 인간의 도전에 대해 자연은 재해의 빈발, 국토 황폐화, 흉작, 기근, 전염병으로 응전했다.

조선의 관립 학교인 육영공원 교사로 조선에 초빙된 길모어(George W. Gilmore)는 민둥산이 된 조선의 산림에 대해 다음과 같은 기록을 남겼다.

> 숲은 벌거벗은 상태이고, 벗겨진 산은 작열하는 태양과 빗줄기에 노출돼 홍수로 이어졌다. 해안을 따라 여행할 때도 일본의 내륙 해안을 지날 때와 같은 세련되고 아름다운 광경이 보이지 않았다. 오로지 황량한 작은 산, 울퉁불퉁한 바위, 후미진 어촌에 흩어져 있는 낮은 오두막집이었다. (윌리엄 길모어, 이복기 옮김, 『서양인 교사 윌리엄 길모어 서울을 걷다』, 살림, 2009, 14-16쪽)

조선의 농업 생산성은 동아시아 주변국과 비교해 형편없이 낮았다. 18세기 후반 조선의 쌀 생산량은 1,800만 석이었다. 1871년 일본의 쌀 생산량은 약 1억 석, 조선의 다섯 배가 넘었다. 미국의 역사학자 제임스 팔레(James Bernard Palais)는 여러 학자의 연구 결과를 종합하여 동아시아 3국의 쌀 생산성을 비교했다. 그 결과 조선은 일본의 60퍼센트, 중국의 56퍼센트 수준에 불과할 정도로 농업 생산성이 저열했다.

조선은 안으로부터 무너졌다

당시 유일한 산업이었던 농업의 생산성이 동아시아 국가 중에서 최하위였으니 국가 세입도 형편없었다.

1770~1800년대만 해도 조선 조정은 매년 연말 중앙 정부 각 기관이 쌀·잡곡·포목·동전 등으로 보유한 자금이 동전으로 환산할 경우 500만~600만 냥에 달했다.

1809년부터 거듭된 자연재해·민란 등으로 조세가 제대로 걷히지 않아 재정 상태는 악화 일로를 걷기 시작했다. 1830년대 중앙 정부의 연말 시재(현 보유량)는 200만~300만 냥, 1870년대 말에는 100만 냥 이하로 떨어졌다. 원인은 미곡 생산량의 저하에 따라 세수가 줄어든 탓이다(이영훈, 『한국경제사 1』, 2016, 557-558쪽).

조선 왕조의 과세지는 1784년 102만 결을 정점으로 하여 1883년에는 94만 결로 줄어들었다. 두락당 지대량은 1680~1750년대까지 15~20두 수준을 유지하던 것이 이후 지속적으로 감소하여 1880년대에는 6~7두로 낮아졌다(이영훈, 『한국경제사 1』, 2016, 546쪽).

이헌창 교수가 도량형 단위를 3국 간에 같은 기준으로 조정해 비교

한·중·일 3국의 1에이커당 쌀 생산량 및 국가 세입

국가 (기준 연도)	조선 (1910)	일본 (1878~1882)	중국 (1850)
생산량 (부셸)	15.52 (28kg)	25.1~26.9 45.2~48.4(kg)	27.73 (49.9kg)
생산량 비교 (중국=100)	56	91~97	100
국가 세입 (1753년)	250만 석	1,225만 석	5,000만 석
국가 세입 비교 (중국=100)	5	24.5	100

한 자료에 따르면 1753년을 기준으로 중국의 세입은 5,000만 석, 일본은 1,225만 석인 데 비해 조선은 250만 석에 불과했다. 그 결과 19세기 말 청 조정의 1년 예산이 1억 냥, 일본 정부도 비슷한 1억 냥 정도였을 때 고종 당시 조선의 연간 예산은 30만 냥 정도에 불과, 중국이나 일본의 300분의 1에 불과했다(이춘근, 『미국에 당당했던 대한민국의 대통령들』, 글마당, 2012, 70쪽).

19세기 조선이 더 높은 차원의 발전을 이루기 위해서는 근대적 기술, 중화 질서를 벗어난 다변화된 국제 관계, 그것을 지원할 수 있는 정치제도의 변혁이 요청됐다. 개항을 통한 근대 세계로의 편입은 조선 사회의 근대적 변혁을 위한 필수 조건이었다. 조선은 그와는 정반대로, 특정 양반 가문의 세도 정치라는 타락의 길로 질주했다.

민란의 시대

세도 정치의 모순으로 인한 학정과 부패가 심화되면서 1811년(순조 11) 홍경래의 난이 조선 북부와 평안도 일대를 휩쓸었다. 평안도의 각계각층이 들고일어나 서북인에 대한 차별 철폐와 안동 김씨 세도 정권 타도를 외쳤다. 1860년 5월에는 경상도 경주에서 몰락한 양반 출신인 최제우가 동학을 창건하여 세를 불려가기 시작했다. 1862년(철종 13)엔 경상도 진주 일대에서 민란이 발생, 전국 70개 고을로 번져나갔다. 임술壬戌민란의 폭발이다. 민심이 흉흉해지고 사회 곳곳에선 기강 해이 현상이 만연했다. 이른바 '민란의 시대'가 개막된 것이다.

폭도로 변한 백성은 관청을 습격하여 건물을 파괴하고, 백성을 괴롭힌 아전과 토호를 살해하거나 그들의 집을 불태웠다. 당황한 안동 김씨 정권은 삼정이정청三政釐整廳을 세워 조세 제도의 근간인 전정·환정·군정 '삼정'의 개선책을 논의했다. 한편에선 민란이 발생한 지역에 선무사宣撫使와 안핵사按覈使를 파견하여 주동자를 처형하고 농민들의 지탄을 받는 지방관을 교체하여 민심을 수습했다.

응전에 실패한 나라

조선의 인구는 1814년 790만 3,167명을 정점으로 하여 1861년 674만 8,138명으로 14.6퍼센트나 줄었다. 이유는 자명했다. 경제 침체의 영향으로 영양 상태가 악화되었다. 그 결과 인체의 면역력이 낮아져 추위와 질병·전염병으로 많은 사람이 목숨을 잃은 탓이다.

임술민란은 조선 통치 시스템의 몰락을 예고하는 경보였다. 경보음이 요란하게 울렸음에도 불구하고 입으로만 '개혁'을 외쳤다. 자율적인 변화 개혁 등 개선 노력은 전혀 이루어지지 않았다.

19세기에 조선을 방문했던 서양의 외교관·선교사·여행가·학자·언론인 들이 발표한 기록에서 공통점이 발견된다. 17~18세기 '소중화'의 드높은 긍지와 자부심은 완전히 실종되었다. 대신 극심한 가난·무기력·부패·학정·폭동·민란, 전염병으로 인한 떼죽음, 가렴주구·매관매직 등이 공통적으로 언급되고 있다.

쇠퇴하는 조선은 교육과 의료 등 가장 기본적인 정부의 역할조차 수행하지 못했다. 이 와중에 나라를 일으키기 위한 여러 가지 시도들이 진행된다.

위정척사파는 주자성리학 이념과 쇄국 정책으로 이 나라를 구하고자 발벗고 나섰다. 친청 개화파는 청의 양무운동을 따르는 동도서기식 온건 개혁을 주장했다. 친일 개화 세력은 일본의 메이지유신식 급진 개화 정책을 밀어붙이다 파탄이 났다. 친미 개화 세력은 입헌 군주국 혹은 공화국 수립을 주장했다. 그 어떤 시도도 성공하지 못하고 나라가 망하자 의병을 일으켜 일본에 끝까지 무력으로 항거한 것은 주자 성리학자인 위정척사파 선비들뿐이었다.

조선 사람들은 국권을 상실한 울분은 공유했지만 조선조가 사라지는 것을 아쉬워하지는 않았다. 위정척사파는 정신이 물질을 이길 수 있다고 생각하고, 정신력(이념)만 있으면 그 아무리 강력한 외세라도 물리칠 수 있다고 외쳤다. 이러한 위정척사 사상은 반反자본주의·반미를 표방하는 한국의 좌익, 북한 주체사상, 쇄국주의의 이념적 기저를 형성하고 있다(함재봉, 『한국사람 만들기 1』, 2017, 10쪽).

더욱 의미심장하게 봐야 할 점은 주자 성리학을 바탕으로 한 위정척사파 지식인들과 공산주의의 연계다. 공산주의는 자급자족하면서 모든 것을 공유하고 함께 나누는 농업 사회를 이상향으로 삼는다. 조선의 주자 성리학자의 이상향과 절묘하게 맞아떨어진다.

자본주의는 주자 성리학자들의 이상향인 농촌 사회를 파괴하고 산업화와 도시화를 촉진하며 빈부 격차를 심화시킨다. 물질주의·이기주의 문화를 확산시키는 악의 시스템이다. 이런 상황에서 공산주의는 농경사회에서 벗어나지 못한 조선의 주자 성리학을 기반으로 한 위정척사 지식인들에게 말할 수 없는 매력으로 다가갔다.

영국의 역사학자 아널드 토인비는 한 나라가 내외의 도전에 제대로 대응하지 못하는 내적 취약성이 국가 패망의 원인이라고 했다. 그는 "외부의 적이 할 수 있는 최대의 역할은 한 사회가 자살을 시도하면서 숨소리가 멎지 않을 때 최후의 숨통을 누르는 것뿐"이라고 지적했다.

국가의 붕괴는 자체의 힘으로 도저히 지탱할 수 없는 상태로 쇠잔해졌을 때 자연스럽게 나타나는 현상이다. 조선 왕조는 개항으로 외부 세력이 침투해오기 전에 이미 내부로부터 붕괴하기 시작했다. 쇠약할 대로 쇠약해진 상태에서 해체의 길로 질주하는 과정에서 외부 대응에 실패하여 나라가 망한 것이다.

제1권 연표

1274년 고려·몽골 연합군 일본 침공

1281 고려·몽골 연합군 제2차 일본 침공

1378 일, 무로마치室町 막부 출범(1378~1573)

1405 명, 정화鄭和 함대 대항해 시작(1405~1433)

1417 조선 태종, 공도空島 정책 실시

1492 콜럼버스, 신대륙 발견

1494 6월, 교황 알렉산데르 6세, 토르데시야스 조약 발표

1511 포르투갈, 말라카 점령하고 동남아 무역 거점 확보

1514 포르투갈 신부 중국 최초 방문

1517 마르틴 루터, 종교개혁 선언

토메 페레스가 이끄는 포르투갈 공식 사절단 광둥 입성

1526 일, 이즈모에서 은광 발견

1533 일, 조선에서 연은鉛銀 분리법 기술 배워

1534 8월, 가톨릭 포교 조직 예수회 창설

1543 일, 다네가시마에 포르투갈인 표류(일본에 조총 전래)

1548 일 막부, 스페인과 무역 시작

1549 7월, 스페인 신부 프란시스코 사비에르, 가고시마 상륙

1557 포르투갈 상인 마카오 거주 허용

1569 4월, 오다 노부나가, 예수회 선교사 루이스 프로이스에게 선교의 자유 허용

1580 일, 가톨릭 영주 오무라 스미타다, 나가사키를 예수회 교회령으로 기부

1581 네덜란드, 스페인으로부터 독립

러시아인 예르마크, 시베리아 원정대 이끌고 우랄산맥 넘어

1582 2월, 일본 덴쇼天正 견구遣歐 소년사절단 파견

예르마크, 시비르 점령

1585 도요토미 히데요시, 전국 통일

1587 7월, 도요토미 히데요시, 선교 금지 포고령

1588 영, 스페인 무적 함대 격파

누르하치, 건주여진 통일

1590 7월, 일 덴쇼 견구 사절단 귀국

1592 임진왜란 발발(~1598)

1593 일, 종군 신부 세스페데스 조선 파견

1595 조선에서 활동하던 세스페데스 신부 일본 소환

1600 일, 세키가하라 전투

네덜란드 무역선 리프더호, 규슈에 표류

영, 동인도 회사 설립

1601 이탈리아 선교사 마테오 리치, 스페인 선교사 판토하, 베이징 입성

조선, 절영도 왜관 설치

1602 세계 최초의 주식회사 네덜란드 동인도 회사(VOC) 설립

1604 6월, 포르투갈 상인 조앙 멘데스 통영에 표착

1607 조선, 두모포 왜관 설치

1609 조·일, 임진왜란으로 단절되었던 국교 정상화

일 사쓰마번, 류큐 침공

1610 나가사키의 조선인 천주교 포로들, 성 로렌초 성당 건립

1612 도쿠가와 이에야스, 기리시탄(천주교) 금지령 발표

1613 영 동인도 회사 관계자 일본 방문, 히라도에 상관 설치

9월, 일, 게이초 유럽 사절단 파견

1615 영, 일본과 교역 시작

1616 누르하치, 명과 국교 단절하고 후금 건국

1618 누르하치, 만주의 전략적 요충지 푸순撫順 공격

1619 누르하치, 사르후 전투에서 조명 연합군에 승리

네덜란드, 바타비아(자카르타)에 동방 무역 거점 건설

1620 8월, 게이초 유럽 파견 사절단 귀국

1621 누르하치, 선양과 랴오양 함락

1622 일 막부, 히라도 영국 상관 폐쇄

1624 네덜란드, 타이완 남부 점령하고 성채 구축

1625 누르하치, 선양으로 천도

1626 2월, 누르하치, 닝위안성 공격 도중 부상, 9월 사망

1627 네덜란드인 벨테브레이 일행 조선 표착

정묘호란

1632 러, 레나강 중류에 야쿠츠크 성 건설

1633 영, 캘커타에 기지 건설하고 인도 침략

1634 일, 나가사키 앞바다에 데지마出島 인공 섬 조성

1635 일, 주인선 무역 폐지

1936 여진족, 만주 석권하고 국호를 청淸으로 개칭

12월, 병자호란 발발

1637 1월, 조선 인조, 삼전도에서 청군에 항복

10월, 규슈 시마바라에서 천주교인 반란

1638 2월, 시마바라의 천주교인 반란 진압

1639 일, 천주교 포교 활동 하던 포르투갈 신부와 상인 마카오로 추방

1641 일 막부, 네덜란드 히라도 상관을 데지마로 옮기고 네덜란드에만 무역 허용

1644 명 멸망

1648 러, 태평양 오호츠크해 도달

1652 러, 이르쿠츠크·알바진에 아찬스크 요새(하바롭스크) 건설

1653 7월, 하멜 일행 제주도 표착

1654 조청 연합군, 헤이룽강 일대에서 러시아 코사크 부대와 전투(제1차 나선 정벌)

1658 조청 연합군, 제2차 나선 정벌

1661 청, 천계령遷界令 발표

4월, 정성공, 타이완 침공

1664 프랑스, 인도 진출 개시

1666 9월, 하멜 일행 8명 조선에서 나가사키로 탈출

1672 영, 왕립 아프리카 주식회사 설립하고 노예 무역 시작

1678 조선, 동전 유통 성공(상평통보)

조선, 초량 왜관 설치

1683 청, 타이완에 군대 상륙시켜 정성공 일가 토벌. 타이완을 푸젠성 타이완부로 편입

1685 청, 해상 무역 금지 조치 일부 해제

1688 일 도쿠가와 막부, 은 수출 금지

1689 9월, 청러 네르친스크 조약 체결

1699 영 동인도 회사, 광저우에 상관 설치하고 중국과 무역 개시

러, 캄차카 영유권 선언

1703 조선, 괴산군 화양동에 명 황제 제사 위한 만동묘 건립

1704 조선, 명 황제에 제사 지내는 대보단 건립

1723 일, 자국 내에서 조선 인삼 재배 성공

1727 6월, 러, 청과 캬흐타 국경조약 체결

1741 일 막부, 기독교 관련 서적을 제외한 서양 서적 수입 허용

러 탐험가 베링, 아메리카 대륙을 서쪽에서 발견

1745 일 막부, 네덜란드어 교습 허용

1754 일 한의사 야마와키 도요, 사형수 시체 해부하여 해부학 서적 『장지藏志』 출간

1757 청 건륭제, 광저우 한 곳만 국제 무역항 개방(캔톤 체제 출범)

영, 플라시 전투에서 프랑스 물리치고 인도 지배권 확보

1771 7월, 조선 조정, 서적 판매상 일망타진

1774 스키타 겐파쿠, 인체 해부학 서적 『타펠 아나토미아』 번역하여 『해체신서解體新書』 출간

1776 7월, 북아메리카 13주 식민지, 아메리카 합중국 선언

1783 조선 이승훈, 베이징에서 세례 받고 천주교 신자가 됨

1784 미 차이나 임프레스(China Empress)호 광저우 입항, 중국과 교역 개시

1793 9월, 영 매카트니 사절단, 건륭제 알현

1794 조선, 최초 외국인 신부(중국인 주문모) 입국

1799 러시아·아메리카 회사 출범

1801 조선, 신유사옥

5월, 주문모 신부 처형

1806 러, 사할린과 쿠릴 열도 이투루프섬에 있는 일본인 거류지 공격

1808 8월, 영 군함 페이튼호, 나가사키항 급습

일본인 마미야 린조, 사할린 거쳐 아무르강 하류 탐험

1811 마지막 조선 통신사 파견

1816 영, 인도 전체에 대한 지배 체제 확립

영, 암허스트 사절단 중국에 파견

1834 영 의회, 동인도 회사에 부여했던 아시아 무역 독점권 폐지

1839 청 임칙서, 아편을 수출입 금지품으로 선언하고 압수

1840 제1차 아편 전쟁 발발

1842 청영 난징 조약(제1차 아편 전쟁 종료)

러, 아무르강 유역과 사할린 지역에 대한 특별위원회 설치

8월, 일 막부, 이국선 타불령異國船打拂令 정책 폐기하고 신수급여령薪水給與令으로 정책 전환

1844 청 위원, 『해국도지海國圖志』 간행

7월, 청미 왕샤 조약

10월, 청프 황푸 조약

1845 영 측량선 사마랑호, 조선 근해 제주도·거문도 측량

1847 청, 스웨덴·노르웨이와 통상 조약 체결

러, 아무르강과 태평양이 만나는 입구에 탐험대 파견

1850 청 서계여, 『영환지략瀛環志略』 간행

태평천국의 난 발발

8월, 러, 타타르 해협·사할린섬·아무르강을 영토로 선언

1851 7월, 청러 이리 조약

1852 10월, 러, 팔라다호 동아시아 파견

11월, 미, 일과 수교 위해 페리 함대 파견

1853 7월, 미 페리 함대 '구로후네黑船' 일본에 등장

청, 태평천국군 난징 점령

1854 2월, 크림 전쟁 발발

일미 가나가와 조약

8월, 영불 연합군, 극동 러시아의 페트로파블롭스크 공격

10월, 일영 화친조약

1855 2월, 일러 화친조약

영 측량선 사라센호, 거문도 해역 측량

5월, 영불 연합 함대, 2차 페트로파블롭스크 공격

일, 나가사키에 해군전습소 개교

1856 영·페르시아 전쟁

10월, 청 애로호 사건

1857 일, 에도에 외국어 학교 번서조소蕃書調所 개설

11월, 일 요시다 쇼인, 쇼카손주쿠 개교

12월, 제2차 아편 전쟁 발발

1858 일, 안세이 5조약

6월, 청, 영·불·미·러와 4건의 톈진 조약

러청 아이훈 조약

미, 펜실베이니아에서 유전 발견

1859 6월, 청, 다구 포대에서 영·불·미 공사단에 포격

일 요시다 쇼인 처형, 쇼카손주쿠 폐교

1860 영불 연합군, 청 원명원 약탈

청, 영·불·러·미와 베이징 조약

1861 조선 김정호, 〈대동여지도〉 완성

청, 외교 전담 기구 총리아문總理衙門 설치

3월, 러 해군, 쓰시마섬 가라사키우라 점령

4월, 미, 남북전쟁 발발

9월, 러, 영국의 압력으로 쓰시마에서 군함과 병력 철수

1862 일 막부, 청 정세 파악 위해 지토세마루호 상하이 파견

1863 조선, 12가구 최초로 연해주 이주

1864 3월, 러시아인 5명 함경북도 경흥부에 나타나 통상 요구

7월, 청 난징 탈환, 태평천국의 난 종료

1865 5월, 미, 남북전쟁 종료

12월, 러, 조선에 상관 설치 요구

1866 제2차 조슈·막부 전쟁, 조슈 승리

1867 일 막부, 통치권을 천황에게 반납(대정봉환)

러, 알래스카를 미국에 매각

1868 1월, 일 보신戊辰 전쟁 발발

1869 수에즈 운하 개통

1872 8월, 중, 유미유동留美幼童 120명 미국 파견

1873 일 아리타야키, 빈 만국 박람회에서 대상 수상

1876 조일 수호조규(강화도 조약)

청, 최초 상하이~우쑹 철도 개통

1878 청, 우쑹 철도 폐기

1879 러, 극동 지역 해상 수송 위해 의용 함대 창설

1880 일, '13년식' 무라타 소총 개발

1881 8월, 청, 유미유동 소환하고 유학 프로그램 폐지

1882 조선, 미·영·독과 수호통상조약. 공도 정책 폐지

1883 조선 박영효, 일본에서 한글 납활자 수입하여 박문국博文局 설립

1884 조러 통상수호조약

1885 4월, 영 함대 거문도 점령

1886 조불 수호통상조약. 순교자 김범우의 집터에 명동성당 건립 시작

1888 조러 육로통상장정

1889 일, 무라타 연발 소총 개발

1894 6월, 조선 대보단 제례 공식 폐지. 갑오경장으로 노비제 폐지

1910 한일합방(경술국치)

1911 신해혁명, 청 멸망

참고문헌

A. 말로제모프, 석화정 옮김, 『러시아의 동아시아 정책』, 지식산업사, 2002.

강상규, 『19세기 동아시아의 패러다임 변환과 제국 일본』, 논형, 2007.

계승범, 『정지된 시간: 조선의 대보단과 근대의 문턱』, 서강대학교 출판부, 2011.

______, 『중종의 시대: 조선의 유교사회와 사림운동』, 역사비평사, 2014.

기시모토 미오岸本美緒·미야지마 히로시宮嶋博史, 김현영·문순실 옮김, 『조선과 명청』, 너머북스, 2014.

______, 김현영·문순실 옮김, 『조선과 중국 근세 오백년을 가다』, 역사비평사, 2003.

김기혁, 『근대 한·중·일 관계사』, 연세대학교 출판부, 2010.

김시덕, 『동아시아, 해양과 대륙이 맞서다』, 메디치, 2016.

김용구, 『거문도와 블라디보스토크』, 서강대학교 출판부, 2009.

______, 『러시아의 만주·한반도 정책사, 17~19세기』, 푸른역사, 2018.

______, 『세계관 충돌과 한말 외교사, 1866~1882』, 문학과지성사, 2001.

______, 『약탈제국주의와 한반도』, 원, 2013.

김원모, 『개화기 한미교섭관계사』, 단국대학교 출판부, 2003.

김정렬, 『항공의 경종(김정렬 회고록)』, 대희, 2010.

김종학, 『개화당의 기원과 비밀외교』, 일조각, 2017.
김지환, 「중일전쟁과 중국철도」, 강성학 편저, 『용과 사무라이의 결투: 중(청)일 전쟁의 국제정치와 군사전략』, 리북, 2006.
김학준, 『서양인들이 관찰한 후기 조선』, 서강대학교 출판부, 2010.
나미키 요리히사竝木賴壽·이오우에 히로마사月脚達彦, 김명수 옮김, 『아편전쟁과 중화 제국의 위기』, 논형, 2017.
나카무라 사토루中村哲, 「동북아시아 경제의 근세와 근대, 1600~1900 그 공통점과 차이점」, 나카무라 사토루·박섭 편저, 『근대 동아시아 경제의 역사적 구조』, 일조각, 2007.
노성환, 「일본 나가사키현의 조선인 천주교도에 관한 연구」, 『일어일문학』 제49집, 2011.
대런 애쓰모글루·제임스 A 로빈슨, 최완규 옮김, 『국가는 왜 실패하는가』, 시공사, 2012.
도현신, 『영국이 만든 세계』, 모시는 사람들, 2014.
문소영, 『못난 조선: 16~18세기 조선·일본 비교』, 나남, 2018.
박양자, 『일본 키리시탄 순교사와 조선인』, 순교의 맥, 2008.
박종인, 『대한민국 징비록』, 와이즈맵, 2019.
______, 「유학도 전쟁도 협상도 청은 일본에 참패했다」(박종인의 땅의 역사 161), 「조선일보」 2019. 4. 17.
박종효, 『격변기의 한·러 관계사』, 선인, 2015.
박지향, 『일그러진 근대: 100년 전 영국이 평가한 한국과 일본의 근대성』, 푸른역사, 2003.
박찬승, 『한국독립운동사』, 역사비평사, 2014.
박태근, 「러시아 뿌짜틴 제독의 거문도 방문」, 주영하 감수, 『19세기 후반의

한·영·러 관계』, 세종대학교 출판부, 1987.
박　훈, 『메이지유신은 어떻게 가능했는가』, 민음사, 2017.
배우성, 『조선과 중화』, 돌베개, 2014.
사이먼 C. 스미스, 이태숙·김종원 옮김, 『영국 제국주의』, 동문선, 2001.
샤를 달레, 안응렬·최석우 역주, 『한국천주교회사(상·하)』, 분도출판사, 1980.
성희엽, 『조용한 혁명: 메이지유신과 일본의 건국』, 소명출판, 2016.
신명호, 『고종과 메이지의 시대: 무엇이 조선과 일본의 운명을 결정했나』, 역사의 아침, 2016.
신상목, 「일본에서 꽃핀 도자기의 비결」, 「조선일보」 2019. 5. 24.
신헌, 김종학 옮김, 『심행일기』, 푸른역사, 2010.
안드레 군더 프랑크, 이희재 옮김, 『리오리엔트』, 이산, 2003.
야마구치 게이지山口啓二, 김현 옮김, 『일본근세의 쇄국과 개국』, 혜안, 2001.
연갑수, 『고종대 정치변동 연구』, 일지사, 2008.
왕소방, 한인희 옮김, 『중국외교사 1840~1911』, 지영사, 1997.
왕효추, 신승하 옮김, 『근대중국과 일본』, 고려대학교 출판부, 2002.
윌리엄 길모어, 이복기 옮김, 『서양인 교사 윌리엄 길모어 서울을 걷다』, 살림, 2009.
유승주, 『조선시대 광업사 연구』, 고려대학교 출판부, 1993.
이광훈, 『조선을 탐한 사무라이』, 포북, 2016.
이덕일, 『한국사 그들이 숨긴 진실』, 역사의 아침, 2009.
이도형, 『망국과 흥국: 19세기 말 한국과 일본』, 한국학술정보, 2012.
이민원, 「19세기 말 조선의 위기와 고종의 대응: 대한제국 선포와 국가체제 정비를 중심으로」, 이희주 편, 『고종시대 정치리더십 연구』, 한국학중앙연구원 출판부, 2017.

이삼성, 『동아시아의 전쟁과 평화 1』, 한길사, 2009.
______, 『동아시아의 전쟁과 평화 2』, 한길사, 2017.
이성무, 「척화와 주화」, 「서울신문」 2010. 5. 7.
이에나가 사부로·이노 겐지, 「근대사상의 탄생과 좌절」, 이에나가 사부로 엮음, 연구공간 '수유+너머' 일본근대사상사팀 옮김, 『근대일본사상사』, 소명출판, 2006.
이영화, 『조선시대, 조선사람들』, 가람기획, 1998.
이영훈, 「한국사에 있어서 노비제의 추이와 성격」, 역사학회 편, 『노비·농노·노예: 예속민의 비교사』, 일조각, 1998.
______, 『한국경제사 1』, 일조각, 2016.
이윤섭, 『일본 100년: 문호개방에서 55년 체제까지 일본제국주의 흥망사』, 아이필드, 2016.
이종찬, 『난학의 세계사』, 난마, 2014.
이진명, 『독도, 지리상의 재발견』, 삼인, 2005.
이춘근, 『미국에 당당했던 대한민국의 대통령들』, 글마당, 2012.
이태진, 『고종시대의 재조명』, 태학사, 2004.
이헌창, 『한국경제통사』, 해남, 2012.
이 훈, 『만주족 이야기』, 너머북스, 2018
이희주 편, 『고종시대 정치리더십 연구』, 한국학중앙연구원 출판부, 2017
임계순, 「한로밀약과 청의 대응」, 『청일전쟁을 전후한 한국과 열강』, 한국정신문화연구원, 1984
______, 『청사淸史: 만주족이 통치한 중국』, 신서원, 2001.
전해종, 『한중관계사연구』, 일조각, 1970.
정병석, 『조선은 왜 무너졌는가』, 시공사, 2016.

정성일, 『조선후기 대일무역』, 신서원, 2000.
정성화 외, 『러일전쟁과 동북아의 변화』, 선인, 2006.
정하미, 「일본의 서양학문의 수용」, 『일본문화연구』 제4호, 2001.
제임스 브래들리, 송정애 옮김, 『임페리얼 크루즈』, 프리뷰, 2010.
조용준, 『메이지유신이 조선에 묻다: 일본이 감추고 싶은 비밀들』, 도도, 2019.
주경철, 『문명과 바다』, 산처럼, 2009.
최덕규, 『근대 한국과 동아시아 변경 연구』, 경인문화사, 2016.
최문형, 『제국주의 시대의 열강과 한국』, 민음사, 1990.
______, 『한국을 둘러싼 제국주의 열강의 각축』, 지식산업사, 2006.
______, 『러시아의 남하와 일본의 한국 침략』, 지식산업사, 2008.
최선·김병린 옮김, 『국역 한국지』, 한국정신문화연구원, 1984.
최성락, 『100년 전 영국 언론은 조선을 어떻게 봤을까?』, 페이퍼로드, 2019.
최치현, 「400년 전 태평양 건넌 하세쿠라 쓰네나가의 모험」, 「월간중앙」 2018. 1.
카터 에커트, 주익종 옮김, 『제국의 후예: 고창 김씨가와 한국 자본주의의 식민지 기원 1876~1945』, 푸른역사, 2008.
표교열, 「제1, 2차 중영전쟁」, 서울대학교 동양사학연구실 편, 『강좌 중국사 5: 중화제국의 동요』, 지식산업사, 1989.
한국18세기학회 엮음, 『18세기 한일문화교류의 양상』, 태학사, 2007.
한우근, 『동학과 농민봉기』, 일조각, 1997.
함재봉, 『한국사람 만들기 1』, 아산서원, 2017.
허동현, 「대한제국의 모델로서의 러시아」, 정성화 외, 『러일전쟁과 동북아의 변화』, 선인, 2006.
호승胡繩, 박종일 옮김, 『아편전쟁에서 5·4운동까지』, 인간사랑, 2013.
후지와라 아키라, 서영식 옮김, 『일본군사사(상)』, 제이앤씨, 2013.

세계사와 포개 읽는 한국 100년 동안의 역사 ❼

한반도의 깊은 잠

-아편전쟁에서 일본의 개국까지

펴낸날	**초판 1쇄 2020년 10월 6일** **초판 4쇄 2024년 8월 16일**
지은이	**김용삼**
펴낸이	**김광숙**
펴낸곳	**백년동안**
출판등록	**2014년 3월 25일 제406-2014-000031호**
주소	**경기도 파주시 광인사길 22**
전화	**031-941-8988**
팩스	**070-8884-8988**
이메일	**on100years@gmail.com**
ISBN	979-11-86061-68-8 03910 979-11-86061-70-1 04910 (세트)

※ 값은 뒤표지에 있습니다.

※ 잘못 만들어진 책은 구입하신 서점에서 바꾸어 드립니다.